法治现代化研究

张文显　著

Studies on Modernization of the Rule of Law

法律出版社
LAW PRESS · CHINA
北京

图书在版编目（CIP）数据

法治现代化研究 / 张文显著. -- 北京 : 法律出版社, 2025. -- ISBN 978-7-5197-9524-5

Ⅰ. D920.0

中国国家版本馆 CIP 数据核字第 2024HG4862 号

法治现代化研究
FAZHI XIANDAIHUA YANJIU

张文显 著

责任编辑 陈 慧
装帧设计 汪奇峰

出版发行 法律出版社
编辑统筹 法律教育出版分社
责任校对 王 皓
责任印制 刘晓伟
经 销 新华书店

开本 710 毫米×1000 毫米 1/16
印张 22.25 **字数** 278 千
版本 2025 年 7 月第 1 版
印次 2025 年 7 月第 1 次印刷
印刷 北京盛通印刷股份有限公司

地址:北京市丰台区莲花池西里 7 号(100073)
网址:www.lawpress.com.cn
投稿邮箱:info@lawpress.com.cn
举报盗版邮箱:jbwq@lawpress.com.cn

销售电话:010-83938349
客服电话:010-83938350
咨询电话:010-63939796

书号:ISBN 978-7-5197-9524-5
定价:68.00 元

凡购买本社图书,如有印装错误,我社负责退换。电话:010-83938349

作者简介

张文显

吉林大学哲学社会科学资深教授。1951年农历8月28日出生于河南省南阳市镇平县。1970年参加工作，曾在工矿企业和党政机关工作；1974年就读吉林大学法律系政法专业，1977年毕业留校任教，1979年后先后攻读法学理论专业和马克思主义哲学专业，获得法学硕士和哲学博士学位。1983-1985年、1989-1990年先后访学于美国哥伦比亚大学法学院、美国华盛顿大学法学院。现兼任中央马克思主义理论研究和建设工程咨询委员会委员，国家教材委员会委员，国家“双一流”建设专家委员会委员，国务院学位委员会学科发展战略咨询委员会委员，教育部社会科学委员会委员、法学学部召集人，高校哲学社会科学自主知识体系建设战略咨询委员会委员，教育部习近平法治思想研究重大专项总召集人、教育部建构中国自主法学知识体系重大专项总召集人，中国法学会法学教育研究会会长、法学期刊研究会会长，中国人权研究会专家委员会首席专家等。曾任吉林大学法学院院长、吉林大学副校长、党委书记（副部长级），吉林省高级人民法院院长，二级大法官，国务院学位委员会委员、法学评议组召集人，中国法学会党组成员、副会长、学术委员会主任，教育部高等学校法学学科教学指导委员会主任委员，浙江大学光华法学院名誉院长、国家制度研究院院长、学术委员会主任等。

中国共产党第二十次全国代表大会代表、第十七次全国代表大会代表，第十一届全国人民代表大会代表。

主要研究领域为法理学、法政治学、中国特色社会主义法治。先后主持完成若干国家级重大项目和重点课题。发表学术理论文章500余篇，出版国家级、省部级统编教材和个人专著40余部，指导硕士和博士研究生200余人。

目　　录

深刻把握中国式现代化的科学概念和丰富内涵*

党的二十大报告提出，从现在起，中国共产党的中心任务就是团结带领全国各族人民全面建成社会主义现代化强国、实现第二个百年奋斗目标，以中国式现代化全面推进中华民族伟大复兴。

中国式现代化，是习近平新时代中国特色社会主义思想的一个原创性科学概念，是贯穿党的二十大报告全篇的一个关键词。2021 年，在庆祝中国共产党成立一百周年大会的讲话中，习近平总书记首次提出这一科学概念。党的十九届六中全会《决议》在概述习近平新时代中国特色社会主义思想一系列原创性成果时，包含“以中国式现代化推进中华民族伟大复兴”这一表述。在党的二十大报告中，习近平总书记就“中国式现代化”“以中国式现代化全面推进中华民族伟大复兴”作出系统深刻的论述，阐明了“中国式现代化”的丰富内涵和本质要求，创造性地丰富和发展了现代化理论，为我们深刻理解和准确把握“中国式现代化”这一科学概念铸就了思想理论基础，也为我们深入研究人类社会现代化的基本规律构建了科学范式。

---

* 本文发表于《经济日报》2022 年 10 月 23 日，《理论导报》2022 年第 10 期转载。

中国式现代化是现代化的新形态、新道路，既有各国现代化的共同特征，更有基于自己国情和实际的中国特色，从学理上可从以下六个方面把握其精髓要义。

一、中国式现代化是中国共产党领导的社会主义现代化

在一个960多万平方公里领土和广阔海洋、有56个民族、有超大规模人口、经济和社会发展不充分不平衡的发展中社会主义大国，如何实现全面现代化？这是历史、时代、人民交给中国共产党人的考题。中国共产党人以卓越实践和伟大成就交出了一份优异的答卷。

中国共产党自诞生之日起，就为了争取民族独立、人民解放和实现国家富强、人民幸福，孜孜不倦地探索适合中国国情的现代化道路。在现代化的“赶考”路上，在长期探索和实践的基础上，以习近平同志为核心的党中央高举中国特色社会主义伟大旗帜，全面贯彻习近平新时代中国特色社会主义思想，坚持走中国特色社会主义发展道路，从中国国情出发，确立适合自己的发展理念、政策、策略，依靠全党和全国各族人民的共同努力，成功走出一条中国式现代化新道路，创造了在世界上人口规模最大的国家推进社会主义现代化的空前奇迹，科学回答了中国现代化的历史之问、时代之问、人民之问、世界之问。事实证明，只有中国共产党人才能领导中国人民开辟中国现代化的正确道路。

中国共产党领导的中国式现代化具有鲜明的社会属性和时代特征，它是社会主义性质的现代化，是中国特色社会主义道路、理论、制度和文化范畴内的现代化，是以人民为中心、全体人民共同富裕的现代化，是不断满足人民日益增长的美好生活需要的现代化。正如习近平总书记多次申明的，我们推进的现代化，是中国共

产党领导的社会主义现代化，必须坚持以中国式现代化全面推进中华民族伟大复兴，既不走封闭僵化的老路，也不走改旗易帜的邪路。坚持中国共产党领导全面现代化的政治方向和中国特色社会主义的正确道路，在这个问题上，我们必须头脑特别清晰，立场特别坚定。

二、中国式现代化是全面现代化

西方现代化通常指的是经济现代化。中国式现代化则涵括经济、政治、文化、社会、生态等在内，民富国强、政治民主、精神文明、社会和谐、生态美丽的全方位现代化。所以，党的二十大报告提出要全面建设社会主义现代化国家、全面推进中华民族伟大复兴。

中国式现代化的“全面性”不仅体现在总体的国家现代化上，也体现在各个领域的现代化上。以“全体人民共同富裕”为例，这是具有鲜明中国特色的“全面富裕”，即物质和精神（包含制度）等方面都富裕。在物质意义上，共同富裕指全体人民在更高水平上实现幼有所育、学有所教、劳有所得、病有所医、老有所养、住有所居、弱有所扶、环境宜居、衣食无忧、安居乐业等。在精神意义上，共同富裕指全体人民拥有共同价值，特别是社会主义核心价值；享有多样化、多层次、多方面的精神文化需求和平等而自由发展的机会，全民获得感、幸福感、安全感、尊严感、公平感持续增强。在制度意义上，共同富裕指全体人民共享社会公正和制度文明；人民当家作主，共享民主荣光，依法参与全过程人民民主等。多方面多层次的共同富裕是有机统一的，集中反映出人民群众的综合性需要，反映出已经实现“小康”的中国人民对民主、法治、公平、正义、安全、环境、尊严等方面日益增长的美好生活需求。

三、中国式现代化是创造人类文明新形态的现代化

在庆祝中国共产党成立100周年大会上的讲话中，习近平总书记指出："我们坚持和发展中国特色社会主义，推动物质文明、政治文明、精神文明、社会文明、生态文明协调发展，创造了中国式现代化新道路，创造了人类文明新形态。"在党的二十大报告中，习近平总书记进一步把"创造人类文明新形态"作为中国式现代化的本质要求之一。

把"现代化新道路"和"文明新形态"相提并论并非偶然，而是历史和逻辑的统一。党的十八大以来，中国特色社会主义进入新时代，我们坚持和加强党的全面领导，统筹推进"五位一体"总体布局、协调推进"四个全面"战略布局，创造了现代化新道路，创造了人类文明新形态。2018年，对现行宪法进行第五次修改时，将序言中"推动物质文明、政治文明和精神文明协调发展"修改为"推动物质文明、政治文明、精神文明、社会文明、生态文明协调发展"，并相应地把"把我国建设成为富强、民主、文明的社会主义国家"修改为"把我国建设成为富强民主文明和谐美丽的社会主义现代化强国"。这一修改，使经济建设、政治建设、文化建设、社会建设、生态建设对应物质文明、政治文明、精神文明、社会文明、生态文明，并对应富强中国、民主中国、文明中国、和谐中国、美丽中国，使中国特色社会主义事业总体布局更加完善、内在逻辑更加严整，反映了我们党对社会主义建设规律和社会主义现代化发展规律认识的深化。

四、中国式现代化是独立自主的现代化

独立自主是中华民族的精神之魂，是我们立党立国的重要原则。走自己的路，是党百年奋斗的全部主题和历史结论。党历来

坚持独立自主开拓前进道路，坚持把国家和民族发展放在自己力量的基点上，坚持中国的事情必须由中国人民自己说了算、自己来做主。中国式现代化不是国外现代化的翻版，而是自主开拓的现代化新道路。正如党的二十大报告深刻提出的：中国人民和中华民族从近代以后的深重苦难走向伟大复兴的光明前景，从来就没有教科书，更没有现成答案。党的百年奋斗成功道路是党领导人民独立自主探索开辟出来的，马克思主义的中国篇章是中国共产党人依靠自身力量实践出来的，贯穿其中的一个基本点就是中国的问题必须从中国基本国情出发，由中国人自己来解答。

世界上既不存在定于一尊的现代化模式，也不存在放之四海而皆准的现代化标准。在既往的现代化理论中，“现代化”指从传统社会向现代社会转变的历史过程与结果状态。人类历史上出现过的现代化有两种主要途径，一是自下而上的演进式现代化，像英国、法国、德国等西方发达国家的现代化；二是自上而下的构建式现代化，像日本、韩国、新加坡等新兴国家的现代化。中国式现代化是既不同于英、法、德等西方国家内生演进型道路，也不同于日、韩、新等东亚国家外发推进型道路，而是走自上而下、自下而上双向互动地推进现代化的新道路。我们党把现代化理论构建和顶层设计与亿万人民的实践探索紧密结合，坚持“先试点、后推广”的改革模式，在先行先试形成集成制度创新、改革示范效应后再全面铺开，党带领人民开创中国式现代化新道路的过程也是中国式现代化科学范式形成的过程。实践证明，中国式现代化是符合中国国情、依靠人民创造的正确道路，是一条面向未来、立足当下、蹄疾步稳的现代化新道路，也为人类社会实现现代化提供了新选择。

五、中国式现代化是科技创新赋能的现代化

中国式现代化与西方工业革命时期的现代化不同，我们21世

纪的现代化是在新科技革命推动下“弯道超车”、加速发展的现代化。数字社会的生产力代表是数字科技,数字科技是一个综合概念、集成概念,几乎涵盖了现代科技的方方面面,互联网、物联网、大数据、云计算、区块链、人工智能等,甚至包括了基于数字科技的其他领域的科技等。进入21世纪以来,人类社会的发展呈现出加速变革的态势。大数据、互联网、云计算、人工智能等数字科技融合发展、广泛运用,物联网、区块链脱颖而出,空前地改变着人类社会的生产方式、生活方式、生存方式、学习方式、行为方式,甚至改变着国家的治理体系、治理体制和治理能力,改变着政府的决策程序和实施机制,塑造着一个全新的现代化社会。现代数字科技已经成为现代化的重要引擎。在中国式现代化新道路上,我们提出,建设数字中国,统筹数字科技革命和现代化发展,推进经济社会的数字化、智能化、程序化、法治化,充分发挥数字科技对现代化的强有力可持续的支撑和推动作用,加快建设社会主义现代化强国。

六、中国式现代化体现了中华文明传统和全人类共同价值的融通融合,是21世纪人类社会现代化的康庄大道

中国式现代化是自主的也是开放的,既对历史开放,也对世界开放,更向未来开放。习近平总书记指出:“西方很多人习惯于把中国看作西方现代化理论视野中的近现代民族国家,没有从五千多年文明史的角度来看中国,这样就难以真正理解中国的过去、现在、未来。”中华文明源远流长、博大精深,是中华民族独特的精神标识,是当代中国文化的根基。在漫长的历史进程中,中华民族以自强不息的决心和意志,筚路蓝缕,跋山涉水,走过了不同于世界其他文明体的发展历程。新中国成立特别是改革开放以来,我们党团结带领人民探索中华民族复兴之路和中国发展的现代化道路,从中华文明传统中寻找现代化的文化根基和源头活水,是推动

中国式现代化的基本经验。

同时,我们也注重借鉴世界各国现代化的有益经验。例如,在经济现代化上,构建高水平社会主义市场经济体制,坚持和完善社会主义基本经济制度,创造了经济快速增长和高质量发展的奇迹。

在国家治理现代化上,我们不但坚持中国特色社会主义政治发展道路,坚持人民民主专政的国体,坚持并不断完善人民代表大会制度,坚持和发展中国共产党领导的多党合作和政治协商制度、民族区域自治制度、基层群众自治机制,而且秉持“民主是全人类共同价值”的理念,借鉴国际社会民主文明的有益成果,发展全过程人民民主,完善人民当家作主的制度体系,使各方面制度和国家治理更好体现人民意志、保障人民权益、激发人民创造,形成了生动活泼、安定团结的政治局面,创造了发展中大国充满活力、和谐有序、社会公正、人民幸福的奇迹。在法治现代化上,我们基于“法治和人治问题是人类政治文明史上的一个基本问题,也是各国在实现现代化过程中必须面对和解决的一个重大问题”的科学认识,在对中华优秀传统法律文化进行创造性转化、创新性发展的同时,认真研究和批判借鉴世界各国法治建设的有益经验和优秀成果,诸如依法而治、权力制约、尊重人权、税收法定、法律面前人人平等、契约自由、罪刑法定、疑罪从无、非法证据排除、正当程序、权利推定等法治理念,使之与中国本土资源相贯通,彰显中国法治现代化的开放性、包容性和科学性。

中国式现代化是走和平发展道路的现代化,在坚定维护世界和平与发展中谋求自身发展,又以自身发展更好维护世界和平与发展,鲜明体现了全人类共同价值。习近平总书记在提出中国式现代化概念和理论的过程中,坚持胸怀天下的立场观点方法,对人类文明发展进程所积淀下来的共同价值进行了科学提炼和概括,响亮提出:“和平、发展、公平、正义、民主、自由是全人类的共同价值”,强调“和平与发展是我们的共同事业,公平正义是我们的共同理想,民主自由是我们的共同追求”。“全人类共同价值”概念是基于文明互鉴而达成的价值共识,而非西方少数人立足于文明冲突而强加于人类社会的所谓“普世价值”,这是二者根本区别所在。全人类共同价值是对人类社会交往活动的理性总结,顺应了人类文明进步的历史趋向,体现了全人类的共同价值关切,为21世纪的现代化提供了价值引领,必将开辟人类社会现代化的历史新篇章。

面向中国式现代化的自主性现代化理论[*]

中国式现代化是中华民族伟大复兴的必由之路，是当前和今后我国哲学社会科学研究的一个重大的时代性课题、前瞻性课题。为中国式现代化提供自主的现代化理论，既是我们的光荣使命，也是我们的一份学术责任。中国式现代化是现代化的新形态。习近平总书记提出的中国式现代化，为研究21世纪中国和人类社会现代化指明了方向。中国式现代化，作为现代化的新形态、现代化理论的新概念和新范式，究竟新在什么地方？我认为体现在以下六个方面：

一、中国式现代化是中国共产党领导的社会主义现代化

在一个有一万年的文化史、五千多年的文明史、960多万平方公里领土和广阔海洋、56个民族、十多亿人口、经济和社会发展不充分不平衡的社会主义大国，如何实现现代化和中华民族伟大复

---

* 本文系作者2022年8月28日在“迈向自主知识体系的自主概念建构：跨学科观点”研讨会上的发言，后以《面向中国式现代化的自主性现代化理论》为题发表于《公共管理与政策评论》2022年第6期。

兴？这既是历史、时代、人民留给中国共产党人的考题，也是全世界瞩目的考题。在现代化的“赶考”路上，在长期探索实践并取得巨大成功的基础上，以习近平同志为核心的党中央高举中国特色社会主义伟大旗帜，全面贯彻习近平新时代中国特色社会主义思想，从中国国情出发，根据我们自己的实际情况和自身条件，确立适合自己的发展政策、发展策略，坚持走中国特色的社会主义发展道路，充分发挥社会主义制度的显著优势，依靠全党和全国各族人民的共同努力，走出来一条中国式现代化新道路，创造了在世界上人口规模最大的国家建设社会主义现代化的奇迹，既科学地回答了中国之治的中国之问、世界之问、人民之问和时代之问，也科学地回答了人类社会现代化的基本原理。

二、中国式现代化是全面现代化

西方现代化通常指的是经济现代化，也就是“市场经济 + 生产率增长”。20 世纪的中国现代化就是改革开放，在 20 世纪 90 年代之前主要是指“计划经济 + 农业现代化 + 工业现代化 + 科学技术现代化 + 国防现代化”。而中国特色社会主义新时代的现代化，即概括为中国式现代化的现代化，涵括了经济、政治、文化、社会、公民发展、国家治理等在内的现代化，可以说是“经济市场化 + 可持续的繁荣发展 + 政治民主化 + 全过程人民民主 + 社会文明化 + 国家法治化 + 国家治理体系和治理能力现代化 + 人的全面发展 + 社会全面进步”等。所以我们党把第二个百年奋斗目标确定为全面建成社会主义现代化强国，也就是实现了全面的社会主义现代化。当然，无论是经济市场化、政治民主化、社会文明化、国家治理现代化，还是人的全面发展、社会全面进步，都是在社会主义范畴内，是社会主义性质的现代化，也就是以人民为中心的现代化，是不断满足人民日益增长的美好生活需要的现代化，这是我国现代化的正确道路。在这个问题上，头脑必须特别清晰，立场必须特别坚定。

三、中国式现代化是体现人类文明新形态的现代化

在庆祝中国共产党成立100周年大会的讲话中，习近平总书记指出：我们坚持和发展中国特色社会主义，创造了中国式现代化新道路，创造了人类文明新形态。把现代化新道路和文明新形态相提并论并非偶然。党的十八大以来，中国特色社会主义进入新时代，我们坚持和加强了党的全面领导，统筹推进“五位一体”总体布局、协调推进“四个全面”战略布局，既创造了中国式现代化的新道路，也创造了人类文明新形态。2018年，现行宪法第五次修改，将《宪法》序言中“推动物质文明、政治文明和精神文明协调发展”修改为“推动物质文明、政治文明、精神文明、社会文明和生态文明协调发展”；并相应地将“把我国建成富强民主文明的社会主义国家”修改为“把我国建设成为富强民主文明和谐美丽的社会主义现代化强国”。这样一个重大的修改，涉及国家建设目标的修改，是“经济建设、政治建设、文化建设、社会建设、生态建设”对应于“物质文明、政治文明、精神文明、社会文明、生态文明”，并对应于“富强中国、民主中国、文明中国、和谐中国、美丽中国”，使中国特色社会主义事业总体布局更加完善、内在逻辑更加严谨，反映了我们党对社会主义建设规律和社会主义现代化发展规律建设的想法，体现了我国宪法与社会发展规律的一致性，体现了现代化新道路与人类文明新形态的一致性。这样的修改，既是中国式现代化的内在要求，又彰显中国特色社会主义总体布局的文明指向，为建设社会主义现代化强国提供了可靠的宪法保障，有利于引领全党全国人民把握规律、齐心协力，为全面建成社会主义现代化强国，实现中华民族伟大复兴的中国梦不懈奋斗。

四、中国式现代化是自主的现代化

“走自己的路”是党的全部理论和实践的立足点，更是党百年奋斗得出的历史结论。在当今比较流行的现代化理论中，现代化是指传统社会向现代社会转变的历史过程与结果状态。世界范围内的现代化昭示于欧洲资本主义的崛起，中国的现代化则发轫于清末民初的启蒙运动。人类历史上的现代化，有两种基本途径：一是自下而上的演进式的，像英国、法国、德国等西方发达国家的现代化；二是自上而下的构建式的，像日本、韩国、新加坡等新兴国家的现代化。而中国式现代化，既不同于英、法、德等西方国家内生演进性道路，也不像日、韩、新等东亚国家外发推进性道路，而是走自上而下、自下而上双向互动推动现代化的道路。这是习近平总书记的概括。我们把党的现代化顶层设计与亿万人民的实践探索紧密结合，坚持“先试点后推广”的改革模式，在先行先试形成基层性制度创新、示范型改革响应后，再全面扩开。实践证明：中国式现代化坚持“走自己的路”，独立自主地选择自己的现代化道路，走出了一条蹄疾步稳的现代化道路。选择的道路不同，命运也就完全不同。我们可以看一看同一历史时期的一些发展中国家在推进现代化的过程中，延续殖民主义体系而水土不服，或者全面移植、照抄照搬西方现代化模式，尤其是照搬西方的政治法律模式而陷入了这样或者那样的陷阱，不同程度地陷入周期性政治动乱、社会混乱，人民流离失所、国家遭受磨难。

五、中国式现代化是新科技赋能与加速的现代化

中国式现代化不同于西方工业革命时期的现代化。我们的现代化是在新科技革命推动下弯道超车、加速发展的现代化。唯物

史观社会形态的划分是以生产率为标准的，而科学技术是第一生产力。从科技革命、生产工具变革和生产力发展的角度看，人类社会迄今经历了石器时代、红铜时代、青铜时代、铁器时代、蒸汽时代、电气时代、信息时代，当前正在跨入数字时代或者说智能化时代。就经济形态而言，人类先后经历了原始社会、农业社会、工业社会、信息社会，当前正在进入数字社会。数字社会的生产力代表是数字技术，数字科技是一个综合性概念、集成性概念，几乎涵盖了现代科技的方方面面，互联网、物联网、大数据、云计算、区块链、人工智能等，甚至也包括了基于数据科技等其他领域的科技。进入 21 世纪以来，人类社会的发展呈现加速变革的态势，大多数人还没有完全适应网络信息社会。甚至一些人还没有适应工业社会，就被迅速地推入数字社会。大数据、互联网、云计算、人工智能等数字科技的融合发展、广泛运用，物联网、区块链脱颖而出，空前地改变着人类社会的生产方式、生活方式、生存方式、学习方式、行为方式；甚至改变着国家的治理体系、治理体制和治理能力；改变着政府的决策程序、实施机制，改变着法律体系及其运行方式，塑造着一个全新的现代化社会，使人类步入了更加高效、开放、自由、互信、共享、共治的数字时代。现在，数字科技已经成为现代化的重要引擎，没有数字科技就没有现代化。在中国的现代化新道路上，我们很好地统筹了数字科技革命和现代化发展，推进经济社会的数字化、智能化、程序化、法治化，充分发挥数字科技对现代化的强有力支持和推动作用，加快建设社会主义现代化强国。

六、中国式现代化体现了中华文明传统和人类共同价值的融通融合

中国的现代化是自主的，也是开放的，既对历史开放，也对世界开放，更向未来开放。习近平总书记指出，西方很多人习惯于把

中国看作西方现代化理论视野中的近现代民族国家，没有从五千多年文明史的角度来看中国，这样就难以真正理解中国的过去、现在、未来。中华文明源远流长，博大精深，是中华民族独特的精神标志，是当代中国文化的根基。在漫长的历史进程中，中华民族以自强不息的决心和意志，筚路蓝缕，跋山涉水，走过了不同于西方和世界上其他文明体的发展历程。特别是新中国成立以来，我们党团结带领人民孜孜不倦地探索中华民族复兴之路和中国发展的现代化道路，从中华文明传统中寻找现代化的文化根基和源头活水，是推动中国式现代化的最基本经验之一。

当然，在传承中华文明的同时，我们也注重借鉴和吸收世界其他国家现代化的有益经验。以法治为例，厉行法治、依法治国是现代化的内在要素。我国在推进中国式现代化的过程中，认真研究和吸收西方各国法治建设的经验和法治文明的优秀成果。正如习近平总书记所说的：法治和人治问题是人类政治文明史上的一个基本问题，也是各国在实现现代化过程中必须面对和解决的一个重大问题。综观世界近现代史，凡是顺利实现现代化的国家，没有一个不是较好解决了法治和人治问题的。相反，一些国家虽然也一度实现快速发展，但并没有顺利迈进现代化的门槛，而是陷入这样或者那样的"陷阱"，出现经济社会发展停滞甚至倒退的局面。后一种情况很大程度上与法治不彰有关。

习近平总书记还明确指出，现代政治文明发展的一个重要成果就是用明确的法律规范来调节社会生活、维护社会秩序，是古今中外的通用手段。习近平总书记的这些科学论断，不仅从历史维度揭示出法治与人治的优劣、利弊、得失、进退规律，也从哲理上强化了全党和全国人民坚持法治，反对人治，奉法强国，建设社会主义法治国家的坚定信念。

特别值得我们认真思考和理解的是，中国式现代化鲜明体现了全人类共同价值。习近平总书记在提出中国式现代化概念和理论的过程中，对人类文明发展进程所积淀下来的共同价值进行了科学提炼和概括，精辟阐述了人类社会的共同价值。2015 年，习近平主席在联合国大会上首次明确提出和平发展、公平正义、民主自由是全人类的共同价值，还讲道，和平发展是我们的共同事业，公平正义是我们的共同理想，民主自由是我们的共同追求。全人类共同价值概念是基于文明互鉴而达成的价值共识，而非西方少数人立足于文明冲突而强加于人类社会的所谓“普世价值”，这是“共同价值”与“普世价值”的根本区别所在。全人类共同价值是对人类社会交往活动的理性总结，顺应了人类文明进步的历史取向，体现了全人类的共同价值观念，为 21 世纪的现代化提供了价值引领，必将开辟人类社会现代化的历史性篇章！

论中国式法治现代化新道路*

习近平总书记在庆祝中国共产党成立一百周年大会上提出一个崭新理论命题，即“中国式现代化新道路”。这为我们洞察世界、理解实践、深化理论确立了新范式，为法学界提出并阐释“中国式法治现代化新道路”提供了科学理论和方法。中国式法治现代化新道路是中国式现代化新道路在法治领域的具体体现，是中国特色社会主义法治道路的理论投射，是中国共产党领导中国人民在长期法治探索和实践中成功走出的法治现代化唯一正确道路，具有鲜明的中国特色、时代特色、历史底色。可以说，走中国式法治现代化新道路，是新时代法治建设全部理论和实践的立足点。本文从中国式法治现代化新道路的历史演进、科学内涵、宏观样态、未来拓展四个方面对中国式法治现代化新道路进行了写实性叙述、学理化阐释、法理化凝练、前瞻性构思。

---

* 本文发表于《中国法学》2022 年第 1 期，《中国社会科学文摘》2022 年第 6 期转载，后收录于严国萍主编的《治理研究专家笔谈》（中共中央党校出版社 2022 年版）一书中。

一、中国式法治现代化新道路的历史演进

“现代化”通常指从传统社会向现代社会转变的历史过程与结果状态。世界范围内的现代化肇始于欧洲资本主义的兴起，中国的现代化则发轫于清末民初的启蒙运动，而法治现代化也在那个特殊的历史波涛中被唤醒。在世界法治现代化大潮流中，中国式法治现代化道路的形成和不断拓展是人类法治文明的伟大创造，呈现出独特的历史轨迹和鲜明的中国特色。

（一）在新民主主义革命时期党领导人民开探中国法治现代化道路

在中华民族上下五千年的历史长河中，“法”文明并没有缺席，包括中华法系在内的彪炳史册的灿烂文明令世人称道。但是，1840年鸦片战争以后，由于西方列强入侵和封建统治腐败，中国沦为半殖民地半封建社会，丧权辱国，割地赔款，中华民族遭受了前所未有的劫难，中华法系也随之凋零。为了拯救民族危亡，中国人民奋起反抗，仁人志士奔走呐喊，各种救国方案轮番出台，而变法图强无疑是其中呼声最高的。康有为、梁启超等发起了以“变法”为主题的思想启蒙运动和热火朝天的“戊戌变法”；沈家本将西方法制与中华法律传统文化联结，开展大规模修例，起草了《大清新刑律》《大清民律草案》等包含现代性元素的法律，开启了近代中国法治变革、现代法律体系构建的历史进程。许多人试图将近代西方国家具有现代色彩的民主法治模式移植到中国，提出了君主立宪制、总统制、议会制等不同策略，但都相继失败、抱憾而终。辛亥革命虽然推翻了清朝政府，撼动了反动统治秩序的根基，却未能从根本上改变旧中国半殖民地半封建的社会性质和中国人民的悲惨境遇，中国人民依然生活在苦难和屈辱之中。“变法图强”忽略了法

制的社会基础，没能找到解决中国前途命运问题的正确道路和领导力量，犹如夜雨中的昙花一现，转瞬间雨打风吹去。

“变法”的路走不通，必须寻找一条新路，正是在漫漫长夜的等待中，新文化运动撬开了历史的一道曙光。我国一批先进知识分子和革命青年，高举民主、科学、法治、人权的旗帜，在追求真理中传播新思想、新文化，勇于打破封建思想的桎梏，猛烈冲击了几千年来的封建旧礼教、旧道德、旧思想、旧文化，马克思主义也随这场文化浪潮涌进了中国思想界。直到十月革命一声炮响，马克思列宁主义才真正掌握群众，成为改造世界的力量。1921 年 7 月，中国共产党在中国人民和中华民族的伟大觉醒中，在马克思列宁主义同中国工人运动的紧密结合中诞生了。这一开天辟地的大事变，不仅改变了中华民族的命运，也刷新了中国法治现代化的历史。以毛泽东同志为主要代表的中国共产党人把马克思主义国家和法治理论与中国新民主主义革命法制的实际相结合，展开了中国法治现代化的历史画卷。我们党在中央苏区和革命根据地建立了新民主主义的政权组织，制定实施了《中华苏维埃共和国宪法大纲》《陕甘宁边区施政纲领》《华北人民政府施政方针》，创造“马锡五审判方式”，甚至提出了“党内法规”概念，这一切都是以中华大地上生动演绎的法治实践为条件的。坚持中国共产党领导、体现人民意志、保障人民权利的新型国体、政体、政权体制、经济制度和法律制度，是中国法治现代化道路上一次石破天惊的大觉醒、大变革。

（二）在社会主义革命和建设时期党领导人民开辟中国式法治现代化道路

中国共产党自成立之日起就致力于建设人民当家作主的新社会新政权新制度。经过二十八年浴血奋战，党领导人民彻底结束了旧中国半殖民地半封建社会的历史，彻底结束了极少数剥削者统治广大劳动人民的历史，彻底结束了帝国主义列强欺凌和压迫中国人民的历史，建立了中华人民共和国，实现了中国从几千年封建专制政治向人民民主的伟大飞跃。具有临时宪法意义的《中国人民政治协商会议共同纲领》、第一届全国人民代表大会第一次会议制定的《中华人民共和国宪法》，以国家根本大法的形式，确认了百年来中国人民为反对内外敌人、争取民族独立和人民自由幸福进行英勇斗争的伟大成果，确认了中国共产党领导人民夺取新民主主义革命胜利、进行社会主义革命的伟大功绩，也明确了中国式法治现代化道路的前进方向。1954 年《宪法》以毛泽东思想为指导，以人民民主和社会主义两大原则为统领，规定了我国的国体、政体、国家机构、公民基本权利和义务等，建立了工人阶级领导的、以工农联盟为基础的人民民主专政的社会主义国家，建立了全国人民代表大会和地方各级人民代表大会，实现了人民民主法律化制度化，成功开辟了中国式法治现代化道路。不仅如此，全国人民代表大会组织法、国务院组织法、人民法院组织法、人民检察院组织法、地方各级人民代表大会和地方各级人民委员会组织法等一批基本法律也在宪法精神的照耀下破土而出。同时着手起草的还有民法、刑法、刑事诉讼法，并形成了《中华人民共和国民法草案》（试拟稿）、《中华人民共和国刑事诉讼法草案》（初稿）。这些草案虽然没有经过法定程序成为法律，但它们所拟定的法律原则和规则却以党的政策或司法政策指引人民司法工作，并为其后起草相应的法律积累了经验和技术基础。由是，新中国的基本政治制度、法律制度、立法体制、司法体制和法制原则、基本法制框架，就这样在硝烟沉落的大地上扎了根。不过，受内外各种因素困扰，开局良好的法制建设在 20 世纪 60 年代陷入停滞、逆转和倒退状态，一场“文化大革命”袭来，初步形成的法制框架几乎荡然无存。这是中国法治现代化道路上的一场致命的挫折。

（三）在改革开放和社会主义现代化建设新时期党领导人民开拓中国式法治现代化道路

1978 年，在党和国家面临何去何从的重大历史关头，党的十一届三中全会吹响了改革开放的时代号角。正像习近平总书记所指出的："改革开放是我们党的一次伟大觉醒，正是这个伟大觉醒孕育了我们党从理论到实践的伟大创造。改革开放是中国人民和中华民族发展史上一次伟大革命，正是这个伟大革命推动了中国特色社会主义事业的伟大飞跃！"[1] 改革开放如春雷乍响，推动中国大地"破冰解冻"，迈进了社会主义现代化建设新时期。[2] 以邓小平同志为主要代表的中国共产党人成功开创了中国特色社会主义。党的十三届四中全会以后，以江泽民同志为主要代表的中国共产党人成功把中国特色社会主义推向 21 世纪。党的十六大以后，以胡锦涛同志为主要代表的中国共产党人成功在新形势下坚持和发展了中国特色社会主义。在中国特色社会主义旗帜下，我们党领导人民勇敢拨乱反正、正本清源，确立了"发扬社会主义民主、健全社会主义法制""有法可依、有法必依、执法必严、违法必究"的基本方针，确立了"依法治国、建设社会主义法治国家"的基本方略，确立了"坚持党的领导、人民当家作主、依法治国有机统一"的基本原则，提出"尊重和保障人权"的国家理念，初步形成中国特色人权保障法治体系。其中，标志性的成果是全面修改带有严重错误和缺点的"七八宪法"，颁布实施"八二宪法"，并对其进行四次修改，形成了以宪法为核心，包括 236 部法律、690 多件行政法规、8500 多件地方性法规在内的中国特色社会主义法律体系。中国共产党带领人民一路披荆斩棘、勇往直前，成功开拓了中国式法治现代化道路。

（四）在中国特色社会主义新时代党领导人民开创中国式法治现代化新道路

党的十八大以来，中国特色社会主义进入新时代。以习近平同志为主要代表的中国共产党人，从历史和现实相贯通、国际和国内相关联、理论和实际相结合的角度，深刻回答了新时代坚持和发展什么样的中国特色社会主义、怎样坚持和发展中国特色社会主义，建设什么样的社会主义现代化强国、怎样建设社会主义现代化强国，建设什么样的长期执政的马克思主义政党、怎样建设长期执政的马克思主义政党等重大时代课题，提出了一系列原创性的治国理政新理念新思想新战略，创立了习近平新时代中国特色社会主义思想。这一伟大思想明确提出“全面依法治国”重大战略，论述了全面依法治国的重大意义、政治方向、工作布局、重点任务、重大关系、重要保障，创立了内涵丰富、论述深刻、逻辑严密、系统完备的习近平法治思想。

在习近平法治思想指引下，党领导人民在新时代成功走出了一条中国式法治现代化新道路。其“新”集中体现为习近平总书记提出并科学阐述的“全面依法治国新理念新思想新战略”，最鲜明的特征是坚定不移走中国特色社会主义法治道路，筑法治之基、行法治之力、积法治之势，为全面建设社会主义现代化国家、实现中华民族伟大复兴提供良法善治。具体而言，就是坚持党对全面依法治国的领导，坚持以人民为中心，坚持中国特色社会主义法治道路，坚持依宪治国、依宪执政，坚持在法治轨道上推进国家治理体系和治理能力现代化，坚持建设中国特色社会主义法治体系，坚持依法治国、依法执政、依法行政共同推进，法治国家、法治政府、法治社会一体建设，坚持全面推进科学立法、严格执法、公正司法、全民守法，坚持统筹推进国内法治和涉外法治，坚持建设德才兼备的高素质法治工作队伍，坚持抓住领导干部这个“关键少数”。

其“新”在实践中鲜明表现为从依法治国到全面依法治国，从建设中国特色社会主义“法律体系”到建设中国特色社会主义“法治体系”，从“有法可依、有法必依、执法必严、违法必究”到“科学立法、严格执法、公正司法、全民守法”，从建设“法治国家”到建设“法治中国”，从着力推进“国内法治”到“统筹推进国内法治和涉外法治”，从确立“依法执政”到“坚持依法治国与制度治党、依规治党统筹推进、一体建设”等波澜壮阔的法治转型；具体体现在对现行宪法进行第五次修改，编纂民法典，制定外商投资法、国家安全法、监察法等法律，修改立法法、国防法、环境保护法等法律，在重点领域、新兴领域、涉外领域实现立法突破，深化以司法责任制为重点的司法体制改革，推进政法领域全面深化改革，加强对执法司法活动的监督制约，开展政法队伍教育整顿，依法纠正冤错案件，严厉惩治执法司法腐败，组建中央全面依法治国委员会等具有里程碑意义的法治事件。[3]党的十九届六中全会将数不胜数的法治成就和变革概括为：“中国特色社会主义法治体系不断健全，法治中国建设迈出坚实步伐，法治固根本、稳预期、利长远的保障作用进一步发挥，党运用法治方式领导和治理国家的能力显著增强。”[4]

中国式法治现代化道路是中国共产党百年奋斗史诗的重要篇章，这条道路的“开探”“开辟”“开拓”“开创”并非一条坦途，我们经历了流血后的重生、衰颓后的重建、挫折后的重整、繁荣后的再出发，因而尤为值得珍惜。在彻底废除半殖民地半封建旧法统和国民党“六法全书”的废墟上，我们仅用了几十年时间就构建了中国特色社会主义法律体系、打造了中国特色社会主义法治体系，社会主义法治国家建设成效显著，全面依法治国取得突破性进展，意气风发地迈向了全面建设良法善治的法治中国的新征程。中国式法治现代化新道路是一条越走越宽的道路，它已被历史的逻辑所证明，也必将在历史的画卷上续写辉煌。

二、中国式法治现代化新道路的科学内涵

中国式法治现代化新道路，是法治现代化的社会主义道路、法治现代化的中国道路、人类法治文明的新道路，具有深厚的科学底蕴、鲜明的时代特征、宽广的全球视野。

（一）中国式法治现代化新道路是法治现代化的社会主义道路

中国式法治现代化道路绝不是西方资本主义法治道路的翻版，而是中国特色社会主义法治道路。习近平总书记指出："我们要坚持的中国特色社会主义法治道路，本质上是中国特色社会主义道路在法治领域的具体体现；我们要发展的中国特色社会主义法治理论，本质上是中国特色社会主义理论体系在法治问题上的理论成果；我们要建设的中国特色社会主义法治体系，本质上是中国特色社会主义制度的法律表现形式。"[5]"具体讲我国法治建设的成就，大大小小可以列举出十几条、几十条，但归结起来就是开辟了中国特色社会主义法治道路这一条。"[6]中国特色社会主义法治道路是我国法治现代化的唯一正确道路，彰显中国式法治现代化的社会主义性质。

中国共产党领导是中国式法治现代化的根本保证。党的领导是中国特色社会主义最本质的特征，是社会主义法治之魂，是中国式法治现代化与西方式法治现代化的最大区别。我国社会主义法治建设的一条基本经验是把党的领导贯彻到依法治国全过程和各方面。这体现在党中央对法治建设和法治现代化事业的集中统一领导和顶层设计上，体现在党对科学立法、严格执法、公正司法、全民守法的全面领导上，体现在党领导立法、保证执法、支持司法、带头守法上。只有坚持党的领导，国家和社会生活制度化、法治化才

能沿着正确道路有序推进。

以人民为中心是中国式法治现代化的根本价值。以人民为中心，是全面依法治国的根本政治立场，也是社会主义法治的逻辑所在。全面依法治国最广泛、最深厚的基础是人民，必须坚持法治建设为了人民、依靠人民、保护人民、造福人民，把体现人民利益、反映人民意愿、维护人民权益、增进人民福祉、促进人的全面发展和人民共同富裕落实到全面依法治国各领域全过程，把尊重和保障人权、促进社会公平正义、满足人民美好生活需要作为良法善治的标尺。社会主义法治现代化必须坚持人民主体地位，把人民作为法治建设的主体，充分调动人民群众的积极性和创造性，大力弘扬人民权益靠法律保障、法律权威靠人民维护的社会主义法治精神，做到法律为人民所掌握、所遵守、所运用，增强全社会尊法学法守法用法护法的思想自觉和行动自主。

中国特色社会主义制度是中国式法治现代化的根本基石。中国特色社会主义制度是人类制度文明史上的伟大创造，具有鲜明中国特色、明显制度优势、强大自我完善能力，为政治稳定、经济发展、文化繁荣、民族团结、社会安宁、国家统一提供了有力保障，为经济快速发展、社会长期稳定两大奇迹的形成创造了良好的制度环境。特别是我国社会主义制度保证了人民当家作主的主体地位，也保证了人民在依法治国中的主体地位。在全面依法治国、推进法治现代化新征程上，我们要坚定不移地坚持和完善支撑中国特色社会主义制度的根本制度、基本制度、重要制度，并努力使制度的显著优势更好转化为法治现代化的实际效能。

中国特色社会主义法治理论是中国式法治现代化的指导思想。中国特色社会主义法治理论是关于法治，特别是中国特色社会主义法治的科学认知，是对我国社会主义法治实践的经验总结和理论表达，是中国特色社会主义理论体系的重要组成部分。它立足历史唯物主义，深化了对共产党依法执政规律、社会主义法治建设规律、人类社会法治发展规律的认识；全面阐述了法治的本质、法治的普遍规律、现代法治的一般原理、中国特色社会主义法治的本质特征、内在要求、价值功能、基本原则、发展方向、遵循道路等，深刻回答了新时代为什么全面依法治国、怎样全面依法治国等重大问题，是党和人民处理新时代法治问题的根本立场、观点和方法，是中国式法治现代化的灵魂和旗帜。习近平法治思想是中国特色社会主义法治理论的集大成者，是当代中国马克思主义法治理论、21 世纪马克思主义法治理论，它指引党和人民在新时代走出了一条中国式法治现代化新道路。在法治现代化的前进道路上，我们将始终保持社会主义政治方向、政治定力，坚定不移走中国特色社会主义民主法治道路，绝不照搬照套西方所谓“宪政”、多党轮流执政、“三权鼎立”“司法独立”的政治体制和法治模式，绝不全面移植他国的法治体系。

（二）中国式法治现代化新道路是法治现代化的中国道路

习近平总书记深刻指出：“走自己的路，是党的全部理论和实践立足点，更是党百年奋斗得出的历史结论。”[7]党的十九届六中全会《决议》把“坚持中国道路”作为党百年奋斗的宝贵历史经验之一，指出“人类历史上没有一个民族、一个国家可以通过依赖外部力量、照搬外国模式、跟在他人后面亦步亦趋实现强大和振兴”。[8]这一重要的历史经验和科学论断完全适用于法治领域和法治现代化问题。世界上不存在定于一尊的法治模式，也不存在放之四海而皆准的法治现代化道路。在中国这样一个国土面积广袤、人口规模巨大、地区差异悬殊、历史文化悠久的发展中国家实现法治现代化，其正确的道路书本上抄不来，别人送不来，只能靠自己走出来。“当代中国的伟大社会变革，不是简单延续我国历史文化的母版，不是简单套用马克思主义经典作家设想的模板，不是其他国家社会主义实践的再版，也不是国外现代化发展的翻版，不可能找到现成的教科书。”“一切刻舟求剑、照猫画虎、生搬硬套、依样画葫芦的做法都是无济于事的。”[9]中国式法治现代化不但坚持社会主义，而且符合中国国情和实际，是法治现代化的中国道路。

第一，我国是世界上最大的发展中国家，有14亿多人口，且地域辽阔、民族众多、区域发展和经济社会发展不平衡不充分，仍处于并将长期处于社会主义初级阶段。但是，我们已经进入中国特色社会主义新时代，实现了第一个百年奋斗目标，在中华大地上全面建成了小康社会，正在意气风发向着全面建成社会主义现代化强国的第二个百年奋斗目标迈进。这是我国现阶段法治建设的历史方位和社会条件。立足于“初级阶段”和“新时代”，我们的法治现代化既不能罔顾国情、超越阶段，也不能因循守旧、墨守成规。我们要清醒地认识到，尽管我国社会主要矛盾发生了变化，但社会主义初级阶段基本国情和世界上最大发展中国家的国际地位没有变，我们依然面临人口规模巨大、老龄化问题较为严重、收入分配差距较大、民生保障存在短板、国家治理还有弱项的实际情况。因此，实现中国式法治现代化，必将是一个长期的历史任务。

第二，我国是世界文明古国、文明大国，法制文明是中华文明的内在构成，而且从历史进程上看从来没有中断过。战国时期，李悝的《法经》创中国古代法典之体制，开成文法典之先河。其后建立的秦朝扩大了成文法的规模，奠定了中国长达两千多年传统法制的基本轮廓，并初步形成了中华法系。汉唐诸代君臣与巨儒主张“德主刑辅”，熔礼义刑德于一炉，使中国传统法制成为“天理、国法、人情”的融合体。《唐律疏议》更以其完备的法律规范体系、丰富而深邃的法理内涵而成为古代法典的范例。千年朝代更替，并没有中断中华法系的血脉，它无比广泛地影响和传播到周边国家和世界其他国家，也给我们留下无比宝贵的法律文化遗产。中华法系是中华民族法治精神的结晶，有许多超越时空、具有普遍价值的思想和理念值得我们回味、传承和发展。例如，大道之行、天下为公的大同理想；六合同风、四海一家的大一统传统；民惟邦本、本固邦宁的民本理念；奉法强国、变法促进的强国之路；出礼入刑、隆礼重法的治国策略；天下无讼、以和为贵的价值追求；德主刑辅、以德化人的德治主张；法不阿贵、绳不挠曲的正义追求；援法断罪、罚当其罪的平等观念；亲仁善邻、协和万邦的外交之道；以和为贵、好战必亡的和平理念等思想精华。走中国式法治现代化道路，必须对中华优秀传统法律文化进行创造性转化、创新性发展，让中华法治文明在当代世界焕发绚丽光彩。

第三，我们正处在全球化大转型和世界大变局的新世纪，国情与世情相互影响、深度交融。从 20 世纪 70 年代至今，我们生存的这个世界发生了全球化历史性变迁，全球化有力地改变着人类的生产方式、生活样式和生存状态，也在深刻地影响着人类社会的经济、政治、法律制度及其变迁。在这样的全球化时代，无论是观察和处理经济问题、文化教育科技问题，还是观察和处理政治问题、军事问题、外交问题，我们都必须有全球意识、全球视野、全球眼光、全球思维，要有全球化的问题意识，应对全球化的战略能力。作为新兴大国，我国积极主动顺应全球化，实行对外开放战略，赢得了难得的战略机遇期。近年来，逆全球化思潮上升，单边主义、保护主义、霸权主义、强权政治抬头。然而，全球化的历史潮流不可阻挡，全球化的发展趋向不会改变。我们要继续积极推动全球化朝着更加开放、包容、普惠、平衡、共赢的方向发展。全球化加快了我国法治现代化的进程，使我们充满信心地走出了一条面向全球化的法治现代化新道路。

当前世界正经历百年未有之大变局。虽然和平与发展仍然是时代主题，但是这一主题面临许多挑战。“东升西降”是大变局发展的主要方向，新冠疫情全球大流行是加剧大变局演进的催化剂，世界进入动荡变革期是大变局的基本特征；国际环境日趋复杂、不稳定性和不确定性因素明显增加是大变局之下难以避免的“乱局”。大国博弈的历史轮廓日渐清晰，中国日益走近世界舞台中央，和平崛起势不可挡，但守成大国绝不甘心，必然打压遏制。在法治方面，全球治理体系发生深刻调整，制度竞争成为国家间最核心的竞争、法治成为国家综合实力的重要组成部分，运用法治思维和法治方式更好维护国家主权、安全、发展利益，更好促进世界和平与发展，成为我们势在必行的战略抉择。在这种历史条件下，我们必须统筹国际国内两个大局，统筹推进国内法治和涉外法治，主动参与全球法治变革，推进构建国际法治新秩序，为中华民族伟大复兴创造更加良好的外部法治环境。在全球化和大变局的新世纪，推进中国法治现代化，必须保持对外开放、文明互鉴的境界。习近平总书记指出：“坚持从我国实际出发，不等于关起门来搞法治。法治是人类文明的重要成果之一，法治的精髓和要旨对于各国国家治理和社会治理具有普遍意义，我们要学习借鉴世界上优秀的法治文明成果。”[10]文明因多样而交流、因交流而互鉴、因互鉴而发展，通往法治现代化的道路也是如此。“中华民族是一个兼容并蓄、海纳百川的民族，在漫长历史进程中，不断学习他人的好东西，把他人的好东西化成自己的东西，这才形成我们的民族特色。”[11]外国法治文明有许多理念、原则和方法，反映了人类法治文明发展的一般规律。诸如依法而治、权力制约、尊重人权、税收法定、法律面前人人平等、契约自由、罪刑法定、疑罪从无、非法证据排除、正当程序等法治理念。推进中国法治现代化，应当坚持在中国国情和中国需要的前提下，认真鉴别、理性批判、合理吸收外国法治经验，使之与中国本土资源相贯通，彰显中国法治现代化的开放性、包容性和科学性。当然，“学习借鉴不等于是简单的拿来主义，必须坚持以我为主、为我所用，认真鉴别、合理吸收，不能搞‘全盘西化’，不能搞‘全面移植’，不能照搬照抄”。[12]

第四，中国是在经历了一场又一场思想解放、排除各种错误倾向干扰下步入法治现代化道路的。首先，中国式法治现代化是在彻底肃清封建专制传统中开启的。按照人类社会变迁和国家历史类型更替的一般规律，社会主义是从资本主义发展而来的。然而，由于近代以来特殊的历史原因，我们从半殖民地半封建社会直接跳过了资本主义发展阶段而进入了社会主义，加上我国封建社会的历史有3000多年，故“旧中国留给我们的，封建专制传统比较多，民主法制传统很少”。[13]所以，在推进法治现代化过程中，我们首先面对的就是反封建的历史任务。封建专制主义传统的典型特征是君权神授、君临天下、专制独裁、权大于法、君本位、官本位、义务本位、重刑主义、刑讯逼供等。受这种旧传统的影响，一些领导干部无视宪法法律，以权压法、以言代法、徇私枉法，特别是当个人意志和主张与法律不一致时，不是“人依法”而往往是“法依人”。改革开放以来，我们党以极大的政治勇气领导人民开展反封建斗争，扫除了影响依法治国、阻碍法治现代化的封建主义遗风。

其次，中国式法治现代化是在排除“全盘西化”“全盘苏化”的斗争中突围的。由于清末统治集团的腐败封闭僵化，中华文明的内在灵魂几乎被掏空，在西方文明的狂风暴雨中摇摇欲坠。中国向何处去？中华文明向何处去？政界学界争论不休，莫衷一是。在“有病乱投医”的情况下，不少人试图照搬西方法治模式，“全盘西化论”因此滋长起来。从历史发展来看，现代法治起源于西方，西方资本主义法治较封建专制主义人治具有进步性。推进中国法治现代化，我们当然要面向世界、学习人类法治文明的优秀成果，使中国法治现代化尽可能跨越发展、弯道超车。但是，西方资本主义法治有它生成的社会基础和历史条件，并不具有普适性，更不是人类法治文明的唯一坐标，对西方资本主义法治理念盲目崇拜，甚至直接套用法治模式，很容易造成水土不服、后患无穷的局面。毛泽东、邓小平同志反复提醒我们，必须坚持走社会主义民主法治道路，绝不照抄照搬西方资本主义民主法治模式，要反对“全盘西化”的错误思潮。在批判“全盘西化”的同时，我们也曾经走过一段“全盘苏化”的弯路。在法的理论上，我们曾照搬以维辛斯基国家和法的理论为代表的苏联法学，过分强调法是阶级矛盾和阶级斗争的产物、法是阶级斗争的工具，以致提出“以阶级斗争为纲”的法学理论。在法律体系建设上，将毛泽东同志“以苏为鉴”的主张泛化，试图照搬与高度集中的计划经济体制相适应的苏联法律体系。在法律运行上，片面强调法律为无产阶级专政服务的一面，而忽视法律保障人权、制约公权、维护公平正义、促进社会和谐的基本面，致使法治现代化进程一度南辕北辙。改革开放以后，经过“实践是检验真理的唯一标准”的大讨论，中国法治和中国法学既否定了“全盘西化”，也告别了“全盘苏化”，回归马克思主义国家和法的科学真理，开启了与社会主义市场经济、民主政治、先进文化、和谐社会、生态文明相适应的法治现代化道路。

最后，中国式法治现代化是在克服极“左”思潮干扰的实践中奋进的。长期以来，中国法治建设深受极“左”思潮的干扰和破坏，其主要表现是：实行“以阶级斗争为纲”的政治路线，混淆敌我矛盾和人民内部矛盾；奉行“法律虚无主义”，公然主张要人治、不要法治，把法律仅仅作为办事的参考；热衷于大轰大嗡、无法无天的群众运动，甚至实行群众专政、群众办案，而无视法律程序；把法律的强制和惩罚功能极端化，而忽视其保护人权、维护公正的价值功能。在党和国家政治生活中，要人治、不要法治的极“左”错误危害很大，曾经使我国社会主义法制建设长期处于停滞状态甚至发生颠覆性倒退。鉴于“左”的意识根深蒂固、危害极大，邓小平同志力挽狂澜，向极“左”思潮开炮，强调“现在，有右的东西影响我们，也有‘左’的东西影响我们，但根深蒂固的还是‘左’的东西。……中国要警惕右，但主要是防止‘左’”。[14]经过反对极“左”思潮的解放思想和拨乱反正的政治斗争，我们党深刻认识到，没有民主和法制就没有社会主义，就没有社会主义现代化，强调“我们要在大幅度提高社会生产力的同时，改革和完善社会主义的经济制度和政治制度，发展高度的社会主义民主和完备的社会主义法制”。[15]一场又一场学术争鸣和一次又一次的斗争洗礼过后，我们清除了“封遗毒”、克服了“左僵化”、放弃了“洋教条”，在党的坚强领导下，高举中国特色社会主义民主法治理论的旗帜，奋力推进社会主义民主制度化法律化，实行依法治国、建设社会主义法治国家、建设法治中国，大踏步迈向了中国式法治现代化的人间正道。这在世界法治史上是十分独特的现象。

（三）中国式法治现代化新道路是人类法治文明的康庄大道

新中国成立、改革开放以来，特别是中国特色社会主义进入新时代以来，我国法治建设的实践和成就堪称世界法治发展的典型范例，正在并将继续深刻影响人类法治文明历史进程。在中国这样一个超大规模的发展中国家，中国共产党领导人民经过艰辛探索，成功地走出了一条中国式法治现代化新道路，用 70 余年时间走完了发达国家二三百年走过的法治现代化历程，创造了人类法治文明发展史上的奇迹，标志着中华法治文明的又一次伟大崛起。

新中国成立以后，在社会主义革命和建设时期，我们党在废除旧法统的同时，积极运用新民主主义革命时期根据地法制建设的成功经验，总结社会主义法治建设的新鲜经验，抓紧建设社会主义法治，初步奠定了社会主义法治的基础。改革开放和社会主义现代化建设新时期，面对法治衰国家乱人民不幸的悲剧，我们党提出了健全社会主义法制、建设社会主义法治国家，确立了依法治国基本方略、依法执政基本方式，实现了党治国理政方式的根本转变。我们用 30 来年的时间构建起一个立足中国国情和实际、适应改革开放和社会主义现代化建设需要、集中体现党和人民意志的，以宪法为统帅的中国特色社会主义法律体系。法律体系的形成，是我国依法治国、建设社会主义法治国家历史进程的重要里程碑，是世界现代法制史上最具标志性的重大事件，其意义重大而深远，其影响广泛而深刻。

同时，我们持续进行全民普法和法治宣传教育。我国的普法和法治宣传教育，既注重普及法律常识、掌握法律知识、树立法律意识，又强调增强法治观念、树立法治理念、弘扬法治精神；既要求公民尊法学法守法用法，又要求国家公职人员特别是各级领导干部牢固树立法治观念，自觉依法办事，依照法定职权和法定程序行使国家权力，并逐步学会运用法治思维和法治方式处理改革、发展、稳定的问题，提高依法执政、依法行政的能力和水平。中国的全民普法和法治宣传既是中国历史上，也是人类历史上规模空前和影响深远的法治启蒙运动，是一场先进的思想观念和文明的生活方式的宣传教育运动。经过普法和法治宣传教育，现代法治所包含的权利义务观念、自由平等观念、民主法治观念、公平正义观念、诚实信用观念等先进的思想观念逐渐深入人心，法律所追求的那种理性地行使权利、履行义务、平等协商谈判、和平理性解决矛盾纠纷等文明的生活方式正在蔚然成风。

中国特色社会主义进入新时代以来，以习近平同志为核心的党中央领导党和人民坚持和拓展中国特色社会主义法治道路，全面推进依法治国、建设法治中国，在创造经济快速发展奇迹和社会长期稳定奇迹的同时，创造了法安天下、德润人心的全面依法治国新奇迹。2013 年，党的十八届三中全会通过《中共中央关于全面深化改革若干重大问题的决定》，以推进法治中国建设为主题主线，对法治领域的重大改革作出重要部署。2014 年，党的十八届四中全会通过《中共中央关于全面推进依法治国若干重大问题的决定》，以建设中国特色社会主义法治体系、建设社会主义法治国家为总目标总抓手，对全面推进依法治国作出了战略决策和总体部署。2017 年，党的十九大把坚持全面依法治国上升为新时代坚持和发展中国特色社会主义的基本方略，对新时代全面依法治国作出新决策新部署。2018 年,十三届全国人大一次会议通过了《中华人民共和国宪法修正案》,充分体现人民对民主、法治、公平、正义、安全、环境等方面日益增长的需要,使现行宪法与时俱进、更加完善。2018 年,中央全面依法治国委员会成立,加强了党中央对法治中国建设的集中统一领导,健全了党领导全面依法治国的制度和工作机制。2019 年,党的十九届四中全会通过《中共中央关于坚持和完善中国特色社会主义制度、推进国家治理体系和治理能力现代化若干重大问题的决定》,提出坚持和完善中国特色社会主义法治体系,提高党依法治国、依法执政能力。2020 年,《民法典》出台,标志着我国进入了法典化时代,全面依法治国站在了更高的起点上。2020 年,中央全面依法治国工作会议召开,会议强调推进全面依法治国要从把握新发展阶段、贯彻新发展理念、构建新发展格局的实际出发,围绕建设中国特色社会主义法治体系、建设社会主义法治国家的总目标,坚持党的领导、人民当家作主、依法治国有机统一,以解决法治领域突出问题为着力点,坚定不移走中国特色社会主义法治道路,在法治轨道上推进国家治理体系和治理能力现代化,为全面建设社会主义现代化国家、实现中华民族伟大复兴的中国梦提供有力法治保障。这次会议正式提出"习近平法治思想",把习近平法治思想确立为全面依法治国的指导思想和根本遵循。为贯彻落实会议精神,《法治中国建设规划(2020—2025 年)》《法治社会建设实施纲要(2020—2025 年)》《法治政府建设实施纲要(2021—2025 年)》《关于加强社会主义法治文化建设的意见》《关于开展法治宣传教育的第八个五年规划(2021—2025 年)》等相继出台实施。这些重大事件和重要文件是中国式法治现代化进程中一颗颗耀眼的明珠,为世界各国所瞩目。

在中国式法治现代化新道路上,我们坚持自信自强、守正创新,坚持"变"与"不变"的辩证统一;坚持走既不同于英、法、德等西方国家内生演进型道路,也不走日、韩、新等东亚国家外发推进型道路，而是走自上而下、自下而上双向互动推进法治现代化的新道路；坚持“先试点、后推广”的法治改革模式，在先行先试形成集成性制度创新、示范性改革效应后再全面铺开，确保法治领域的改革蹄疾步稳。我们坚持不忘本来、吸收外来、面向未来，坚持古为今用、洋为中用、择善而用，融通各种优质法治资源，不断推进法治理论创新、法治体系创新、法治方法创新；我们既深入推进全面依法治国实践，又积极参与国际法治体系建设；我们高举人类法治文明的旗帜，又力破“西方法治中心主义”的窠臼，走出了一条有别于“西方式法治现代化”的新道路，创造了人类法治文明新形态。而在同一历史时期，一些发展中国家在推进法治现代化的过程中，沿袭殖民主义法治体系而水土不服，或者全面移植、照抄照搬西方法治模式而陷入各种各样的“陷阱”。有些发展中国家照搬西方“宪政”体制和法治模式，不仅没有更自由、更民主、更稳定，而且不同程度地陷入政治动乱、社会混乱，人民流离失所，国家动荡不安。选择的道路不同，命运也完全不同。中国式法治现代化的成功实践为发展中国家走向法治现代化提供了全新选择，为人类探索建设更好国家和法律制度贡献了中国理论和中国经验。

三、中国式法治现代化新道路的宏观样态

中国式法治现代化新道路具有鲜明的中国特色、时代特色、历史底色，它不是在原有道路上的小修小补，而是国家治理的深刻革命和历史变迁。因而，我们需要有更高的历史站位、更宏阔的理论视角、更全面的实践认知，才能找准它的定位、目标、路径。中国式法治现代化新道路的宏观样态可从战略定位、发展目标、路径选择等方面描述和展示。

（一）战略定位：在中国特色社会主义现代化总体布局中推进法治现代化

40 多年前，改革开放的总设计师邓小平同志从建设中国特色社会主义的战略高度出发，把民主法治建设放在什么是社会主义、怎样建设社会主义、如何实现社会主义现代化的历史性课题之中深思熟虑，强调指出：没有民主法制，就没有社会主义，就没有社会主义的现代化。在新时代，习近平总书记继承和发展了邓小平同志的战略思维，强调指出：在统筹推进伟大斗争、伟大工程、伟大事业、伟大梦想的实践中，在实现中华民族伟大复兴的中国梦的前进道路上，法治具有固根本、稳预期、利长远的重要作用；在建设富强民主文明和谐美丽的社会主义现代化强国中，全面依法治国具有基础性、保障性作用；在应对重大挑战、抵御重大风险、克服重大阻力、解决重大矛盾中，法治具有“国之重器”的威力；我们要胸怀中华民族伟大复兴战略全局和世界百年未有之大变局，不断发挥法治的制度优势和治理效能，解放和增强社会活力、促进社会公平正义、维护社会和谐稳定、确保党和国家长治久安。[16]习近平总书记把全面依法治国放在新时代社会主义现代化总体布局之中统筹安排。他指出：“全面推进依法治国是关系我们党执政兴国、关系人民幸福安康、关系党和国家长治久安的重大战略问题，是完善和发展中国特色社会主义制度、推进国家治理体系和治理能力现代化的重要方面。”[17]“我国是一个有十三亿多人口的大国，地域辽阔，民族众多，国情复杂。我们党在这样一个大国执政，要保证国家统一、法制统一、政令统一、市场统一，要实现经济发展、政治清明、文化昌盛、社会公正、生态良好，都需要秉持法律这个准绳、用好法治这个方式。”[18]全面推进依法治国，是事关我们党执政兴国的一个全局性问题。“没有全面依法治国，我们就治不好国、理不好政，我们的战略布局就会落空。”[19]“依法治国是坚持和发展中国特色社会主义的本质要求和重要保障，是实现国家治理体系和治理能力现代化的必然要求。”[20]“无论是实现‘两个一百年’奋斗目标，还是实现中华民族伟大复兴的中国梦，全面依法治国既是重要内容，又是重要保障。”[21]

习近平总书记以深邃的理论思维和高远的战略眼光，提出“全面依法治国是国家治理的一场深刻革命”，把对法治现代化的战略认识提升到一个新的水平。他多次强调指出：“全面推进依法治国是一个系统工程，是国家治理领域一场广泛而深刻的革命”。[22]“全面推进依法治国是一项长期而重大的历史任务，也必然是一场深刻的社会变革和历史变迁。”[23]在党的十九大报告中，他进一步指出：“全面依法治国是国家治理的一场深刻革命”。[24]全面依法治国对于国家治理的革命性意义在于，它将彻底实现从封建治理到民主治理的历史变迁、从人治到法治的革命转折，完成新民主主义革命和社会主义革命应当完成而囿于各种原因没有彻底完成的历史任务，彻底改变人治思维和治理模式，实现党和国家各项工作的法治化。这种深层次全方位的治理革命构成了中国式法治现代化的强大动力。

新时代中国法治建设的实践证明，只有在中国特色社会主义总体布局中定位法治和法治现代化，才能深刻把握法治现代化的历史方位；只有在全面推进中国特色社会主义现代化事业中同步推进法治现代化，才能顺利实现法治现代化；只有把法治现代化与经济、政治、文化、社会、生态等各领域各层面现代化统筹安排、一体推进，才能使之相互促进、相得益彰、共同实现。正是基于科学认知而得出的历史定律，中国共产党带领人民开创了中国式法治现代化新道路，迈向了建设社会主义现代化法治强国的新征程。

（二）发展目标：建设良法善治的法治中国

世界上有各种各样的法治模式。中国共产党人系统考察和深度反思古今中外各种法治模式，特别是中国古代工具主义的严刑峻法和西方近代以来形式主义的法治体系及其对现代中国的影响，在此基础上坚定树立了“良法善治”的理念，强调走中国特色社会主义法治道路，建设良法善治的法治中国。

2014 年，《中共中央关于全面推进依法治国若干重大问题的决定》提出“法律是治国之重器，良法是善治之前提”。在关于这个《决定》的说明中，习近平总书记指出：“人民群众对立法的期盼，已经不是有没有，而是好不好、管用不管用、能不能解决实际问题；不是什么法都能治国，不是什么法都能治好国；越是强调法治，越是要提高立法质量。”[25]他还引用王安石“立善法于天下，则天下治；立善法于一国，则一国治”[26]的名言来论证良法善治。2017 年，《中共中央关于加强党领导立法工作的意见》强调，要“把党的领导贯彻到立法工作全过程，确保立法反映党和国家事业发展要求、体现社会主义核心价值观、回应人民群众关切期待，实现良法善治”。2017 年，党的十九大报告提出：“推进科学立法、民主立法、依法立法，以良法促进发展、保障善治。”2018 年，习近平总书记在中央全面依法治国委员会第一次会议上强调指出：“要推动把社会主义核心价值观贯穿立法、执法、司法、守法各环节，使社会主义法治成为良法善治。”[27] 2020 年，中共中央印发的《法治中国建设规划(2020—2025 年)》进一步明确提出“坚定不移走中国特色社会主义法治道路，奋力建设良法善治的法治中国”。

为了建设良法善治的法治中国，我们坚持把社会主义核心价值观融入立法，努力使每一项立法都符合宪法精神、反映人民意愿、得到人民拥护；把社会主义核心价值观融入执法和司法，坚持严格执法、弘扬真善美、打击假恶丑，坚持公正司法、发挥司法定分止争、惩恶扬善功能；按照社会主义核心价值观的基本要求，健全各行各业规章制度，完善市民公约、乡规民约、学生守则等行为准则，使社会主义核心价值观成为人们日常工作生活的基本遵循，努力形成良好的社会风尚和社会秩序。良法善治的法治中国与人民的美好生活交相辉映,成为中国之治最亮丽的风景线。

(三)路径选择:推进全面依法治国

推进全面依法治国是推进中国法治现代化的实践选择,是实现中国法治现代化的必由之路。而推进全面依法治国,必须坚持党的领导、人民当家作主、依法治国有机统一;坚持依法治国和依规治党有机统一;坚持依法治国和以德治国相结合;坚持依法治国、依法执政、依法行政共同推进,法治国家、法治政府、法治社会一体建设;坚持以建设中国特色社会主义法治体系为总抓手;坚持以法治领域全面改革为强大动力。

第一,坚持党的领导、人民当家作主、依法治国有机统一。这是我国社会主义法治建设的一条基本经验,是中国式法治现代化新道路的制胜法宝。习近平总书记指出:“在中国,发展社会主义民主政治,保证人民当家作主,保证国家政治生活既充满活力又安定有序,关键是要坚持党的领导、人民当家作主、依法治国有机统一。”[28]党的领导是人民当家作主和依法治国的根本保证,人民当家作主是社会主义民主政治的本质特征,依法治国是党领导人民治理国家的基本方式。人民代表大会制度是坚持党的领导、人民当家作主、依法治国有机统一的根本政治制度安排,保证人民当家作主必须坚持和完善这一根本政治制度。人民代表大会制度有利于发挥党总揽全局、协调各方的领导核心作用,保证党的路线方针政策和决策部署在国家各项工作中得到全面贯彻和有效执行。人民代表大会是中国人民实现当家作主的根本途径和最高实现形式。只有全国人民代表大会和地方各级人民代表大会充分发挥作用,才能把人民意志有效地通过法定程序转化为国家法律法规,使国家治理始终符合人民意愿、得到人民拥护,使人民当家作主不会沦为一句口号。人民代表大会制度为全面依法治国提供了政治基础和制度前提。全面依法治国就要依照人民代表大会制定的宪法法律推进国家各项事业和各项工作,保证人民平等参与、平等发展权利,维护社会公平正义,尊重和保障人权,实现国家各项工作法治化。

"我们强调坚持党的领导、人民当家作主、依法治国有机统一,最根本的是坚持党的领导。坚持党的领导,就是要支持人民当家作主,实施好依法治国这个党领导人民治理国家的基本方略。"[29]坚持党的领导,支持人民当家作主,就要实施好依法治国这个党领导人民治理国家的基本方略。党的领导和社会主义法治是一致的,只有坚持党的领导,人民当家作主才能充分实现,国家和社会生活制度化、法治化才能有序推进。同时,坚持依法治国、依法执政,有利于巩固党的执政地位、改善党的执政方式、提高党的执政能力、完成党的执政使命。任何时候、任何情况下,都不能把坚持党的领导同人民当家作主、依法治国对立起来,更不能用人民当家作主、依法治国来动摇和否定党的领导。

第二,坚持依法治国和依规治党有机统一。坚持依法治国和依规治党有机统一,是中国式法治现代化新道路的鲜明特征。在我国,中国共产党是中国特色社会主义事业的领导核心,是唯一执政和长期执政的党,拥有历史决定、人民选择、宪法确立的对国家和社会的领导权和执政权。由中国共产党的这种性质、地位和使命所决定,我们必须坚持依法治国和依规治党有机统一,统筹推进全面依法治国和全面依规治党,形成国家法律制度和党内法规制度相辅相成、相互促进、相互保障的格局,促进党的制度优势和国家制度优势相互转化、形成合力。从理论上看,依法治国和依规治党有着内在的必然联系,治党与治国相辅相成、不能分割,依法执政与依规执政高度契合、缺一不可。正如邓小平同志指出,"没有党规党法,国法就很难保障"。[30]习近平总书记指出,"治国必先治党",[31]"依规治党深入党心,依法治国才能深入民心"。[32]在推进法治现代化实践中，我们着重从七个方面统筹推进依法治国和依规治党，即全面加强党对立法工作的领导；把党内法规制度体系纳入中国特色社会主义法治体系之中；扩大党政“共同立法”、共同印发指导性、规范性文件；推进宪法与党章、国家法律与党内法规统一实施；建立健全依法治国和依规治党统筹协调体制机制，坚持依法治国和依规治党同谋划同部署同推进；大力推进党和国家治理体制改革、探索职能相近的党政机关合并设立或合署办公。[33]

第三，坚持依法治国和以德治国相结合。法律和道德是两类重要的社会规范，法治和德治是两种重要的治理方式。从国家和社会治理上看，“法律是成文的道德，道德是内心的法律，法律和道德都具有规范社会行为、维护社会秩序的作用”。[34]“法律是准绳，任何时候都必须遵循；道德是基石，任何时候都不可忽视。”[35]古往今来，在国家和社会治理中，法治和德治都是不可或缺、不可偏废的重要手段。“法安天下，德润人心。”[36]“依法治国是维护社会秩序的刚性手段，以德治国是维护社会秩序的柔性手段，只有把两者有机地结合起来，才能有效地维护社会的和谐，保障社会健康协调地发展。”[37]通观我国历史，礼法并重、德法合治得当的时期，大多能出现较好的秩序和发展局面。在中国式法治现代化新道路上，我们借鉴历史经验，坚持依法治国和以德治国相结合，“把法治建设和道德建设紧密结合起来，把他律和自律紧密结合起来，做到法治和德治相辅相成、相互促进”，[38]坚持法治和德治两手抓、两手都要硬，努力做到以法治体现道德理念，强化法律对道德建设的促进作用；以道德滋养法治精神，强化道德对法治的支撑作用。可以说，中国式法治现代化新道路是“德”“法”并肩而行之路，无德则无善法，无法则德无正轨，德法兼治是中国法治历史、现实和逻辑的统一。

第四，坚持依法治国、依法执政、依法行政共同推进，法治国家、法治政府、法治社会一体建设。“全面依法治国是一个系统工程，必须统筹兼顾、把握重点、整体谋划，更加注重系统性、整体性、协同性。”[39]习近平总书记把马克思主义哲学的系统观念作为基础性思想和工作方法精到地运用于法治领域，提出“坚持依法治国、依法执政、依法行政共同推进，坚持法治国家、法治政府、法治社会一体建设”，[40]强调“在共同推进上着力，在一体建设上用劲”。[41]

依法治国、依法执政、依法行政共同推进，法治国家、法治政府、法治社会一体建设，既是全面依法治国的工作布局，也是新时代推进法治现代化的主体工程。就“共同推进”而言，依法治国、依法执政、依法行政是一个有机整体，“依法治国是我国宪法确定的治理国家的基本方略，而能不能做到依法治国，关键在于党能不能坚持依法执政，各级政府能不能依法行政。”[42]就“一体建设”而言，“法治国家、法治政府、法治社会三者各有侧重、相辅相成，法治国家是法治建设的目标，法治政府是建设法治国家的主体，法治社会是构筑法治国家的基础”。[43]总体而言，我们不仅要推进依法治国，还要推进依法执政、依法行政；不仅要建设法治国家，还要建设法治政府、法治社会；不仅要搞好国家法治，还要促进国家法治、地方法治、区域法治、社会法治、行业法治协调发展；不仅要推进法律体系建设，还要推进法治文化建设；等等。习近平总书记提出“共同推进”“一体建设”，旨在解决法治建设中各自为政、争权诿责、互相打架的突出问题，破解法治发展不平衡不充分的问题，增强法治建设的系统性、整体性、协同性，促进区域、地方、行业之间法治协调、充分发展。

依法治国、依法执政、依法行政共同推进，法治国家、法治政府、法治社会一体建设，贯通于法治中国建设实践。党的十八大闭幕不到一个月，习近平总书记就作出“建设法治中国”的重要指示。2013 年，党的十八届三中全会《决定》正式确认了“法治中国”这一概念，并将“推进法治中国建设”作为全面深化改革的重要组成部分和新时代全面依法治国的主题主线。2014 年，党的十八届四中全会向全党全国各族人民发出“向着建设法治中国不断前进”“为建设法治中国而奋斗”的号召。2020年,党中央就法治中国建设进一步做出顶层设计,领导制定《法治中国建设规划(2020—2025年)》,强调坚定不移走中国特色社会主义法治道路,奋力建设良法善治的法治中国。“法治中国”概念是我们党在法治理论上的重大创新,也是对新时代法治建设目标任务的科学定位。

第五,坚持以建设中国特色社会主义法治体系为总抓手。建设中国特色社会主义法治体系,既是全面推进依法治国的总目标、总抓手,也是推进中国式法治现代化的重要目标和重点抓手。中国特色社会主义法律体系形成之后,习近平总书记经过充分调研和论证,提出“建设中国特色社会主义法治体系”这一原创性时代性命题,并精辟阐述了建设中国特色社会主义法治体系的科学内涵和纲举目张的战略意义。他指出:“全面推进依法治国涉及很多方面,在实际工作中必须有一个总揽全局、牵引各方的总抓手,这个总抓手就是建设中国特色社会主义法治体系。依法治国各项工作都要围绕这个总抓手来谋划、来推进。”[44]建设中国特色社会主义法治体系就是“在中国共产党领导下,坚持中国特色社会主义制度,贯彻中国特色社会主义法治理论,形成完备的法律规范体系、高效的法治实施体系、严密的法治监督体系、有力的法治保障体系,形成完善的党内法规体系”。[45]2021年12月6日中共中央政治局就建设中国特色社会主义法治体系进行第三十五次集体学习,习近平总书记在主持学习时进一步强调:中国特色社会主义法治体系是中国特色社会制度的重要组成部分,必须牢牢把握中国特色社会主义这个定性,要坚定不移走中国特色社会主义法治道路,以解决法治领域突出问题为着力点,更好推进中国特色社会主义法治体系建设。全面依法治国总目标、总抓手的确定,对法治体系的中国特色社会主义定性,使全党全国人民进一步明确方向、保持定力、坚定步伐,更加科学有序地推进社会主义法治国家建设,推进法治现代化和国家治理现代化。

第六,坚持以法治领域全面改革为强大动力。以改革推动法制发展,在中国政治文明史上不断被验证、被传颂。中国古代许多杰出的政治家都高度重视“变法”:商鞅变法助秦统一六国,汉初变法促成“文景之治”,唐初变法成就“贞观之治”,宋代“王安石变法”使宋朝从贫弱走向繁荣,清末“戊戌变法”政治上虽然失败了但却助推了思想启蒙。一言以蔽之,封建社会的历次“变法”有力推动了封建制度的革新,一定程度上缓和了社会矛盾,促进了经济发展和社会稳定。这是宝贵的历史经验。对当代中国来说,加快推进法治中国建设和法治现代化,也必须总结和借鉴“变法”的历史经验,运用法治改革的辩证思维,以改革激活法治发展的内生动力,加快法治现代化进程。

党的十九大提出“新时代我国社会主要矛盾是人民日益增长的美好生活需要和不平衡不充分的发展之间的矛盾”的科学判断。新时代社会主要矛盾的变化折射到法治领域,表现为人民群众对民主、法治、公平、正义、安全、环境提出了更高要求,对人身权、人格权、财产权、信息权、数字人权等基本权利和新兴权利保护提出了更多期待,但法治的质量和发展水平却不足以充分满足人民对美好生活的要求和期待。解决法治领域的主要矛盾和突出问题,必须推进法治改革,以改革求发展、促进步、谋创新。在某种意义上,可以说,社会主要矛盾的深刻变化催生了新时代的法治改革。党的十八大以来,以习近平同志为核心的党中央把法治领域改革作为全面深化改革的重要方面和重大任务而强力推进,相继推出了 200 多项重大法治改革举措,大刀阔斧地推进法治领域的改革,重点解决立法不良、有法不依、执法不严、司法不公、监督疲软、权力腐败、人权保障不力、产权保护缺位等突出问题,改革和完善法治工作领导体制、宪法实施体制机制、立法体制机制、行政执法体制机制、司法体制机制、政法工作领导体制和运行机制、法学教育体制机制等,先后废止了劳动教养制度、收容教育制度,持续深入开展普法和法治宣传教育。实践证明,法治改革极大地推动了法治现代化的进程,是推进法治中国建设和法治现代化的强大动力。

四、中国式法治现代化新道路的未来拓展

回顾过去,我国社会主义法治建设取得了重大成就、积淀了宝贵经验,为中国式法治现代化奠定了不可逆转的现实基础。展望未来,到21世纪中叶实现法治现代化依然任重道远,必然会面临新情况新挑战。站在新的历史起点上,我们要在以习近平同志为核心的党中央坚强领导下,坚持以习近平新时代中国特色社会主义思想为指引,深刻把握中国式法治现代化的新内涵新要求,与时俱进地多维度拓展中国式法治现代化新道路。

(一)以建设社会主义现代化法治强国为目标,拓展中国式法治现代化新道路的目标指向

一个现代化国家必然是法治国家,一个现代化强国必然是法治强国。法治兴则国兴,法治强则国强,强国梦与法治梦是相通的,法治是国家强盛的条件,也是国家强盛的象征。从我国古代看,凡属盛世都是法制相对健全的时期;从世界历史看,国家强盛往往同法治相伴而生;从当今世界看,法治逐渐成为国家和社会治理的共同选择,是人类政治文明的重要成果;从人类政治文明史看,法治和人治问题是一个基本问题,是各国在实现现代化过程中必须面对和解决的一个重大问题。法治是国家强盛的重要标志,展示着现代国家的核心竞争力和国泰民安的精神风貌。在一个现代化强国中,法治成为国家和社会的核心价值,成为国家和社会治理的基本方式,成为支撑国家兴旺发达的强大力量;全社会信仰法

治、尊崇法治、坚守法治；宪法具有极大权威，法律具有普遍实效，任何组织和个人都自觉在宪法法律范围内活动；人权和公民权利得到切实尊重和保障，公权力受到有效制约和监督；在国际关系和全球治理中拥有公认的话语权和规则制定权。党的十八大以来，党中央明确提出全面依法治国、建设中国特色社会主义法治体系、建设社会主义法治国家，全面打开了迈向建设社会主义现代化法治强国的历史进程。法治强国是社会主义现代化强国的重要内涵，也是建设社会主义现代化强国的重要保障。在全面建成社会主义现代化强国新征程上，适时提出建设社会主义现代化法治强国的奋斗目标，是实现经济发展、政治清明、文化昌盛、社会公正、生态良好的必然要求，必将增强全体人民推进法治现代化的信念伟力、思想定力、前进动力。

（二）以国家治理体系和治理能力现代化为蓝图，拓展中国式法治现代化新道路的治理意蕴

党的十八大以来，以习近平同志为核心的党中央把“国家治理体系和治理能力现代化”纳入现代化的范畴，推动中国从物质层面的“四个现代化”迈向“全面现代化”的新时代，创造了中国式现代化新道路。习近平总书记指出：“我们讲过很多现代化，包括农业现代化、工业现代化、科技现代化、国防现代化等，国家治理体系和治理能力现代化是第一次讲。”[46]推进国家治理体系和治理能力现代化，是实现社会主义现代化的应有之义。2013 年，《中共中央关于全面深化改革若干重大问题的决定》首次正式提出“完善和发展中国特色社会主义制度、推进国家治理体系和治理能力现代化”，将其作为全面深化改革的总目标。[47]习近平总书记在关于这个《决定》的说明中指出：“新时代改革开放具有许多新的内涵和特点，其中很重要的一点就是制度建设分量更重，改革更多面对的是深层次体制机制问题，对改革顶层设计的要求更高，对改革的系统性、

整体性、协同性要求更强，相应地建章立制、构建体系的任务更重。新时代谋划全面深化改革，必须以坚持和完善中国特色社会主义制度、推进国家治理体系和治理能力现代化为主轴，深刻把握我国发展要求和时代潮流，把制度建设和治理能力建设摆到更加突出的位置，继续深化各领域各方面体制机制改革，推动各方面制度更加成熟更加定型，推进国家治理体系和治理能力现代化。”[48] 2017年，习近平总书记在党的十九大报告中强调指出：“必须坚持和完善中国特色社会主义制度，不断推进国家治理体系和治理能力现代化，坚决破除一切不合时宜的思想观念和体制机制弊端，突破利益固化的藩篱，吸收人类文明有益成果，构建系统完备、科学规范、运行有效的制度体系，充分发挥我国社会主义制度优越性。”[49] 2019年，中共中央以一次全会专题研究国家制度建设和国家治理现代化问题，并做出《中共中央关于坚持和完善中国特色社会主义制度、推进国家治理体系和治理能力现代化若干重大问题的决定》。国家治理体系和治理能力是一个国家制度体系和制度执行能力的集中体现，法治在推进国家治理体系和治理能力现代化过程中起着决定性作用，法治体系是国家治理体系和治理能力的重要依托，在法治轨道上推进国家治理体系和治理能力现代化是国家治理现代化的必由之路。习近平总书记指出：“我国社会主义法治凝聚着我们党治国理政的理论成果和实践经验，是制度之治最基本最稳定最可靠的保障。”“实践证明，通过宪法法律确认和巩固国家根本制度、基本制度、重要制度，并运用国家强制力保证实施，保障了国家治理体系的系统性、规范性、协调性、稳定性”，[50] 提高了“有效治理国家的能力”。[51] 从法治是国家治理的基本方式和文明指征来看，推进国家治理现代化内在地要求推进法治现代化，唯有现代化的法治才能更好地适应现代化的国家治理。以“坚持和完善中国特色社会主义制度、推进国家治理体系和治理能力现代化”为驱动，法治现代化才能目标更加明确、路径更加清晰、重点更加突出、措施更加有力。我们要以国家治理现代化牵引法治现代化，让国家治理现代化的车轮与法治体系的轨道相契合，在国家治理体系和治理能力深刻变革的过程中深度拓展中国式法治现代化新道路。

（三）以实现全体人民共同富裕为要务，拓展中国式法治现代化新道路的价值内涵

“共同富裕是社会主义的本质要求，是中国式现代化的重要特征。”[52]实现全体人民共同富裕，将使中华民族数千年的大同梦想成真，将成为人类历史上前所未有的伟大壮举。

共同富裕是马克思主义的科学社会主义原则，是毛泽东思想和中国特色社会主义理论体系确立的社会主义建设目标与现代化指向，是习近平新时代中国特色社会主义思想的一个根本原则，是中国共产党人矢志不渝的奋斗目标和行动纲领。党带领人民奋斗百年，推翻“三座大山”，建立社会主义制度，推进改革开放，打赢脱贫攻坚战，全面建成小康社会，就是为了逐步实现全体人民共同富裕。在全面建成社会主义现代化强国的新征程上，党的十九届五中全会进一步强调“扎实推动共同富裕”，到 2035 年“人民生活更加美好，人的全面发展、全体人民共同富裕取得更为明显的实质性进展”，到 2050 年“全体人民共同富裕基本实现，我国人民将享有更加幸福安康的生活”。

共同富裕有着科学内涵和丰富内容。它不仅指物质方面的共同富裕，也指精神方面的共同富裕。在马克思主义哲学中，“精神”是与“物质”对应的范畴，故有“精神世界”与“物质世界”、“精神文明”与“物质文明”等的二元划分，物质是第一位的，精神是第二位的，但二者不是割裂的。由此观之，“共同富裕”不是只见物质不见精神，而是物质和精神的双轴驱动。在物质意义上，共同富裕指幼有所育、学有所教、劳有所得、病有所医、老有所养、住有所居、弱有所扶、环境宜居等；在精神意义上，共同富裕指享有充分的政治权

利和自由、经济社会文化权利、人身权、人格权、财产权、信息权等,依法参与全过程民主,全面而自由的发展,获得感、幸福感、安全感、公平感、尊严感更加充实、更有保障、更可持续。

法治是助力和保障共同富裕的强大制度力量。法治建设必须积极回应共同富裕的法治需求,为实现共同富裕努力构建更高质量、更有效率、更加公平、更可持续、更为安全、更加良好的法治空间,发挥法治固共同富裕之根本、稳共同富裕之预期、利共同富裕之长远的保障作用。一是巩固和发展社会主义基本经济制度,为促进共同富裕提供制度保障。二是完善以机会公平、规则公平、权利公平为主体的社会公平法律制度,激励和保护全体人民勤劳创新致富,共同创造社会财富,共同分享发展成果。三是完整、准确、全面贯彻新发展理念,为创新发展、协调发展、绿色发展、开放发展、共享发展保驾护航,在高质量发展中促进共同富裕。四是在法治框架内合理调整收入分配关系,促进形成有利于促进共同富裕的更加科学理性的收入分配秩序。五是构建和谐社会、建设平安中国、促进生态文明,为共同富裕创造充满活力、安定有序、人与自然和谐共生的良好法治环境。

实现共同富裕,同样是一场广泛而深刻的社会革命和历史变迁,既需要法治的助力和保障,也推动着法治的变革和进步。全体人民实现共同富裕是与社会主义法治现代化同步的。在共同富裕成为国家发展重要目标指向的时代背景下,只有将法治现代化与促进共同富裕相结合,把共同富裕目标贯穿于法治现代化始终,使它们相辅相成,法治才有更旺盛的生命力。第一,共同富裕必将丰富中国式法治现代化的价值内涵。全体人民共同富裕体现了人民至上、以人民为中心的社会主义本质要求,折射到法治领域,也必然是中国式法治现代化的本质要求,必然深化法治现代化的价值根基和法理意蕴,彰显中国式法治现代化的人民性与现代性的统一。第二,对促进共同富裕所面临的各种关系的调整,诸如对国家与公民、群体与个体、富者(先富)与贫者(后富)、城乡之间、区域之间、群体之间等利益关系和社会关系的调整,革新了法治的调整机制和方法,其中包含着对法律固有的权利义务调整机制的创新,更多地融入了公平与效率、自由与平等、致富与共富、私益与公益等价值平衡的辩证法,使法治调整机制体现出法律思维、法治思维和法理思维的相通性、一致性,使法治现代化朝着良法善治的方向转型变革。第三,共同富裕的法律制度供给促进法治发展变革。对共同富裕的制度保障程度是衡量法治现代化的重要尺度。在共同富裕道路上,我国法治还是一个跟跑者,无论是在法治理念上,还是法律制定与实施上,都还不完全适应共同富裕的目标任务,共同富裕的法律体系尚不完备,共同富裕的法治环境有待进一步营造。促进共同富裕为法治发展和法治现代化提供了历史性机遇。法治应大踏步跟上共同富裕的前进步伐,抓住这个历史机遇,深化法治供给侧改革,提高法律制度供给的数量和质量,推进与共同富裕相关法律法规的立改废释,加快构建系统完备、科学规范、运行有效的共同富裕制度体系。第四,作为共同富裕重要依托的法治体系,不仅要完善共同富裕的法律体系,而且要强化相关法律的实施与监督,提高共同富裕立法的实效性。更为重要的是,将共同富裕的核心价值全方位、深层次地融入法治体系,可从根本上提高法治的品质和美德,促进法治高质量发展,确保在共同富裕的道路上创造法治现代化新境界。

(四)以全过程人民民主为基石,拓展中国式法治现代化新道路的政治文明底色

法治和民主是人类政治思想史上最具感召力的两个概念,现代政治文明就是民主和法治完美结合的产物。“政治文明”通常被界定为“人们改造社会所获得的政治成果的总和”。[53]马克思主义经典作家是较早论述“政治文明”的思想家。1844 年,马克思在《关

于现代国家的著作的计划草稿》中就明确使用了"政治文明"的概念。恩格斯在《家庭、私有制和国家的起源》中提出了"国家是文明社会的概括"的论断。世纪之交,我们党在十六大报告中明确提出了"社会主义政治文明"概念,其后历次党的全国代表大会报告都把"发展社会主义民主政治,建设社会主义政治文明"作为我国政治建设重大任务。

民主和法治珠联璧合,是"政治文明"的本质规定和鲜明特征。建设社会主义政治文明,就是要"扩大社会主义民主,健全社会主义法制,建设社会主义法治国家"。[54]发展社会主义政治文明,关键是要坚持党的领导、人民当家作主、依法治国有机统一,确保人民当家作主,保证国家政治生活既充满活力又安定有序。[55]在政治文明这一民主和法治的结晶中,民主是法治的前提,没有民主就没有法治;民主是法治的底色,政治民主是依法治国的要义;民主的本质决定法治的性质,社会主义法治与资本主义法治的根本区别就在于它们的民主政治基础不同;民主还是法治的力量所在,民主政治的形态决定法治文明的程度。从这些理论逻辑和政治逻辑出发,新时代推进法治现代化新发展,必须坚定不移地走中国特色社会主义民主政治发展道路,践行以人民为中心的发展思想,保证人民当家作主,切实尊重和保障人权,有效制约和监督公权,发展"人民至上"的法治。

作为社会主义政治文明标志的民主是一种什么样的民主?习近平总书记曾经引述马克思和恩格斯的"民主之问":"民主是什么呢?它必须具备一定的意义,否则它就不能存在。因此全部问题在于确定民主的真正意义。"[56]对这一"民主之问",中国共产党人作出了最响亮最科学的回答:"人民民主是社会主义的生命。没有民主就没有社会主义,就没有社会主义的现代化,就没有中华民族伟大复兴。"[57]"找到全社会意愿和要求的最大公约数,是人民民主的真谛"。[58]民主是全人类的共同价值,但民主不是装饰品,不是用来做摆设的,而是要用来解决人民需要解决的问题的。一个国家民主不民主,关键在于是不是真正做到了人民当家作主。基于科学的民主观和崇高的民主信仰,中国共产党人始终高举人民民主的伟大旗帜,把人民当家作主奉为社会主义民主政治的本质和核心,把尊重人民主体地位、保证人民当家作主作为党的一贯主张。“我国社会主义制度保证了人民当家作主的主体地位,也保证了人民在全面推进依法治国中的主体地位。这是我们的制度优势,也是中国特色社会主义法治区别于资本主义法治的根本所在。”[59]我们要深刻把握中国特色社会主义民主政治赋予中国式法治现代化的新内涵新要求。

党的十八大以来,习近平总书记不断深化对民主政治发展规律的认识,原创性地提出“全过程人民民主”的重大理念,并给予科学阐释,强调全过程人民民主是包括民主选举、民主协商、民主决策、民主管理、民主监督等在内的人民民主,“我国全过程人民民主不仅有完整的制度程序,而且有完整的参与实践。我国全过程人民民主实现了过程民主和成果民主、程序民主和实质民主、直接民主和间接民主、人民民主和国家意志相统一,是全链条、全方位、全覆盖的民主,是最广泛、最真实、最管用的社会主义民主。”[60]全过程人民民主是我国社会主义民主理论和实践的全新概括,充分反映我国社会主义民主政治的鲜明特色和显著优势,集中体现了社会主义民主现代化的制度成果。法治现代化与民主现代化是相伴而生、相辅相成的。全过程人民民主有力推进了民主现代化进程,同时牵引着法治现代化进程。民主是全人类的共同价值,也是人类社会法治现代化的崇高目标。我们要进一步发展全过程人民民主,把法治现代化牢牢地建立在中国特色社会主义民主政治的基础上,依靠全过程人民民主推进法治改革、确保法治现代化新道路行稳致远。

(五)以数字化智能化为动能,拓展中国式法治现代化新道路的科技元素

数字化智能化是社会现代化的重要标志,也必然影响法治现代化的未来向度。“科学技术是第一生产力”,[61]不仅体现在生产率的提高和物质生活财富在“量”的积累上,还体现在它往往引起社会变革和历史变迁。例如,种植养殖农业技术的发明催生了家庭和私有制,使一家一户的农业生产取代了原来的集体采集狩猎的生产方式,使人类从原始社会跨入文明社会,推动了国家和法律的形成。蒸汽机和织布机的发明,引发了机器大工业的生产革命,牵引自然经济迈向商品经济和市场经济,促使封建社会解体,推动资本主义社会制度出现,使奴役被自由代替、专制被民主代替、特权被平等代替、人治被法治代替。21 世纪以数字科技为代表的现代科学技术正在彻底改变传统生产方式、生活方式和交往方式,使人类步入更加高效、开放、自由、互信的数字经济时代,也呼唤着科学、人本、公正、包容、共治的法理型法律秩序。

“法律是人类最伟大的发明”,[62]它让人类学会了规范自己的行为、调整社会关系、促进人类和谐相处,学会了如何以和平理性的方式化解矛盾纠纷。面向未来,法律还将发挥持续性的作用,它将让我们学会如何面对自然,应对环境污染和生态危机、拯救我们共同生存的地球和人类自身。

“科学技术是第一生产力”“法律是人类最伟大的发明”,这两个理论命题足以表明科技和法治对人类社会具有决定性意义,同时也蕴涵着科技与法治的内在联系。科技和法治是社会现代化的阿基米德支点。法治和科技的深度融合,是中国未来法治的生命逻辑,是中国法治现代化的必由之路。我国法治是建立在具有鲜明特色和强大生命力的中国特色社会主义制度之上的,这是我国法治的制度优势。同时,我国具有大数据、云计算、人工智能、互联

网、物联网、即时通讯技术等领先全球的科技优势。制度优势和科技优势的聚合,必将释放出无比强大的生命力和改造世界、造福人类的伟大创造力,而法治自身也将经历一场洗礼。新时代科学立法、精准执法、智慧司法、数字维权、社会智治等都表明中国法治正借助数字科技优势取得跨越式发展,就数字化智能化而言,中国法治正在成为全球法治文明的领跑者,并将勇攀人类法治文明的高峰。

科技兴,则法治强。现代数字科技已经成为法治现代化的重要引擎。没有数字科技,就没有法治现代化;没有数字中国,就没有法治中国。"数字中国"和"法治中国"都是习近平总书记提出的原创性理论,它们不是偶然相交于中华民族的历史中,而是必然在民族复兴的未来形影相随、相伴相生。一方面,数字中国建设只有落入法治的轨道才能实现快速而健康的发展,数字中国离不开法治中国的规范、引领和保障;另一方面,法治中国建设只有融合大数据、云计算、人工智能、互联网、物联网、即时通讯技术等数字科技,加快推进法治的数字化基础建设和法治运行机制的数字化改造,才能提升法治的数字化智能化水平,才能全面建成高质量、高水平的法治中国。此外,我国数字治理体系的构建与完善必将为法治体系和国家治理体系增添更多科技含量和智能元素,加速中国法治科学化智能化现代化的进程。在中国式法治现代化新道路上,我们必须统筹推进数字中国和法治中国建设,推进法治的数字化、智能化、程序化,充分发挥数字科技对法治现代化的强有力可持续的支撑和推动作用,加快建设社会主义现代化法治强国。

(六)以全人类共同价值为引领,拓展中国式法治现代化新道路的世界维度

中国式法治现代化是具有鲜明价值指向的现代化,它既蕴涵着社会主义核心价值观,也蕴涵着全人类共同价值,因而它有能力通向良法善治最高境界,有资格引领人类法治文明的发展方向。

西方一些政客和思想家总是把他们自己的价值观和价值体系标榜为“普适价值”“普世价值”而强加于人类社会，特别是发展中国家。我们绝不能同意这种价值“单边主义”、价值“霸权主义”，而必须旗帜鲜明地主张“全人类共同价值”。2015 年，中国国家主席习近平在联合国大会上首次明确提出：“和平、发展、公平、正义、民主、自由，是全人类的共同价值，也是联合国的崇高目标。”[63]2018 年，习近平主席在致“纪念《世界人权宣言》发表 70 周年座谈会”的贺信中提出“中国人民愿同各国人民一道，秉持和平、发展、公平、正义、民主、自由的人类共同价值，维护人的尊严和权利，推动形成更加公正、合理、包容的全球人权治理，共同构建人类命运共同体，开创世界美好未来。”[64]在庆祝中国共产党成立一百周年大会上，习近平总书记郑重申明：“中国共产党将继续同一切爱好和平的国家和人民一道，弘扬和平、发展、公平、正义、民主、自由的全人类共同价值，坚持合作、不搞对抗，坚持开放、不搞封闭，坚持互利共赢、不搞零和博弈，反对霸权主义和强权政治，推动历史车轮向着光明的目标前进！”[65]2021 年，中国国家主席习近平在中国共产党与世界政党领导人峰会上的致辞进一步指出：“各国历史、文化、制度、发展水平不尽相同，但各国人民都追求和平、发展、公平、正义、民主、自由的全人类共同价值。”[66]在中华人民共和国恢复联合国合法席位 50 周年纪念会议上，他又指出：“我们应该大力弘扬和平、发展、公平、正义、民主、自由的全人类共同价值，共同为建设一个更加美好的世界提供正确理念指引。和平与发展是我们的共同事业，公平正义是我们的共同理想，民主自由是我们的共同追求。”[67]习近平总书记所主张的“全人类共同价值”指基于文明互鉴而达成的价值共识，而非用自己的价值观压倒他人的价值认识，这是“全人类共同价值”与“普世价值”根本区别所在。千百年来特别是第二次世界大战结束以来，保卫和平、实现发展、促进公平、伸张正义、建设民主、保障自由，是人类文明发展进步的不懈追求，也是人类的共同愿望。把和平、发展、公平、正义、民主、自由锤炼为全人类的共同价值,无疑顺应了人类文明进步的历史趋向,体现了全人类的共同价值关切。“全人类共同价值”的提出,使我们站在了人类价值和道义的制高点,为构建人类命运共同体奠定了深厚的价值基础,为全球治理体系现代化注入了强劲的价值动能。

党的十九届六中全会《决议》提出:“弘扬和平、发展、公平、正义、民主、自由的全人类共同价值,引领人类进步潮流。”[68]“全人类共同价值”是战无不胜的人类法理武器,是我们迈向法治现代化的法理指南针。在新时代新征程上,我们将以社会主义核心价值观和全人类共同价值为价值引领,加快推进法治现代化、建设法治强国,统筹国内法治和涉外法治,为人类对法治现代化道路的探索作出新贡献,为发展中国家破解依法治国难题、顺利迈向法治现代化提供更多更鲜活的经验,与世界各国人民一道共创人类社会更高水平的法治文明。

当代中国正经历我国历史上也是人类历史上最为广泛、深刻而伟大的社会变革,拥有14亿多人口的中华民族已经踏上全面建成社会主义现代化国家、实现中华民族伟大复兴的新征程,法治强国是全面建成社会主义现代化强国的应有之义、本质要求和重要保障。全面建成社会主义现代化法治强国只能走中国式法治现代化新道路。我们要正确把握法治现代化的中国特色和社会主义本色、法治现代化的普遍性和中国法治现代化特殊性、中国式法治现代化的主体性和开放性,坚持法治现代化的社会主义性质、方向和道路,同时推进中国式法治现代化新道路与世界法治文明大道衔接。中国式法治现代化新道路的意义不仅在于它是中国法治现代化的正确道路和必由之路,而且开创了发展中国家走向法治现代化的新道路,照亮了世界法治文明和人类法治文明发展进步的美好前程。

注 释

1 习近平:《论中国共产党历史》,中央文献出版社2021年版,第214-215页。
2 参见张文显:《在新的历史起点上推进中国特色法学体系构建》,载《中国社会科学》2019年第10期。
3 参见习近平:《坚定不移走中国特色社会主义法治道路 为全面建设社会主义现代化国家提供有力法治保障》,载《求是》2021年第5期。
4 《中共中央关于党的百年奋斗重大成就和历史经验的决议》,人民出版社2021年版,第43页。
5 习近平:《坚定不移走中国特色社会主义法治道路 为全面建设社会主义现代化国家提供有力法治保障》,载《求是》2021年第5期。
6 习近平:《论坚持全面依法治国》,中央文献出版社2020年版,第105页。
7 习近平:《在庆祝中国共产党成立100周年大会上的讲话》(2021年7月1日),人民出版社2021年版,第13页。
8 《中共中央关于党的百年奋斗重大成就和历史经验的决议》,人民出版社2021年版,第67页。
9 习近平:《在哲学社会科学工作座谈会上的讲话》(2016年5月17日),载《人民日报》2016年5月19日,第2版。
10 习近平:《论坚持全面依法治国》,中央文献出版社2020年版,第111页。
11 中共中央宣传部编:《习近平总书记系列重要讲话读本》(2016年版),学习出版社、人民出版社2016年版,第203-204页。
12 习近平:《论坚持全面依法治国》,中央文献出版社2020年版,第111页。
13 《邓小平文选》(第2卷),人民出版社1994年版,第332页。
14 《邓小平文选》(第3卷),人民出版社1993年版,第375页。
15 《邓小平文选》(第2卷),人民出版社1994年版,第208页。
16 习近平:《加强党对全面依法治国的领导》,载《求是》2019年第4期。
17 习近平:《论坚持全面依法治国》,中央文献出版社2020年版,第86-87页。
18 习近平:《在中共十八届四中全会第二次全体会议上的讲话》(2014年10月23日),载中共中央文献研究室编:《习近平关于全面依法治国论述摘编》,中央文献出版社2015年版,第9页。
19 习近平:《论坚持全面依法治国》,中央文献出版社2020年版,第145页。
20 习近平:《在中共十八届四中全会第一次全体会议上关于中央政治局工作的报

告》(2014年10月20日),载中共中央文献研究室编:《习近平关于全面依法治国论述摘编》,中央文献出版社2015年版,第4页。

21 参见习近平:《加强党对全面依法治国的领导》,载《求是》2019年第4期。

22 习近平:《论坚持全面依法治国》,中央文献出版社2020年版,第102页。

23 习近平:《论坚持全面依法治国》,中央文献出版社2020年版,第173页。

24 习近平:《决胜全面建成小康社会 夺取新时代中国特色社会主义伟大胜利——在中国共产党第十九次全国代表大会上的报告》(2017年10月18日),人民出版社2017年版,第38页。

25 习近平:《论坚持全面依法治国》,中央文献出版社2020年版,第20页。

26 (北宋)王安石:《周公》。

27 习近平:《论坚持全面依法治国》,中央文献出版社2020年版,第236页。

28 习近平:《论坚持全面依法治国》,中央文献出版社2020年版,第70页。

29 习近平:《论坚持全面依法治国》,中央文献出版社2020年版,第42页。

30 《邓小平文选》(第2卷),人民出版社1994年版,第147页。

31 习近平:《紧紧围绕坚持和发展中国特色社会主义学习宣传贯彻党的十八大精神》(2012年11月17日),载《求是》2012年第23期。

32 参见习近平:《加强党对全面依法治国的领导》,载《求是》2019年第4期。

33 参见张文显:《坚持依法治国和依规治党有机统一》,载《政治与法律》2021年第5期。

34 习近平:《论坚持全面依法治国》,中央文献出版社2020年版,第109页。

35 习近平:《论坚持全面依法治国》,中央文献出版社2020年版,第165页。

36 习近平:《论坚持全面依法治国》,中央文献出版社2020年版,第165页。

37 习近平:《之江新语》,浙江人民出版社2007年版,第206页。

38 习近平:《论坚持全面依法治国》,中央文献出版社2020年版,第24页。

39 习近平:《论坚持全面依法治国》,中央文献出版社2020年版,第229页。

40 习近平:《论坚持全面依法治国》,中央文献出版社2020年版,第112–113页。

41 习近平:《论坚持全面依法治国》,中央文献出版社2020年版,第113页。

42 习近平:《论坚持全面依法治国》,中央文献出版社2020年版,第113页。

43 习近平:《论坚持全面依法治国》,中央文献出版社2020年版,第229–230页。

44 习近平:《论坚持全面依法治国》,中央文献出版社2020年版,第93页。

45 习近平:《论坚持全面依法治国》,中央文献出版社2020年版,第93页。

46 《在省部级主要领导干部学习贯彻十八届三中全会精神全面深化改革专题研讨

班上的讲话》(2014 年 2 月 17 日),载中共中央文献研究室编:《习近平关于全面深化改革论述摘编》,中央文献出版社 2014 年版,第 26 页。

47 参见《中共中央关于全面深化改革若干重大问题的决定》(2013 年 11 月 12 日中国共产党第十八届中央委员会第三次全体会议通过),载《求是》2013 年第 22 期。

48 习近平:《关于〈中共中央关于坚持和完善中国特色社会主义制度　推进国家治理体系和治理能力现代化若干重大问题的决定〉的说明》,载《人民日报》2019 年 11 月 6 日,第 4 版。

49 习近平:《决胜全面建成小康社会　夺取新时代中国特色社会主义伟大胜利——在中国共产党第十九次全国代表大会上的报告》(2017 年 10 月 18 日),人民出版社 2017 年版,第 21 页。

50 习近平:《论坚持全面依法治国》,中央文献出版社 2020 年版,第 272 页。

51 《习近平谈治国理政》(第 1 卷),外文出版社 2018 年版,第 104 页。

52 习近平:《扎实推动共同富裕》,载《求是》2021 年第 20 期。

53 中国大百科全书总编辑委员会:《中国大百科全书·政治学》,中国大百科全书出版社 2002 年版,第 504 页。

54 习近平:《提高公民法律素质促进政治文明建设——写在“一二·四”全国法制宣传日》,载《浙江日报》2003 年 12 月 4 日,第 1 版。

55 习近平:《论坚持全面依法治国》,中央文献出版社 2020 年版,第 70 页。

56 《马克思恩格斯全集》(第 7 卷),人民出版社 1959 年版,第 304 页。

57 习近平:《论坚持全面依法治国》,中央文献出版社 2020 年版,第 71 页。

58 习近平:《在中央政协工作会议暨庆祝中国人民政治协商会议成立 70 周年大会上的讲话》,载《人民日报》2022 年 3 月 16 日,第 1 版。

59 习近平:《论坚持全面依法治国》,中央文献出版社 2020 年版,第 107 页。

60 《坚持和完善人民代表大会制度　不断发展全过程人民民主》,载《人民日报》2021 年 10 月 15 日,第 1 版。

61 《邓小平文选》(第 3 卷),人民出版社 1993 年版,第 274 页。

62 参见张文显主编:《法理学》(第 5 版),高等教育出版社 2018 年版,第 183 页。

63 习近平:《论坚持推动构建人类命运共同体》,中央文献出版社 2018 年版,第 253－254 页。

64 《习近平谈治国理政》(第 3 卷),外文出版社 2020 年版,第 288 页。

65 习近平:《在庆祝中国共产党成立 100 周年大会上的讲话》(2021 年 7 月 1 日),

人民出版社 2021 年版,第 16 页。

66　习近平:《加强政党合作　共谋人民幸福——在中国共产党与世界政党领导人峰会上的主旨讲话》(2021 年 7 月 6 日),载《人民日报》2021 年 7 月 7 日,第 2 版。

67　习近平:《在中华人民共和国恢复联合国合法席位 50 周年纪念会议上的讲话》(2021 年 10 月 25 日),载《人民日报》2021 年 10 月 26 日,第 2 版。

68　《中共中央关于党的百年奋斗重大成就和历史经验的决议》,人民出版社 2021 年版,第 43 页。

新时代社会主要矛盾变化与中国法治现代化*

“新时代社会主要矛盾深刻变化与法治现代化”高端智库论坛开得很充实、很成功。论坛上的论文和发言对新时代社会主要矛盾、社会主要矛盾的新变化、社会主要矛盾变化与法治现代化之间的关系等议题，都具有重要智识贡献。这些贡献既包括理论层面的创新，还有诸多着眼于历史、当下和未来的实践分析，特别是在推进法治现代化制度建构方面有很多很好的见解。相关论文和发言既有宏观的总体性研究，也有从中观层面对新时代法治中国建设、法治政府建设、司法体制改革、人类命运共同体建构等论题进行的法理阐释，还有一些很好的微观理论分析或者制度建言，以及围绕法理学、法理中国、法教义学和法学研究方法等问题展开的精彩分析。

---

* 本文系作者2018年4月22日在中国法学会董必武法学思想（中国特色社会主义法治理论）研究会、吉林大学全面依法治国研究中心、南京师范大学中国法治现代化研究院共同主办的“新时代社会主要矛盾深刻变化与法治现代化”高端智库论坛上的学术总结，后以《新时代社会主要矛盾变化与中国法治现代化》为题发表于《法治现代化研究》2018年第4期，《中国社会科学文摘》2019年第1期转载。

一、关于社会主要矛盾的基本共识

我特别要总结的是，通过本次会议的研讨，与会学者达成了一系列重要共识，加深了我们对“新时代社会主要矛盾深刻变化与法治现代化”这一主题的理论思考。这些共识可以归结为五点：

第一，我们共同认识到：“新时代社会主要矛盾深刻变化”这一命题，既是一个重大政治判断，也是一项重要思想论断，是习近平新时代中国特色社会主义思想的精髓，是中国特色社会主义进入新时代的主要客观依据和理论依据，是新时代坚持和发展中国特色社会主义思想和基本方略的实践基础。习近平新时代中国特色社会主义思想的形成，源自习近平总书记对中国现实问题的深入思考。当年，邓小平同志通过深刻反思“什么是社会主义，怎样建设社会主义”的重大问题，得出了“贫穷和僵化不是社会主义”的科学论断，进而提出了中国特色社会主义理论，开辟了中国特色社会主义道路。在新时代的历史条件下，习近平总书记进一步反思“什么是中国特色社会主义，怎样坚持和发展中国特色社会主义”的重大问题，从而形成了习近平新时代中国特色社会主义思想。习近平新时代中国特色社会主义思想，是对中国特色社会主义发展规律的深刻反思，是立足于新时代中国特色社会主义伟大实践而形成的理论逻辑，所以是“新时代中国特色社会主义思想”，并区别于此前的中国特色社会主义理论，因而是崭新的思想飞跃，当然，它也是与毛泽东思想、邓小平理论等马克思主义中国化理论成果一脉相承的。新时代社会主要矛盾深刻变化的重大政治判断和科学论断，是习近平新时代中国特色社会主义思想的精髓。学习贯彻习近平新时代中国特色社会主义思想，就要从这个精髓出发和入手，并且要系统完整地学习领会党的十九大报告中的相关表述。

第二，我们共同认识到：社会主要矛盾深刻变化是新时代中国社会发展的强大动力。习近平总书记和党中央之所以要发现、探索、认识和概括新时代社会主要矛盾的新变化，就是为了找到中国经济社会发展的强大动力。改革开放已过去40年，党中央提出这个问题，就是要寻找中国社会进一步发展变革的前进动力。众所周知，社会主要矛盾是社会基本矛盾运动规律在一定历史阶段的集中表现，是一个社会变革变迁的强大动力。党中央对新时代社会主要矛盾作出重大政治判断和科学论断，是中国共产党对人民美好生活需要的积极回应，是新时代我们党和国家一切工作的出发点和衡量标准，是我们坚持发展中国特色社会主义的核心目标，也是我们深化依法治国实践、加快建设法治中国、推进国家治理体系和治理能力现代化的强大动力，是建设中国特色社会主义现代化法治强国的必由之路。

第三，我们共同认识到：新时代社会主要矛盾的深刻变化，对法治现代化的影响是广泛而深刻的，对法治建设和推进法治改革的影响是深刻而长久的，对立法执法司法守法等常规法治建设，以及对法学研究、法学教育、法学理论体系、法理话语体系、法学学科体系的影响，都是十分重大的，对法治改革的影响也是十分重大的。这次宪法修改充分体现了社会主要矛盾深刻变化对法治现代化的推进，这种推进作用集中表现为形成了"以人民为中心"的中国特色社会主义法治发展的思路和道路。这次宪法修改，将此前宪法所表述的"三个文明"建设拓展为"五个文明"建设，从而将"五位一体"总体布局予以宪法性明确，并且将"富强、民主、文明"的奋斗目标进一步升华为"富强、民主、文明、和谐、美丽"，这就实现了总体布局和奋斗目标在逻辑体系上的协同一致和内在统一，这就意味着我们党对新时代中国特色社会主义事业的认识和把握有了新的飞跃。而这种飞跃的出现，正如前面所说，得益于我们党对新时代社会主要矛盾深刻变化的科学把握和主动因应。

第四，我们共同认识到：破解新时代社会主要矛盾，满足人民群众日益增长的对美好生活的新需要、新期望，要依靠法治来实现。法治在回应社会矛盾变化、破解社会矛盾中具有不可替代的重要作用。

第五，我们共同认识到："新时代社会主要矛盾深刻变化与法治现代化"主题所涉及的一系列问题，有待深入思考、深入研究和深入扩展。虽然我们的论坛取得了重大成效，但提出的问题、留下的问题比已经解决的问题更多。这正是论坛的意义所在，因为新的问题就是我们研究的新起点。

二、有待研究的突出问题

下面我就今后有待法学界深入研究的八个问题谈谈看法。

一是如何理解社会主要矛盾。按照马克思主义哲学的观点，社会主要矛盾是社会基本矛盾运动规律在一定阶段一定范围的集中表现。社会主要矛盾是最基本的国情。我们说法治建设要从国情出发，最主要的就是要从社会主要矛盾出发。社会主要矛盾是起主要决定作用的矛盾。对社会主要矛盾的判断与人民、国家的命运息息相关，准确把握社会主要矛盾是治国理政的关键。1949年中华人民共和国成立以来，中共中央对我国社会主要矛盾的几次重大判断，给我们留下了宝贵的经验，同时也有沉痛的教训。陈冀平书记的主旨讲话说到了这个问题。1956年党的八大关于社会主义改造完成以后我国社会主要矛盾的判断，被历史和实践证明是正确的。但1962年，我们党关于社会主要矛盾的判断有所改变，认为当时我国社会主要矛盾仍然是无产阶级与资产阶级的斗争，是社会主义道路和资本主义道路的较量，这就引出了"以阶级斗争为纲"的错误路线，进而带来频繁激烈的政治运动。1978年至1980年期间，我们党经过一系列深刻反思和深入研究，认为我国社会主要矛盾是人民日益增长的物质文化需要与落后的社会生产之间的矛盾,由此确立了“以经济建设为中心”的基本路线。由此出发,我们迎来了改革开放三十多年经济社会的持续发展,取得了人民群众获得感不断增强的巨大发展成就,也实现了中国社会三十多年的平安稳定和谐。但是我们在这一发展过程中,也发现了一系列问题和弊端。所以,党的十八大以来,以习近平同志为核心的党中央积极探索新时代怎样坚持和发展中国特色社会主义,并切中要害地从社会主要矛盾的分析入手,正确提出了关于新时代社会主要矛盾深刻变化的重大政治判断和科学论断。这是非常重要的判断,也是十分科学的论断。这个重大论断是在科学把握我国社会发展规律、精确预测未来发展趋势的基础上经过反复论证作出的。这一重大判断与科学论断来之不易,我们要十分仔细认真地对待,并将这个重大判断与科学论断贯穿于当代中国法学研究和法治建设的全过程。这是新时代法学研究的一个基本的理论前提。

二是新时代社会主要矛盾论断的完整表达。习近平总书记在党的十九大报告中对新时代社会主要矛盾的表述是一个完整而科学的体系。我们经常见到学者们只引述了其中一句话,完整引述的不多。党的十九大报告关于新时代社会主要矛盾的完整表述是:“中国特色社会主义进入新时代,我国社会主要矛盾已经转化为人民日益增长的美好生活需要和不平衡不充分的发展之间的矛盾。我国稳定解决了十几亿人的温饱问题,总体上实现小康,不久将全面建成小康社会,人民美好生活需要日益广泛,不仅对物质文化生活提出了更高要求,而且在民主、法治、公平、正义、安全、环境等方面的要求日益增长。同时,我国社会生产力水平总体上显著提高,社会生产能力在很多方面进入世界前列,更加突出的问题是发展不平衡不充分,这已经成为满足人民日益增长的美好生活需要的主要制约因素。”[1]我们尤其要注意后面两句话。这两句话主要不在于陈述新时代社会主要矛盾变化的客观事实,而是在于确立以人民为中心的发展思想。党的十八大以来形成的以满足人民群众对美好生活需要为中心的发展思想,根本目的就是树立以人民为中心的发展思想,这也是"创新、协调、绿色、开放、共享"的新发展理念之所以被确立为新时代坚持和发展中国特色社会主义的十四条基本方略之一的根本原因。坚持以人民为中心的发展思想,是回应社会主要矛盾深刻变化的必然要求,是习近平新时代中国特色社会主义思想的重要组成部分。

三是作出新时代社会主要矛盾变化论断的意义。社会主要矛盾深刻变化带来的重大影响具有全局性、根本性和长期性。习近平总书记指出:"我国社会主要矛盾的变化是关系全局的历史性变化,对党和国家工作提出了许多新要求。"[2]新时代社会主要矛盾变化,必然引发对中国特色社会主义建设总目标、总任务、总布局、发展方向、发展方式、战略部署、外部条件等一系列重大问题的重新定义。2018 年全国"两会"通过的宪法修正案,把五大建设总布局进一步转化为"五个文明",同时进一步明确了社会主义现代化强国的五大要素,也就是在原有的"富强、民主、文明"基础上增加了"和谐、美丽",从而形成了内在统一、协同一致、逻辑严谨的中国特色社会主义思想。可以说,没有对新时代社会主要矛盾深刻变化的深刻把握和科学分析,就不可能有"五位一体"总布局和"富强、民主、文明、和谐、美丽"新目标之间内在的严谨的逻辑思路。

四是如何把握新时代人民日益增长的美好生活需要。这是新时代社会主要矛盾相关表述中的关键,是理解"以人民为中心"的发展思想的关键,也是评判经济社会发展水平和发展质量的标志。长期以来,习近平总书记所思所想概括起来就是让人民过上美好生活。习近平同志担任国家主席之后,在十二届全国人大一次会议闭幕式上发表重要讲话,其中最为关键的词汇就是"人民的美好生活"。如果不是时刻把人民放在心中最高的位置,以习近平同志为核心的党中央就不可能在党的十九大报告中提出新时代社会主要矛盾深刻变化这一重大判断和论断。党的十八大以来,习近平总书记始终把人民放在心中最高位置,强调把维护人民权益作为治国理政的根本宗旨。人民对美好生活的向往是变化的,是不断丰富和提高的。在新时代,什么样的生活是美好生活,对于我们理解不平衡不充分发展是至关重要的。发展是否充分、是否平衡,质量是高是低,判断标准是什么?就是是不是人民的美好生活需要。用党的十九大报告中的话来讲,美好生活的最低需要是“幼有所育、学有所教、劳有所得、病有所医、老有所养、住有所居、弱有所扶”。除此之外,人民还需要体面而尊严的生活、自由安全的生活等。这里的“自由”不仅包括人身自由,还包括表达自由、思想自由、言论自由、参与公共事务的自由和批评自由等。在追求和实现这些自由的过程中,人民还应当享受到政治安全、人身安全的保障等。人民还需要全面发展,还需要参与公共生活。因为“人是政治的动物”,参与公共生活是人的本性,人就是要对社会发表自己的意见,所以必然需要这些政治自由。我们讲人权,必须认识到这些东西都是联系在一起的。人民的美好生活需要必然表现为并且最终归结为权利需求和权利确认。人格权、健康权、平等权、参与权、政治自由等,都是美好生活的权利表达。在法学领域,美好生活的需要和权利本位思想是高度统一的,人民美好生活需要的任何一个方面,都离不开权利。随便说一个美好生活需要,都不可能不涉及权利。

五是如何理解不平衡不充分的发展。新时代社会主要矛盾表述中的“发展不平衡不充分”是相对于人民日益增长的美好生活需要而言的。改革开放40年来,我国的社会发展和生产能力进入世界前列,稳定解决了十几亿人的温饱问题,总体上实现小康,让中国人民实现了从站起来到富起来的伟大转变,并朝着强起来的美好愿景进发。我们所有人都是改革开放的受益者,都从改革开放中享受到了切实的利益。但是人民美好生活的需要是日益增长、日益多样化的,人民不仅对物质文化提出了更高要求,而且其他要求也日益增长和广泛,这样就显得我国的发展不平衡不充分,不平衡不充分的发展问题就凸显出来,这也是制约人民满足其日益增长的美好生活需要的重要因素。为此,我们要更多地从民主、法治、公平、正义、安全、环境、发展、人权等方面来评判发展不平衡不充分现象,更多地去推动经济社会发展,更多地关注政治发展、社会和谐稳定、生态环境改善,去破解发展不平衡、共享不均等、获得不持续等问题。只有这样,才能全面把握新时代经济社会发展的重点、难点和着力点。脱离了人民美好生活需要的标准来谈发展不平衡不充分都是片面的,不是直面直接相关的问题,而是有意识地掩盖了不充分不平衡发展的主要问题,即制度层面和体制层面的问题。

六是如何破解新时代社会主要矛盾。破解新时代社会主要矛盾,需要把握新时代社会主要矛盾的两端,并且抓住矛盾的主要方面。在论坛交流中,很多与会专家强调,发展是第一要务,是解决一切问题的基础和关键。只有持续发展,才能满足人民日益增长的美好生活需要,才能从根本上解决不充分不平衡的问题。但是,新时代的发展不能因循原来的发展模式。新时代的发展,必须是科学发展,必须是坚定不移地贯彻“创新、协调、绿色、开放、共享”发展理念的发展,必须是全面推进五大建设、促进五大文明的发展,必须是最终为了实现马克思在《共产党宣言》中提出的人的全面自由发展宗旨的发展。

七是新时代社会主要矛盾在法学领域和法治领域中的具体表现。社会主要矛盾的变化必然引起法治领域主要矛盾的变化,但法治领域的主要矛盾是什么样态,我们该如何针对社会主要矛盾新变化采取法治建设新举措,还有待深入研究。可以说,社会主要矛盾的变化深刻地影响甚至决定着法治领域的主要矛盾。社会主要矛盾的变化、执政党关于社会主要矛盾的判断,对于法治领域主要矛盾的判断和认识影响很大。1956 年,党的八大作出了关于当时社会主要矛盾的正确判断,法学界也随之提出不断完善社会主义法制、不断完善国家制度体系的主张。但是没过几年,我们党又作出了新的判断,认为阶级矛盾是社会的主要矛盾,随之,法治领域就提出以阶级斗争为主线,强化无产阶级专政。这就是当时的思维定式,今天看来也是思维局限。在社会主要矛盾深刻变化的新时代,我们法学界也要充分研究和思考,究竟用什么样的概念话语理论,来概括社会主要矛盾的变化在新时代法治领域的投射和影响。在这次论坛上,有的学者认为应当着眼于法治"供给侧"的改革,也有的学者认为主要是法治"消费侧"的改革,还有学者认为人民美好生活对法治的需求,也就是认为公平正义、人权保障、公权制约、产权保护等才是主要的着力点,这些都值得深入讨论。在社会主要矛盾深刻变化的今天,研究这个问题才能发现法治改革和法治现代化的动力源泉,才能对法治建设精准发力。

八是社会主要矛盾深刻变化把中国社会推向新时代,法学研究要有新思维。思维是借助概念而进行的,所以新思维必然要有新概念。时代变化必然引起思维革命和话语转换。这次论坛上有几篇文章都说到这个问题,比如法治化、专业化、智能化的社会治理体系等。新时代法学研究和法治建设自然也要有新概念、新思维。这些新概念新思维究竟是什么,无疑值得我们深入研究和探讨。我认为,新时代新思维折射到法学领域的一个重要方面,就是推进法律思维、法治思维、法理思维一体化,并以法理思维引领法律思维和法治思维。法律思维的实质就是规则思维或权利义务思维。法律思维中有两个核心概念,就是权利和义务,所以概括而言,法律思维就是权利义务思维,即能够做什么、可以做什么、不能做什么和禁止做什么的思维,这是法律人最基本、最专业、最本能、最定向的思维。法治思维主要是在治国理政的层面针对各级领导干部而言的。法治思维强调对法治的尊崇,将法治的要求转化为思维方式和行为方式;强调牢固树立宪法法律至上等基本观念,在法律之下而不是在法律之外更不是在法律之上想问题、做决策、办事情;强调守规则、重程序,法定职责必须为、法无授权不得为;强调自觉接受监督,建立良好法治生态。法理思维的实质是对法的本质意义和美德的追求。法理思维是基于良法善治而形成的思维范式,它把民主、人权、公正、秩序、良善、和谐等目的性价值融入法律和法治层面,相较于法律思维和法治思维,更具导向性、包容性和想象力。法理思维作为新时代涉法新思维,相较于法律思维和法治思维,解决法学理论和现实问题的能力更强。正因为法理思维的这些优势,"法理"应当成为我们法律生活和政治生活中日益显赫的高品质思维,我们要高举法理的旗帜。概括来讲,我们可以认为,法律思维是法律规则思维,法治思维是依法治国思维,法理思维是良法善治思维。

注　释

1　习近平:《决胜全面建成小康社会　夺取新时代中国特色社会主义伟大胜利——在中国共产党第十九次全国代表大会上的报告》(2017 年 10 月 18 日),人民出版社 2017 年版,第 11 页。

2　习近平:《决胜全面建成小康社会　夺取新时代中国特色社会主义伟大胜利——在中国共产党第十九次全国代表大会上的报告》(2017 年 10 月 18 日),人民出版社 2017 年版,第 11 页。

全面推进中国特色社会主义法治体系更加完善*

党的二十大把“中国特色社会主义法治体系更加完善”作为未来五年全面建设社会主义现代化国家开局起步关键时期的主要目标任务之一，作为“坚持全面依法治国、推进法治中国建设”工作布局的统领，作为到2035年基本建成法治国家、法治政府、法治社会的基础工程。对这一战略思想和部署，需要全面理解、全面把握、全面落实。

一、全面推进中国特色社会主义法治体系更加完善，必须科学总结成效，把握现实基础

在全面建设社会主义现代化国家的新征程上，党的二十大提出推进中国特色社会主义法治体系更加完善，具有深厚的历史背景、条件基础，亦具有重大的现实意义。

1997年，中国共产党第十五次全国代表大会首次提出“依法治国，建设社会主义法治国家”，把依法治国确立为党领导人民治理

---

* 本文发表于《法制与社会发展》2023年第1期。

国家的基本方略,把建设社会主义法治国家确定为社会主义现代化的重要目标。2012 年,中国共产党第十八次全国代表大会进一步提出"全面推进依法治国"。十八大之后,中国特色社会主义进入新时代,以习近平同志为核心的党中央站在新的历史方位,从关系党和国家长治久安的战略高度来定位法治、布局法治、厉行法治,把全面依法治国纳入"四个全面"战略布局中来谋划、来推进。2014 年,党的十八届四中全会通过《中共中央关于全面推进依法治国若干重大问题的决定》,对全面推进依法治国作出了战略决策和总体部署。

全面推进依法治国是一个系统工程,涉及科学立法、严格执法、公正司法、全民守法,依法治国、依法执政、依法行政、依法治军,建设法治国家、法治政府、法治社会、法治经济、法治文化,推进国家法治、地方法治、社会法治、行业法治、基层自治协调发展,在实际工作中必须有一个总揽全局、牵引各方的总目标、总抓手。习近平总书记在深入调研、充分论证、科学谋划、汇聚全党智慧的基础上,创造性地提出"建设中国特色社会主义法治体系",并把建设中国特色社会主义法治体系、建设社会主义法治国家定位为全面推进依法治国的总目标,把建设中国特色社会主义法治体系作为全面依法治国的总抓手。习近平总书记指出:"提出这个总目标,既明确了全面推进依法治国的性质和方向,又突出了全面推进依法治国的工作重点和总抓手。"[1]建设中国特色社会主义法治体系是实现国家治理体系和治理能力现代化的必然要求,也是全面深化改革的必然要求,有利于在法治轨道上推进国家治理体系和治理能力现代化,有利于在全面深化改革总体框架内全面推进依法治国各项工作,有利于在法治轨道上不断深化改革。只有大力推进中国特色社会主义法治体系建设,才能全面推进依法治国,有力推动社会主义法治国家建设,建成良法善治的法治中国。

党的十八届四中全会以来,以习近平同志为核心的党中央"抓住法治体系建设这个总抓手,坚持党的领导、人民当家作主、依法治国有机统一,坚持依法治国、依法执政、依法行政共同推进,坚持法治国家、法治政府、法治社会一体建设,全面深化法治领域改革,统筹推进法律规范体系、法治实施体系、法治监督体系、法治保障体系和党内法规体系建设,推动中国特色社会主义法治体系建设取得历史性成就”。[2]党的十九届六中全会和党的二十大都充分肯定了法治体系建设取得的成就。具体而言:

一是法律规范体系更加完备。在党的领导下,坚持科学立法、民主立法、依法立法,统筹立改废释纂,加强重点领域、新兴领域、涉外领域立法,加快立法节奏和步伐,让以宪法为核心的中国特色社会主义法律体系更加完备系统管用。2018 年,根据中共中央建议,第十三届全国人民代表大会第一次会议对现行宪法作出第五次修改,宪法修正案把习近平新时代中国特色社会主义思想、党的十九大确定的重大理论观点和重大方针政策等载入国家根本法,对推动我国宪法与时俱进、完善发展具有十分重大而深远的意义。2020 年颁布的《民法典》,是一部体现我国社会主义性质、符合人民利益和愿望、顺应时代发展要求的民法典,标志着我国民事法律规范体系更加成熟定型。同时,我国还制定了《外商投资法》《国家安全法》《监察法》《个人信息保护法》等法律,修改了《立法法》《全国人民代表大会组织法》《地方各级人民代表大会和地方各级人民政府组织法》《人民法院组织法》《人民检察院组织法》《国防法》《环境保护法》等法律,中国特色社会主义法律体系不断完善。

二是法治实施体系更加高效。全面加强宪法实施和监督,设立国家宪法日,建立宪法宣誓制度,推进合宪性审查工作,把宪法实施提到新水平。高质量推进法治政府建设,深化行政执法体制改革,完善严格规范公正文明的行政执法制度体制机制,推动行政权在法治轨道上行使。围绕让人民群众在每一项法律制度、每一个执法决定、每一宗司法案件中都感受到公平正义的目标,推动政法领域全面深化改革，深入推进司法体制综合配套改革，加快建设公正高效权威的社会主义司法制度。建立健全全民普法和法治宣传教育制度，健全公民守法激励机制，形成了以宪法实施为基础、执法司法守法互相贯通的法治实施体系，推动“纸上的法律”转化为“行动中的法律”，更加有效发挥法治对经济社会发展和国家治理的引领、规范和保障作用。

三是法治监督体系日趋严密。加快制定和完善各类监督法律和党内法规，健全党内监督、人大监督、民主监督、行政监督、监察监督、司法监督、审计监督、舆论监督、社会监督等监督机制。不断加强对立法权、执法权、监察权、司法权的监督，健全纪检监察机关、公安机关、检察机关、审判机关、司法行政机关各司其职，侦查权、检察权、审判权、执行权相互制约的体制机制。依法科学有序推进国家监察体制改革，以宪法形式确认改革成果、建立国家监察制度，制定《监察法》《监察官法》《监察法实施条例》等法律和监察法规，推进监察法律法规制度建设系统集成、协同高效。国家监察体制改革推动形成了运行有序、约束有力、制约有效的法治监督体系，确保权力在阳光下运行、在监督下行使。

四是法治保障体系更加有力。坚持加强党对全面依法治国的领导，完善党领导立法、保证执法、支持司法、带头守法制度，党对全面依法治国的领导和保证更加坚强有力。中央全面依法治国工作会议明确提出“习近平法治思想”，确立习近平法治思想在全面依法治国工作中的指导思想地位，这在马克思主义法治思想发展史、社会主义法治建设史和人类法治文明史上具有里程碑意义。坚持建设德才兼备的高素质法治工作队伍，推进法治专门队伍革命化、正规化、专业化、职业化，确保做到忠于党、忠于国家、忠于人民、忠于法律。将拥护中国共产党领导、拥护我国社会主义法治作为法律服务人员从业的基本要求，加强律师、公证员、基层法律服务工作者、人民调解员、法律服务志愿者等队伍建设。努力打造一支政治立场坚定、理论功底深厚、熟悉中国国情的高水平法学家和专家团队。坚持立德树人、德法兼修、明法笃行,创新法治人才培养机制,努力培养造就更多具有坚定理想信念、强烈家国情怀、扎实法学根底的法治人才。充分运用大数据、云计算、人工智能等现代科技手段,推进法治建设的数据化、网络化、智能化。逐步构建起由政治、理论、组织、人才、科技等方面保障构成的立体化、强有力的法治保障体系,确保法治体系在中国特色社会主义法治道路上有效运转。

五是党内法规体系日益完善。党的十八届四中全会创造性地把党内法规纳入中国特色社会主义法治体系,将"形成完善的党内法规体系"确定为建设中国特色社会主义法治体系的重要任务。经过实践探索和理论证成,确定党内法规体系是以《中国共产党章程》为根本,以准则、条例等中央党内法规为主干,由各领域各层级党内法规制度组成的有机统一整体,确定党内法规体系包括党章、党的组织法规制度、党的领导法规制度、党的自身建设法规制度、党的监督保障法规制度的结构,即"1 +4"框架结构。修改《中国共产党章程》,把习近平新时代中国特色社会主义思想作为党和国家的根本指导思想写入党章,明确强调"坚定维护以习近平同志为核心的党中央权威和集中统一领导"。党章修正案作出的"两个确立"反映了全党全军全国各族人民共同心愿,对新时代党和国家事业发展、对推进中华民族伟大复兴历史进程具有决定性意义。加快党内法规制定步伐,与时俱进制定出台了一大批标志性、关键性、引领性党内法规制度,例如《关于新形势下党内政治生活的若干准则》《中国共产党中央委员会工作条例》《中国共产党纪律检查委员会工作条例》《中国共产党党内法规制定条例》《中国共产党政法工作条例》《中国共产党巡视工作条例》《中国共产党党内监督条例》等。截至 2022 年 6 月,全党现行有效党内法规共 3718 部,其中,党中央制定的中央党内法规 221 部,中央纪委以及中央有关部门制定的党内法规170部。一个覆盖党的领导和党的建设各方面的比较完善的党内法规体系已经形成，为推进依规治党、提高党的执政能力和领导水平，推进国家治理体系和治理能力现代化，提供了有力的党内法规制度保障。

同时，我们也要看到，我国法治体系还存在一些短板和不足，主要体现在：法律规范体系不够完备，重点领域、新兴领域相关法律制度存在薄弱点和空白区；法治实施体系不够高效，执法司法职权运行机制不够科学；法治监督体系不够严密，各方面监督没有真正形成合力；法治保障体系不够有力，法治专门队伍建设有待加强；涉外法治短板比较明显，对外法律斗争的工具箱还不充实；等等。这些问题，必须抓紧研究解决。在解决这些突出问题的过程中，全面推进法治体系更加完善。2021年12月6日，中共中央政治局就建设中国特色社会主义法治体系进行第三十五次集体学习。习近平总书记指出，安排这次集体学习，目的就是总结中国特色社会主义法治体系建设成效，分析存在的问题和不足，坚持走中国特色社会主义法治道路，更好推进中国特色社会主义法治体系建设。习近平总书记还指出："建设中国特色社会主义法治体系，要顺应事业发展需要，坚持系统观念，全面加以推进。"[3]

全面推进中国特色社会主义法治体系更加完善，这一战略思想和部署就是在这一时代背景和现实条件下提出来的，是全面推进依法治国总目标、总抓手在新征程上的必然要求，是未来五年"坚持全面依法治国，推进法治中国建设"的总抓手，具有纲举目张的意义。法治体系建设已经取得的历史性成就是法治体系更加完善的良好基础，而存在的短板和不足则是法治体系更加完善的重点任务所在。建设中国特色社会主义法治体系，是党的十八届四中全会提出的具有原创性和时代性的概念和理论，是习近平法治思想的核心要义。新征程上推进中国特色社会主义法治体系更加完善，在更高水平上建设中国特色社会主义法治体系，要更加认真贯彻建设中国特色社会主义法治体系的基本理论和重大原则。

二、全面推进中国特色社会主义法治体系更加完善，必须坚持正确方向，遵循科学规律

在党的十八届四中全会上，习近平总书记深刻阐述了建设中国特色社会主义法治体系必须坚持的正确方向和重要原则，这就是“在中国共产党领导下，坚持中国特色社会主义制度，贯彻中国特色社会主义法治理论”。[4]“这三个方面实质上是中国特色社会主义法治道路的核心要义，规定和确保了中国特色社会主义法治体系的制度属性和前进方向。”[5]在十九届中央政治局第三十五次集体学习会上，习近平总书记再次指出，要坚持法治体系建设正确方向，牢牢把握中国特色社会主义这个定性，坚定不移走中国特色社会主义法治道路。“具体讲就是要坚持党的领导，坚持中国特色社会主义制度，贯彻中国特色社会主义法治理论”。[6]“要始终坚持以人民为中心，坚持法治为了人民、依靠人民、造福人民、保护人民，把体现人民利益、反映人民愿望、维护人民权益、增进人民福祉落实到法治体系建设全过程。”[7]他强调指出：“在坚持党的全面领导、保证人民当家作主等重大问题上做到头脑特别清晰、立场特别坚定。”[8]“我们要建设的中国特色社会主义法治体系，必须是扎根中国文化、立足中国国情、解决中国问题的法治体系，不能被西方错误思潮所误导。”[9]在全面建设社会主义现代化国家新征程上，全面推进中国特色社会主义法治体系更加完善，要深刻理解习近平总书记提出的政治方向和重大原则，必须坚持中国共产党领导，必须坚持以人民为中心，必须坚持中国特色社会主义制度，必须贯彻中国特色社会主义法治理论，必须坚持从中国实际出发，既确保法治体系建设的正确方向，又遵循法治体系建设的科学规律。

（一）必须坚持中国共产党领导

坚持党的领导是中国特色社会主义法治体系建设的根本保证。习近平总书记指出，全面推进依法治国这件大事能不能办好，最关键的是方向是不是正确、政治保证是不是坚强有力，坚持中国共产党领导就是这个“最关键”。习近平总书记语重心长地提出：“全党同志必须牢记，党的领导是我国社会主义法治之魂，是我国法治同西方资本主义国家法治最大的区别。离开了党的领导，全面依法治国就难以有效推进，社会主义法治国家就建不起来。”[10]“党的领导是中国特色社会主义最本质的特征，是社会主义法治最根本的保证。”[11]“坚持中国特色社会主义法治道路，最根本的是坚持中国共产党的领导。”[12]

坚持党的领导是中国特色社会主义法治体系建设的根本原则。中国共产党是中国工人阶级的先锋队，同时是中国人民和中华民族的先锋队，是中国特色社会主义事业的领导核心，代表中国先进生产力的发展要求，代表中国先进文化的前进方向，代表中国最广大人民的根本利益。中国共产党领导是中国特色社会主义最本质的特征，是中国特色社会主义制度的最大优势，党是最高政治领导力量。我国宪法明确宣告和规定了中国共产党全面领导和长期执政地位。推进中国特色社会主义法治体系更加完善，首先要把党的领导、党的意志、党的主张、党的政策、党的理论全方位深层次体现在法治体系之中，以更高质量的法治体系巩固党的执政地位、提高党的执政能力、完成党的执政使命，这也是依宪治国、依宪执政的根本要求。

坚持党的领导是中国特色社会主义法治体系建设的基本经验。把党的领导贯彻到依法治国全过程、体现到中国特色社会主义法治体系建设各方面，是我国社会主义法治建设的一条基本经验。党的十八大以来的实践证明，中国特色社会主义法治体系之所以科学有效构建，法治中国建设之所以能够取得历史性成就、实现历史性突破、发生历史性变革，根本原因就在于以习近平同志为核心的党中央的坚强领导和习近平法治思想的科学指引。

坚持党的领导是中国特色社会主义法治体系建设中的系统机制。在全面依法治国、建设中国特色社会主义法治体系、建设社会主义法治国家中，坚持党的领导，不是一句空话，而是一个系统机制。具体体现为：党中央对全面依法治国集中统一领导，通过党的全国代表大会讨论决定法治建设重大问题，以中央全会形式专门研究决定法治建设重大问题，中央政治局、中央政治局常务委员会研究审议法治建设重大问题，中央全面依法治国委员会专题研究决定全面依法治国重大事项，以中央工作会议形式专题研究部署法治建设重要工作。党的地方委员会在本地区法治建设中发挥领导核心作用，对本地区法治建设实行全面领导。地方各级党委法治建设议事协调机构负责对本地区法治建设牵头抓总、运筹谋划、督促落实。党政主要负责人肩负推进法治建设第一责任人职责。以此，加强党对全面依法治国的战略谋划和顶层设计，加强党对法治建设和法治改革的全面领导，全面推进法治体系建设。为了保证和体现党的领导，必须推进党的领导制度化、法治化，秉持“社会主义法治必须坚持党的领导，党的领导必须依靠社会主义法治”的法治理念和法治思维，正确处理好政治和法治、改革和法治、依法治国和以德治国、依法治国和依规治党的关系；必须坚持依宪治国、依宪执政、领导立法、保证执法、支持司法、带头守法，全面落实科学立法、严格执法、公正司法、全民守法。

（二）必须坚持以人民为中心

坚持以人民为中心，是习近平法治思想的根本立场和崇高理念，是全面推进中国特色社会主义法治体系更加完善的核心价值。

坚持以人民为中心，“这是我们的制度优势，也是中国特色社会主义法治区别于资本主义法治的根本所在”。[13]中国特色社会主义法治奉行以人民为中心的理念，把人民作为全面依法治国最广泛、最深厚的基础，把为人民谋幸福作为根本使命。坚持以人民为中心，从根本上说，要坚持法治为了人民、依靠人民、造福人民、保护人民，把体现人民利益、反映人民愿望、维护人民权益、增进人民福祉贯彻到依法治国全过程，把实现好、维护好、发展好最广大人民根本利益作为法治体系和法治国家建设的核心价值，使法律及其实施充分体现人民意志、保护人民利益，促进人的全面发展、推动社会全面进步。

以人民为中心，必须坚持人民主体地位。一方面，要把人民作为法治建设的主体和力量源泉，创造性地实践马克思主义关于人民民主的思想，在坚持党的领导、人民当家作主、依法治国有机统一中推进社会主义民主政治建设，全面发展全过程人民民主，不断推动社会主义民主政治制度化、规范化、程序化，加强人民当家作主的制度保障，加快推进国家治理体系和治理能力现代化，充分调动人民的积极性、主动性、创造性，更加切实、更高水平、更有成效地实施人民民主。另一方面，要大力弘扬法律权威靠人民维护、法律实施靠人民给力的社会主义法治精神，做到法律为人民所掌握、所遵守、所运用，增强全社会尊法学法守法用法护法的自觉意识。

以人民为中心，必须把尊重和保障人权、维护和发展人民权利、实现人民对美好生活的向往作为全面依法治国、建设中国特色社会主义法治体系的根本目的。在中国特色社会主义法治体系建设中，要把落实尊重和保障人权的宪法原则作为一项重要任务，把人权保障贯彻到法治体系的各个环节各个层面，不断提高生存权、发展权水平，切实有效保护人身权、人格权、财产权、环境权利、数字权利等，努力促进经济、社会、文化权利和公民、政治权利全面协调发展，推动全体人民共同富裕、共同发展，努力增强人民的获得感、幸福感、安全感、尊严感、公平感。

以人民为中心，必须秉持公正是法治的生命线这一崇高价值理念，切实维护和发展社会公平正义。习近平总书记指出：“公平正义是我们党追求的一个非常崇高的价值，全心全意为人民服务的宗旨决定了我们必须追求公平正义，保护人民权益、伸张正义。”[14]全面依法治国、建设中国特色社会主义法治体系，必须紧紧围绕保障和促进社会公平正义来进行，持续不断地完善权利平等、机会平等、规则平等的制度体系，使法治体系建设的成果更多更公平惠及全体人民，“努力让人民群众在每一项法律制度、每一个执法决定、每一宗司法案件中都感受到公平正义”。[15]

（三）必须坚持中国特色社会主义制度

“中国特色社会主义制度是中国特色社会主义法治体系的根本制度基础”，[16]“中国特色社会主义法治体系是中国特色社会主义制度的重要组成部分”。[17]从二者的内在逻辑关系出发，推进中国特色社会主义法治体系建设，必须坚持中国特色社会主义制度。中国特色社会主义制度是中国共产党领导中国人民在不断探索和实践的基础上形成和发展起来的。中国共产党自成立之日起就致力于建设人民当家作主的新社会新政权新制度，以马克思主义国家和法的学说为指导，提出了关于未来国家制度和法律制度的主张，并领导人民为之进行斗争、探索和实践。新中国成立前夕，1949 年 9 月，我们制定了具有临时宪法作用的《中国人民政治协商会议共同纲领》，1954 年，我们制定了《中华人民共和国宪法》，确立了工人阶级（经过共产党）领导的、以工农联盟为基础的人民民主专政的社会主义国家的国体，以民主集中制为根本原则的人民代表大会制度的政体，共产党领导的多党合作和政治协商的基本政治制度和民族区域自治的基本政治制度，铸就了新中国社会主义制度的“四梁八柱”，实现了从几千年封建专制政治向人民民主的伟大飞跃。其后，经过社会主义革命和对生产资料私有制的社会主义改造，确立了以公有制为基础的社会主义基本经济制度。中华人民共和国国体、政体和各方面基本制度的确立为当代中国的一切发展和进步奠定了前提、创造了条件。进入改革开放新时期以来，我们党奋力推进经济体制改革、政治体制改革、思想文化领域变革，开辟了中国特色社会主义道路，形成了中国特色社会主义理论，发展了中国特色社会主义制度。特别是党的十八大以来，以习近平同志为核心的党中央以巨大的政治勇气和改革精神，提出全面深化改革总目标是完善和发展中国特色社会主义制度、推进国家治理体系和治理能力现代化，全面推进党的建设制度和经济、政治、文化、社会、生态文明体制的改革，使中国特色社会主义制度更加完善，国家治理体系和治理能力现代化水平显著提高，全社会发展活力和创新能力明显增强。中国特色社会主义制度是人类制度文明史上的伟大创造，具有显著优越性和强大生命力，为政治稳定、经济发展、文化繁荣、民族团结、社会安宁、国家统一提供了有力保障，为经济快速发展、社会长期稳定两大奇迹的形成营造了良好的制度环境。

在全面建设社会主义现代化国家新征程上全面推进中国特色社会主义法治体系更加完善，要更加科学把握中国特色社会主义制度体系与法治体系的辩证关系，紧紧抓住法治体系建设这个“牛鼻子”，加快建立健全国家治理急需的制度、满足人民日益增长的美好生活需要必备的制度，并要强化制度的执行力，使各项制度的显著优势更好转化为国家治理的实践效能。

坚持中国特色社会主义制度，最重要的是，我们坚持中国共产党全面领导、长期执政的宪法地位，绝不搞多党竞争制、政党轮流坐庄，避免出现旧式政治制度下各政党相互掣肘、内耗严重、国家撕裂的弊端。我们坚持人民民主专政的国体，确保人民当家作主，绝不允许任何组织和个人、任何政治势力破坏社会主义制度。我们坚持人民代表大会制度，贯彻民主集中制，在党的集中统一领导下，各国家机关构成一个统一整体，既合理分工，又密切协作，既充分发扬民主，又有效进行集中，破除“三权鼎立”“两院制”那种议而不决、决而不行、行而不实的弊端。把中国特色社会主义法治体系建设成为捍卫党的领导、保卫人民民主专政的铜墙铁壁，建设成为发展全过程人民民主的制度平台。

（四）必须贯彻中国特色社会主义法治理论

中国特色社会主义法治理论是对中国社会主义法治实践经验的科学总结和理论表达，是中国特色社会主义理论体系的重要组成部分。习近平总书记指出：“推进全面依法治国是国家治理的一场深刻变革，必须以科学理论为指导，加强理论思维，从理论上回答为什么要全面依法治国、怎样全面依法治国这个重大时代课题，不断从理论和实践的结合上取得新成果，总结好、运用好党关于新时代加强法治建设的思想理论成果，更好指导全面依法治国各项工作。”[18]他还指出：“全面推进依法治国，法治理论是重要引领。没有正确的法治理论引领，就不可能有正确的法治实践。”[19]习近平总书记的这些重要论述深刻说明了法治理论与法治实践的关系，科学阐明了党关于新时代加强法治建设的思想理论对于全面依法治国、建设中国特色社会主义法治体系的指导和引领作用。

在新征程上，贯彻中国特色社会主义法治理论首要的就是贯彻习近平法治思想。习近平法治思想坚持守正创新，把马克思主义法学原理同中国法治建设具体实际相结合、同中华优秀传统法律文化相结合，科学回答了法治建设的人民之问、时代之问、中国之问、世界之问，提出了一系列原创性、标志性的概念、判断、观点、理论，不断推进马克思主义法治思想中国化时代化，科学阐明了全面依法治国的重要地位、政治方向、战略布局、重点工作、重要保障、重大关系等问题，是党和人民处理新时代法治问题的根本立场、观点和方法，是全面依法治国、建设法治中国的灵魂和旗帜，是全面推进中国特色社会主义法治体系更加完善的根本遵循和行动指南。

(五)必须坚持从中国实际出发

坚持从中国实际出发,就是坚持从中国国情出发、从现阶段法治建设的具体实际出发,突出中国特色、实践特色、时代特色。

习近平总书记指出,各国国情不同,每个国家的政治和法治道路、政治法律制度都是独特的,都是由这个国家的人民决定的,都是在这个国家历史传承、文化传统、经济社会发展的基础上长期发展、渐进改进、内生性演化的结果。世界上既不存在定于一尊的法治现代化道路,也不存在放之四海而皆准的法治现代化模式。设计和发展国家政治制度和法治体系,必须注重历史和现实、理论和实践、形式和内容、当前和长远有机统一。

就新征程上全面推进中国特色社会主义法治体系更加完善而言,中国的国情和实际可以从三个方面把握。

第一是中华法系的历史维度。从历史来看,中国是世界上文明发达最早的国家之一,法制文明是中国古代文明的重要构成和明显标志,而且从历史进程上看从来没有中断过。“我们的先人们早就开始探索如何驾驭人类自身这个重大课题,春秋战国时期就有了自成体系的成文法典,汉唐时期形成了比较完备的法典。我国古代法制蕴含着十分丰富的智慧和资源,中华法系在世界几大法系中独树一帜。”[20]“自古以来,我国形成了世界法制史上独树一帜的中华法系,积淀了深厚的法律文化。”[21]这是我们建设中国特色社会主义法治体系的历史自信和文化资源。中华法系之所以“独树一帜”,其缘由在于:一是中华法系有悠久的历史。中华法系形成于秦朝,到隋唐时期逐步成熟。《唐律疏议》是其代表性法典,并成为东亚国家“母法”。二是与大陆法系、英美法系、伊斯兰法系等不同,中华法系是在我国特定历史条件下形成的,显示了中华民族的伟大创造力和中华法制文明的深厚底蕴。中华法系凝聚了中华民族的精神和智慧，有很多优秀的思想和理念值得我们传承并将它们融入法治体系当中，诸如“出礼入刑、隆礼重法的治国策略，民惟邦本、本固邦宁的民本理念，天下无讼、以和为贵的价值追求，德主刑辅、明德慎罚的慎刑思想，援法断罪、罚当其罪的平等观念，保护鳏寡孤独、老幼妇残的恤刑原则，等等”。[22]三是与其他法系不同，中华法系的精髓在于它不是简单着眼于立法、执法、审判等法律技术操作，而是着眼于整个文明秩序的建构，例如主张“道法自然”“移风易俗”“社会和合”，坚持“礼法合一”“德法并济”“明德慎罚”“大德小刑”，奉行“理天下者，以人为本”，坚持“大一统”国家观，维护国家法制统一，因此具有独特优势。四是中华法系形成于中国本土，但其影响力遍及相邻的东亚国家，并对世界上其他国家的法律文化和法律制度产生了深远影响。近代以来，虽然中华法系受到西方法律文化的强烈冲击，但其所体现的民族精神、智慧与理性一直延续至今，其文化根基仍然具有强大生命力。在全面推进中国特色社会主义法治体系更加完善的系统工程中，我们应当全面深刻认识和理解中华法系，挖掘和传承中华法系之精华，汲取营养、择善而用。实现中华民族伟大复兴，必然离不开法治文明的复兴。要实现法治文明的复兴，就必须重建具有中国特色和世界意义的中华法系，而中国特色社会主义法治体系建设必定是其最为重要的基础。

第二是法治轨道的时代维度。从当代中国的发展阶段和时代方位来看，我国是世界上最大的发展中国家，我国仍处于并将长期处于社会主义初级阶段。但是，我们已经进入中国特色社会主义新时代，我国社会主要矛盾已经转化为人民日益增长的美好生活需要和不平衡不充分的发展之间的矛盾。人民美好生活需要日益广泛，人民不仅对物质文化生活提出了更高要求，而且人民美好生活需要越来越向民主、法治、公平、正义、安全、环境、人权、发展等方面延展，推进和拓展了中国式法治现代化道路。然而，由于上述基本国情和社会历史条件，我国社会主义初级阶段的基本矛盾和主要矛盾、经济社会发展现状、治国理政需求、法治队伍总体素质、法治文化环境、执法司法的经济成本和社会成本等，决定了中国特色社会主义法治体系建设的理想图景和指标体系不能脱离实际，“既不能罔顾国情、超越阶段，也不能因循守旧、墨守成规”。[23]我们已经实现了第一个百年奋斗目标，在中华大地上全面建成了小康社会，已经踏上了全面建设社会主义现代化国家、向第二个百年奋斗目标进军的新征程。全面建设社会主义现代化国家，离不开法治的规范和保障。党的二十大基于这一规律性认识，明确提出“在法治轨道上全面建设社会主义现代化国家”，这对法治体系建设提出了新的更高的要求。法治体系是法治轨道的重要依托，决定着法治轨道的本质、韧性和效能，其质量高低和完善程度直接决定着法治轨道好不好、行不行、管用不管用。所以，必须坚持走中国式法治现代化新道路，加快完善中国特色社会主义法治体系，以高质量法治体系为依托构筑高质量法治轨道，为全面建设社会主义现代化国家奠法治之基、修法治之路、铺法治之轨、开法治之道。

第三是法治竞争的世界维度。从全球局势看，当今世界正经历百年未有之大变局。虽然和平与发展仍然是时代主题，但是这一主题面临许多挑战。“东升西降”是大变局发展的主要方向，新冠疫情全球大流行和俄乌冲突是加剧大变局演进的催化剂，世界进入动荡变革期是大变局的基本特征，国际环境日趋复杂、不稳定性和不确定性因素明显增加是大变局之下难以避免的“乱局”。大国博弈和地缘政治的历史轮廓日渐清晰，中国日益走近世界舞台中央，和平崛起势不可挡，但守成大国绝不甘心，它们将中国臆想成“最大威胁和挑战”，极尽遏制打压之能事。在全球治理体系深刻变革期，法治成为国家综合实力的重要组成部分，国际竞争越来越体现为制度、规则、法律之争。我们必须放大全球视野，统筹推进国内法治和涉外法治，加快完善法治体系，尤其是加快涉外法律体系及其实施机制建设，进一步完善反制裁、反干涉、反制“长臂管辖”法律法规，推动我国法域外适用的体制机制建设，拓展执法司法合作领域和事项，提高涉外执法司法效能，加强涉外法治人才队伍建设，以更有理有力有效的法治武器开展对外斗争，更好维护国家主权、安全、发展、尊严等核心利益，更好维护和发展世界和平。要积极推动国际关系法治化，推动全球治理体系朝着民主公正合理的方向发展，推动构建人类命运共同体。

三、全面推进中国特色社会主义法治体系更加完善，必须坚持系统思维，着力重点突破

贯彻落实党的二十大精神，全面推进中国特色社会主义法治体系更加完善，要求我们解放思想、实事求是、守正创新，深刻把握“中国特色社会主义法治体系更加完善”这一战略思想和部署的针对性、时代性、系统性，在更高起点、更高水平上统筹推进法律规范体系、法治实施体系、法治监督体系、法治保障体系、党内法规体系建设，加快社会规范体系建设。

（一）加强法律规范体系建设，完善以宪法为核心的中国特色社会主义法律体系

“法者，治之端也。”[24]改革开放以来，经过长期努力，中国特色社会主义法律体系已经形成，国家和社会生活各方面总体上实现了有法可依。但是，法律体系的形成并不意味着法律规范体系的完备，更不意味着法律规范体系的质量完美和切实管用。“实践是法律的基础，法律要随着实践发展而发展”。[25]“实践发展永无止境，立法工作也永无止境，完善中国特色社会主义法律体系任务依然很重”。[26]特别是“在法治轨道上全面建设社会主义现代化国家”的

重大战略，对法律规范体系建设提出了前所未有的标准。

在新征程上，完善法律规范体系，要切实加强党对立法工作的领导，把党的领导贯彻到立法工作全过程，确保立法反映党和国家事业发展要求、体现社会主义核心价值观、回应人民群众的关切和期待，实现良法善治。要把宪法建设和宪法工作放在首位，与时俱进完善和发展宪法，在保持宪法连续性、稳定性、权威性的前提下，推动宪法不断适应新形势、吸纳新经验、确认新成果、作出新规范、永葆生机活力；健全保证宪法全面实施的制度体系，维护宪法权威，更好发挥宪法在治国理政中的重要作用。要修改完善《立法法》，优化立法职权配置，发挥人大及其常委会在立法工作中的主导作用；明确立法权力边界，从体制机制和工作程序上有效防止部门利益和地方保护主义法律化；赋予设区的市地方立法权，发挥地方立法的积极性，适应地方和区域经济发展、社会治理、环境保护等对法规的迫切需要。要抓住提高立法质量这个关键，统筹立改废释纂，全面推进科学立法、民主立法、依法立法，使法律、行政法规、军事法规、监察法规、地方性法规尊重和体现客观规律，体现人民意志，维护和发展人民利益，符合宪法规范、宪法原则和宪法精神，维护国家法治的统一和权威。要把社会主义核心价值观融入法律法规，使社会主义法治成为良法善治。要着力加强重点领域、新兴领域、涉外领域立法，对涉及全面深化改革、推动经济发展、完善社会治理、促进共同富裕、保障人民美好生活、维护国家安全的法律要抓紧制定、及时修改，推动新兴领域治理规则和数字治理规则制定，加快我国法域外适用的法律体系建设。

（二）加强法治实施体系建设，确保法律法规严格公正高效实施

“盖天下之事，不难于立法，而难于法之必行。”[27]“法律的生命力在于实施。”[28]“制度的生命力在执行”。[29]在新征程上，我们要加

强严格规范公正高效的法治实施体系建设。

第一,全面加强宪法实施。宪法实施得好,整个法律体系就运行良好;宪法实施不到位,其他法律法规也将束之高阁、徒有虚名。全面贯彻实施宪法,最紧要的是做好"四个坚持":"坚持依法治国首先要坚持依宪治国,坚持依法执政首先要坚持依宪执政,坚持宪法确定的中国共产党领导地位不动摇,坚持宪法确定的人民民主专政的国体和人民代表大会制度的政体不动摇。"[30]

第二,建立权责统一、权威高效的依法行政体制和法治政府。行政机关是实施法律法规的重要主体,行政执法同基层和百姓联系最紧密,直接关系群众对党和政府的信任、对法治的信心。行政机关要带头严格执法,维护公共利益、人民权益和社会秩序。各级行政机关要严格规范公正文明执法,加大关系群众切身利益的重点领域执法力度。要以建设法治政府为目标,转变政府职能,优化政府职责体系和组织结构,推进机构、职能、权限、程序、责任法定化,提高行政效率和公信力。推进各级政府事权规范化、法律化,完善行政执法程序,健全行政裁量基准,建立行政机关内部重大决策合法性审查机制,推进科学、民主、依法决策施策。要全面推进政务公开,强化行政执法监督机制和能力建设,严格落实行政执法责任制和责任追究制度。要严格执法资质、完善执法程序,建立健全行政裁量权基准制度,确保法律法规公正、有效实施。

第三,建设公正高效权威的社会主义司法制度。严格公正司法是维护社会公平正义的最后一道防线,也是确保法律有效实施,维护法治统一、尊严和权威的重要环节。为此,必须深化司法体制改革,加快建设公正高效权威的社会主义司法制度。要从确保依法独立公正行使审判权检察权、健全司法权力运行机制、完善人权司法保障制度三个方面,着力解决影响司法公正、制约司法能力的深层次问题,破解体制性、机制性、保障性障碍。要深化以司法责任制为"牛鼻子"的司法体制综合配套改革,确保审判机关、检察机关依法独立公正行使审判权、检察权,不断提高司法公信力。坚持以公开促公正、树公信,构建开放、动态、透明、便民的阳光司法机制,杜绝暗箱操作,坚决遏制司法腐败。加强检察机关法律监督工作,完善公益诉讼制度,促进依法行政。

第四,建立健全全民普法和法治宣传教育制度,健全公民守法激励约束机制。持续实施普法和法治宣传教育“五年规划”,增强全民法治观念,提振社会文明。健全公民和组织守法信用记录,完善守法诚信褒奖机制和违法失信行为惩戒机制,加大对公德失范、诚信缺失等行为惩处力度,让遵法守纪者扬眉吐气,让违法失德者寸步难行,形成守法光荣、违法可耻的社会氛围,使尊法学法守法用法成为全体人民共同追求和自觉行动。要加强社会主义法治文化建设,“弘扬社会主义法治精神,传承中华优秀传统法律文化,引导全体人民做社会主义法治的忠实崇尚者、自觉遵守者、坚定捍卫者”。[31]

(三)加强法治监督体系建设,确保权力在法治轨道上运行

权力是一把“双刃剑”,依法依规行使可以造福人民,违法违规行使必然祸害国家和人民。习近平总书记指出:“权力不论大小,只要不受制约和监督,都可能被滥用。”[32]“没有监督的权力必然导致腐败,这是一条铁律。”[33]“绝对权力导致绝对腐败,这是古今中外都证明了的一个道理。”[34]基于这些科学论断,我们党强调,必须建设严密的法治监督体系,全面加强对公权力的制约和监督,把权力关进制度的笼子里。

首先,建设党统一领导、全面覆盖、权威高效的法治监督体系。党和国家监督体系是党在长期执政条件下实现自我净化、自我完善、自我革新、自我提高的重要制度保障。要以党内监督为主导,推动人大监督、民主监督、行政监督、司法监督、审计监督、财会监督、统计监督、群众监督、舆论监督有机贯通、相互协调。

其次，健全权力运行的制约监督体系，加强对决策权、立法权、行政权、监察权、司法权的监督，健全监察机关、公安机关、检察机关、审判机关、司法行政机关各司其职，侦查权、检察权、审判权、执行权相互制约的体制机制。

（四）加强法治保障体系建设，确保全面依法治国行稳致远

“徒法不足以自行”。[35]法治运行需要完备而有力的保障体系。总括而论，法治保障体系包括政治保障、制度保障、思想保障、组织保障、运行保障、人才保障等内容。应切实加强和改进党对全面依法治国的领导，提高依法执政能力和水平，完善党领导立法、保证执法、支持司法、带头守法制度，为全面依法治国提供坚强有力的政治和组织保障。创新发展中国特色社会主义法治理论，推进马克思主义法治理论中国化时代化大众化，为全面依法治国提供科学的理论指导和思想保障。坚持建设德才兼备的高素质法治工作队伍，努力培养造就更多具有坚定理想信念、强烈家国情怀、扎实法学根底的法治人才，为全面依法治国提供强有力的组织和人才保障。要紧紧抓住实际行使执政权、立法权、行政权、监察权、司法权的“关键少数”，让各级领导干部在全面依法治国中发挥关键作用。要充分利用大数据、云计算、人工智能、互联网、区块链、即时通讯技术等现代数字科技，把我国的制度优势和科技优势聚合起来，加快推进法治体系的数字化基础建设和运行机制的数字化改造，全面提升法治运行的数字化智能化网络化水平，加快建设科技赋能的现代化法治轨道。

（五）加强党内法规体系建设，推进党的领导和党的建设制度化、规范化、程序化

“治国必先治党，治党务必从严，从严必依法度。”[36]“从严必依

法度”,就是要实行制度治党。拥有一套完备的党内法规体系,既是中国共产党依规治党的“法规依据”,又是中国共产党治国理政的“制度之基”,是党全面领导、长期执政的显著优势。经过长期努力特别是党的十八大以来的加速推进,中国共产党形成了比较完善的党内法规体系,为推进依规治党、提高党的执政能力和领导水平,形成依法治国和依规治党相辅相成的格局,推进国家治理体系和治理能力现代化,提供了有力的制度保障。特别是经过党的十九大、二十大对《中国共产党章程》的两次修改,确立了习近平同志党中央的核心、全党的核心地位,确立了习近平新时代中国特色社会主义思想的指导地位,党章修正案把十八大以来党的理论创新、实践创新、制度创新写入党章,把党的二十大报告提出的一些重要思想、重要观点、重大战略、重大举措写入党章,使党章更加适应新征程上的形势任务对党的领导和党的建设提出的新要求,也为高水平推进党内法规制度建设提供了与时俱进的总依据。

在新征程上,党的二十大提出“完善党的自我革命制度规范体系”,为党内法规制度体系建设提出了更高标准。我们要坚持制度治党、依规治党,坚持依法治国和依规治党有机统一,以党章为根本,以民主集中制为核心,构建内容科学、程序严密、配套完备、运行有效的党内法规体系,同时增强党内法规的权威性和执行力。当前,为了加快健全以“1 +4”为基本框架的党内法规制度体系,必须坚持以《中国共产党章程》为根本遵循,突出准则在党内法规制度体系中的特殊地位和作用,在已有党内政治生活准则和廉洁自律准则基础上,研究制定党的思想道德、密切联系群众方面的相关准则,为规范党组织活动和党员行为提供基本准绳。要进一步完善党的组织法规,为坚持和加强党的全面领导、实现党的第二个百年奋斗目标,提供更加完善的制度基础和组织保证。要完善党的领导法规,完善党的领导体制机制,创新和改进领导方式,提高党把方向、谋大局、定政策、促改革的能力。要完善党的自身建设法规,以党的政治建设为统领,全面推进党的政治建设、思想建设、组织建设、作风建设、纪律建设、制度建设,深入推进反腐败斗争,不断提高党的建设质量。要完善党的监督保障法规,按照"规范主体、规范行为、规范监督"相统筹相协调原则,建立健全相关法规制度,形成有权必有责、有责要担当、用权受监督、失责必追究的激励约束机制。贯彻落实《中国共产党党内法规和规范性文件备案审查规定》,切实维护党内法规和党的政策的统一性、权威性、科学性。

(六)加强社会规范体系建设,推进社会治理现代化

"有道以统之,法虽少,足以化矣;无道以行之,法虽众,足以乱矣。"[37]"处理民事纠纷,应当依照法律;法律没有规定的,可以适用习惯,但是不得违背公序良俗。"[38]古代思想家的经典论述以及我国《民法典》关于社会习惯和公序良俗之兜底法源地位之规定,深刻说明"发乎人间,合乎人心"的社会规范在调整社会关系、建构社会秩序中的重要作用。在新时代新征程,全面依法治国所需要的治理规范已不限于国家法律规范,而是把国家法律、党内法规、社会规范等一起纳入法治规范体系。习近平总书记反复强调,要"完善包括市民公约、乡规民约、行业规章、团体章程在内的社会规范体系,为全面推进依法治国提供基本遵循"。[39]"要按照社会主义核心价值观的基本要求,健全各行各业规章制度,完善市民公约、乡规民约、学生守则等行为准则。"[40]《中共中央关于全面推进依法治国若干重大问题的决定》也提出:"深入开展多层次多形式法治创建活动,深化基层组织和部门、行业依法治理,支持各类社会主体自我约束、自我管理。发挥市民公约、乡规民约、行业规章、团体章程等社会规范在社会治理中的积极作用。"[41]中共中央印发的《法治社会建设实施纲要(2020—2025 年)》进一步提出:"促进社会规范建设。充分发挥社会规范在协调社会关系、约束社会行为、维护社会

秩序等方面的积极作用。加强居民公约、村规民约、行业规章、社会组织章程等社会规范建设，推动社会成员自我约束、自我管理、自我规范。深化行风建设，规范行业行为。加强对社会规范制订和实施情况的监督，制订自律性社会规范的示范文本，使社会规范制订和实施符合法治原则和精神。”[42]

新时代全面依法治国、在法治轨道上推进国家治理体系和治理能力现代化的丰富实践表明，依法治理、法治化治理是最稳定、最可靠的社会治理方式，而社会规范体系是推进社会治理法治化不可或缺的重要遵循。也就是说，国家和社会治理所依之“法”，并不限于国家制定的成文法，而是包括内容更为丰富的社会规范。[43]国内外一些学者将其称为“活法”“软法”“民间法”。所以，在加强国家立法、法律体系已经形成的前提下，我们要着力加强社会规范体系建设。

首先，要以社会主义核心价值观为基准，把中华优秀传统文化与社会主义时代精神相结合，丰富、提升、发展市民公约、乡规民约、行业规章、社团章程、居民公约、学生守则等，形成更具时代性的公序良俗。要坚持和发展新时代“枫桥经验”，深入推进自治、法治、德治相结合，构建全民明德循理、遵法守纪、风清气正、公正良善的法治社会。

其次，要加强科技伦理规范体系建设。进入21世纪以来，以信息科技和生命科技为代表的新兴科技在推动社会现代化的同时，也引发了日益严重的社会问题，给社会治理和社会秩序带来了新的挑战。特别是随着社会信息化、数字化、网络化深入发展，以算法为核心的数字科技对人类文明进步发挥着巨大推动作用。同时，数字科技发展不平衡、规则不健全、秩序不合理等问题也日益凸显。不同国家和地区间的数字鸿沟不断拉大，数字不公、数字歧视恶化，现有数字治理规则难以适应规范数字活动、调整数字关系、保护数字权利、追究数字责任的需要；世界范围内侵害个人隐私、侵犯知识产权、网络暴力、网络犯罪等普遍存在,网络监听、网络攻击、网络恐怖主义活动等成为全球公害。这些问题和挑战越来越引起人们对数字治理体系的关注。数字治理固然需要国家法律法规,但更需要作为社会自治规范的科技伦理。我们要以科技向善、算法透明为价值导向,构建以人为本、增进福祉、和平利用、保护隐私、公正透明、安全可控、敏捷治理、共担责任的科技伦理规范体系,把人工智能、互联网、云计算、区块链、基因编辑等的研发和运用纳入规范化、制度化、伦理化、法治化的轨道。

结　语

建设中国特色社会主义法治体系,是全面依法治国的总目标、总抓手,是建设社会主义法治国家、建设良法善治的法治中国的必由之路。在全面建设社会主义现代化国家新征程上,党的二十大在中国特色社会主义法治体系建设取得历史性成就的基础上进一步提出全面推进"中国特色社会主义法治体系更加完善"。全面推进中国特色社会主义法治体系更加完善,要坚持正确方向、遵循科学规律、强化系统思维,必须坚持中国共产党领导,坚持以人民为中心,坚持中国特色社会主义制度,贯彻中国特色社会主义法治理论,从中国国情和实际出发。要着力加强法律规范体系建设,不断完善以宪法为核心的中国特色社会主义法律体系;加强法治实施体系建设,确保法律法规严格公正高效实施;加强法治监督体系建设,确保权力在法治轨道上运行;加强法治保障体系建设,确保全面依法治国行稳致远;加强党内法规体系建设,推进党的领导和党的建设制度化、规范化、程序化;加强社会规范体系建设,推进社会治理现代化。

注 释

1 习近平:《论坚持全面依法治国》,中央文献出版社 2020 年版,第 93 页。
2 习近平:《坚持走中国特色社会主义法治道路 更好推进中国特色社会主义法治体系建设》,载《求是》2022 年第 4 期。
3 习近平:《坚持走中国特色社会主义法治道路 更好推进中国特色社会主义法治体系建设》,载《求是》2022 年第 4 期。
4 习近平:《论坚持全面依法治国》,中央文献出版社 2020 年版,第 93 页。
5 习近平:《论坚持全面依法治国》,中央文献出版社 2020 年版,第 92 页。
6 习近平:《坚持走中国特色社会主义法治道路 更好推进中国特色社会主义法治体系建设》,载《求是》2022 年第 4 期。
7 习近平:《坚持走中国特色社会主义法治道路 更好推进中国特色社会主义法治体系建设》,载《求是》2022 年第 4 期。
8 习近平:《坚持走中国特色社会主义法治道路 更好推进中国特色社会主义法治体系建设》,载《求是》2022 年第 4 期。
9 习近平:《坚持走中国特色社会主义法治道路 更好推进中国特色社会主义法治体系建设》,载《求是》2022 年第 4 期。
10 习近平:《坚定不移走中国特色社会主义法治道路 为全面建设社会主义现代化国家提供有力法治保障》,载《求是》2021 年第 5 期。
11 习近平:《论坚持全面依法治国》,中央文献出版社 2020 年版,第 92 页。
12 习近平:《论坚持全面依法治国》,中央文献出版社 2020 年版,第 106 页。
13 习近平:《论坚持全面依法治国》,中央文献出版社 2020 年版,第 107 页。
14 《习近平谈治国理政》(第 2 卷),外文出版社 2017 年版,第 129 页。
15 习近平:《论坚持全面依法治国》,中央文献出版社 2020 年版,第 229 页。
16 习近平:《论坚持全面依法治国》,中央文献出版社 2020 年版,第 92 页。
17 习近平:《坚持走中国特色社会主义法治道路 更好推进中国特色社会主义法治体系建设》,载《求是》2022 年第 4 期。
18 习近平:《坚定不移走中国特色社会主义法治道路 为全面建设社会主义现代化国家提供有力法治保障》,载《求是》2021 年第 5 期。
19 习近平:《论坚持全面依法治国》,中央文献出版社 2020 年版,第 175 页。
20 习近平:《论坚持全面依法治国》,中央文献出版社 2020 年版,第 110 - 111 页。

21 习近平:《坚定不移走中国特色社会主义法治道路 为全面建设社会主义现代化国家提供有力法治保障》,载《求是》2021 年第 5 期。

22 习近平:《坚定不移走中国特色社会主义法治道路 为全面建设社会主义现代化国家提供有力法治保障》,载《求是》2021 年第 5 期。

23 习近平:《论坚持全面依法治国》,中央文献出版社 2020 年版,第 110 页。

24 梁启雄:《荀子简释》第二十篇,《君道》,中华书局 1983 年版,第 158 页。

25 习近平:《在十八届中央政治局第四次集体学习时的讲话》(2013 年 2 月 23 日),载中共中央文献研究室编:《习近平关于全面依法治国论述摘编》,中央文献出版社 2015 年版,第 43 页。

26 习近平:《论坚持全面依法治国》,中央文献出版社 2020 年版,第 95 页。

27 (明)张居正:《请稽查章奏随事考成以修实政疏》,载(明)张居正著,(明)张嗣修、张懋修等编撰:《张太岳集》(上),中国书店 2019 年版,第 54 页。

28 习近平:《论坚持全面依法治国》,中央文献出版社 2020 年版,第 74 页。

29 习近平:《论坚持全面依法治国》,中央文献出版社 2020 年版,第 48 页。

30 习近平:《高举中国特色社会主义伟大旗帜 为全面建设社会主义现代化国家而团结奋斗——在中国共产党第二十次全国代表大会上的报告》(2022 年 10 月 16 日),人民出版社 2022 年版,第 41 页。

31 习近平:《高举中国特色社会主义伟大旗帜 为全面建设社会主义现代化国家而团结奋斗——在中国共产党第二十次全国代表大会上的报告》(2022 年 10 月 16 日),人民出版社 2022 年版,第 42 页。

32 习近平:《在第十八届中央纪律检查委员会第三次全体会议上的讲话》(2014 年 1 月 14 日),载中共中央文献研究室编:《习近平关于全面依法治国论述摘编》,中央文献出版社 2015 年版,第 59 页。

33 中共中央文献研究室编:《十八大以来重要文献选编》(上),中央文献出版社 2014 年版,第 342 页。

34 习近平:《论坚持全面依法治国》,中央文献出版社 2020 年版,第 158 页。

35 方勇译注:《孟子·离娄上》,中华书局 2015 年版,第 128 页。

36 《中共中央印发〈关于加强党内法规制度建设的意见〉》,载《人民日报》2017 年 6 月 26 日,第 1 版。

37 (汉)刘安编,何宁撰:《淮南子集释·卷二十·泰族训》,中华书局 1998 年版,第 1401 页。

38 《民法典》第 10 条。

39 习近平:《论坚持全面依法治国》,中央文献出版社 2020 年版,第 112 页。

40 《习近平谈治国理政》(第 1 卷),外文出版社 2018 年版,第 165 页。

41 中共中央文献研究室编:《十八大以来重要文献选编》(中),中央文献出版社 2016 年版,第 173 页。

42 《法治社会建设实施纲要(2020—2025 年)》,人民出版社 2020 年版,第 7 页。

43 参见郭晔:《全面依法治国新时代的法治规范渊源》,载《法制与社会发展》2022 年第 2 期。

中国特色社会主义法律体系的形成*

2011年3月10日，在十一届全国人民代表大会第四次会议上，吴邦国委员长正式宣布一个立足中国国情和实际、适应改革开放和社会主义现代化建设需要、集中体现党和人民意志的，以宪法为统帅，以宪法相关法、民商法等多个法律部门的法律为主干，由法律、行政法规、地方性法规等多个层次的法律规范构成的中国特色社会主义法律体系已经形成，国家经济建设、政治建设、文化建设、社会建设以及生态文明建设的各个方面实现有法可依。这是一个振奋人心的宣告。我国用30多年的时间，走完了西方发达国家二三百年的法治道路，堪称人类法治文明的奇迹。中国特色社会主义法律体系的形成，是我国依法治国、建设社会主义法治国家历史进程的重要里程碑，也是世界法制史上有标志性和显示度的重大事件，具有重大的现实意义和深远的历史意义。

一、中国特色社会主义法律体系的鲜明特征

中国特色社会主义法律体系区别于世界上其他国家的法律体系，展现出鲜明的实践品质、中国风格、时代特色和制度优势。

---

* 本文系作者2011年10月23日在山东大学法学院所作的学术报告的一部分。

（一）适应我国经济社会发展需要并从实际出发制定

中国特色社会主义法律体系适应了建立社会主义市场经济体制、发展社会主义民主政治、推进社会建设和管理创新、推进环境友好型和资源节约型社会建设的实际需要。改革开放以来，从修改宪法到其他 236 部法律的制定和修改，从 690 多件行政法规到 8500 多件地方性法规的制定和修改，始终贯彻需要什么法律、法规就制定什么法律、法规，急需哪些法律、法规就优先制定这些法律、法规的做法。对改革开放中遇到的一些新情况、新问题，用法律来规范还不具备条件的，先制定行政法规和地方性法规，先行先试，待取得经验、条件成熟时再制定法律。我们注意研究借鉴国外的立法经验，从中汲取那些对我们有用有益的东西，但绝不照抄照搬。外国法律体系中有的法律，但我国社会并不需要或者暂时还不需要的，我们不去制定或暂时不制定；外国法律体系中没有的法律，但我国现实生活需要的，我们及时制定。对于那些落后于经济社会发展的法律、法规及时予以清理和废止。

（二）传承中华法系成文法传统和中国传统法律文化的合理元素

中国是世界上文明发达最早的国家之一，法制文明是中国古代文明的重要构成和明显标志，而且从历史进程上看从来没有中断过。在战国中期，李悝的《法经》创封建法典之体制，开成文法典之先河。随后建立的秦朝扩大了成文法的规模，奠定了中国长达两千多年封建法制的基本轮廓。汉唐诸代君臣与巨儒则又熔礼义刑德于一炉，使中国封建法制成为“国法、天理、人情”的融合体，从而形成了中华法系的一系列特点。唐朝建立以后，“以礼入法，得古今之平”的《唐律疏议》，以其完备的体例，严谨而丰富的内容成为封建法典的楷模，在中国法律发展史上起着承上启下的作用，对宋、元、明、清产生了深刻的影响。此后经过宋元明清等几千年的法律文明维系、调适和传承，广泛地影响和传播到周边国家，并在相当长的时间里居于世界法制文明的前列。中国古代法制文明中有许多超越时空、具有普遍价值的因素。例如，注重法律的人文精神，强调以人为本，以民为本，社会和合；善于通过人文精神对社会成员心理和观念世界的整合与引领，来维系和范导整个社会；注重礼法互补，主张德治与法治并存，强调明德慎刑；注重以和谐、和睦的方式化解矛盾纠纷；注重法律的教育功能，主张以法为教，强调法律的任务不仅是“禁暴惩奸”，而且要“弘风阐化”，仁义礼乐者，皆出于法；注重治国者、执法者的道德品质以及对国家的责任感和使命感，主张为官者、执法者要清正廉洁，光明正大，发挥以吏为师的榜样作用；注重法律的综合意义，主张对法律条文和典籍从天理、国法、人情的有机结合上予以解释和注释，法律的实施不能就事论事；注重变法促进，强调通过变法革新来解决社会深层次矛盾，保持社会稳定，推动社会发展。在我国的立法中，特别是在刑法、民法、诉讼法等领域，我们注重传承中国传统法律文化的合理元素，在对中华传统法律文化的丰富资源进行梳理和甄别的基础上，进行了现代化的改造和扬弃，把那些能够与民主法治、自由平等、公平正义、科学理性、社会和谐为内容的时代精神协调兼容的文化传统融入了社会主义法律体系之中，使中国法制的民族精神和时代精神浑然一体。

（三）充分体现面向世界、对外开放、国际合作的时代特征

我们生存的这个世界正在发生着历史性变迁，经济全球化正在有力地改变着人类的生产方式、生活样式和生存状态，也在深刻地影响着人类社会的法律制度，影响着一个国家内部的法律体系。在这样一个全球化时代，无论是观察和处理经济问题、文化教育科技问题，还是观察和处理政治问题、军事问题、外交问题，都必须有

全球意识、全球视野、全球眼光、全球思维。同样，依法治国、建设社会主义法治国家的一些重大问题也应当在全球化的背景中和全球治理结构中加以研究和解决。党和国家深刻把握全球化与中国和平崛起的发展趋势，积极应对中国对外开放和融入国际社会的现实需要，在立法理念和立法方法上注重国内法与国际法的合理衔接，注重参与国际规则的制定。我国积极参与联合国等有关组织的国际立法活动，参与国际条约的制定，推动国际法律规则和全球法律规则的形成，推动国际立法领域的扩大，通过这些活动充分表达我国的立场、观点、利益取向和核心价值，促进国际经济、政治新秩序的建构，促进社会公正和世界和谐的实现。我们越来越善于将某些国际性乃至世界性的经济、政治、文化、军事问题转化为法律问题，借助法律机制和法律程序化解棘手的矛盾纠纷。

早在 1990 年全国人民代表大会常务委员会就通过了《缔结条约程序法》，规范了国务院、全国人大常委会和国家主席在缔结或批准条约和协定方面的权限，同时加快了参加国际条约的步伐，迄今我国参加的多边条约达 300 多项，对外缔结的双边条约和其他具有条约性质的文件近 20000 件，其中包括有关世界贸易、环境保护、人权保护、维和反恐等公约、协定。双边条约、多边条约和协定已经成为我国法律体系中越来越重要的法律形式和法律规范的渊源。我国政府先后与英国、葡萄牙政府通过外交谈判和法律机制解决了香港问题、澳门问题，为国际社会提供了一个通过法律和平解决国家历史遗留问题的范例。2005 年《世界首脑会议成果文件》将法治作为一项价值观和基本原则，呼吁在国家和国际两级全面实行法治以来，我国积极推进国际关系民主化和全球治理结构法治化，提倡坚持民主平等，实现协调合作；坚持和睦互信，实现共同安全；坚持公正互利，实现共同发展；坚持包容开放，实现文明对话。

我国不仅积极参与国际条约和协定的制定，而且郑重宣告和维护它们的法律效力。我国许多法律对国际条约和国际惯例的法律效力都作出了明确规定,如《民法通则》规定:“中华人民共和国缔结或者参加的国际条约同中华人民共和国的民事法律有不同规定的,适用国际条约的规定,但中华人民共和国声明保留的条款除外。中华人民共和国法律和中华人民共和国缔结或者参加的国际条约没有规定的,可以适用国际惯例。”《继承法》《海关法》《行政诉讼法》《著作权法》《专利法》《海商法》《商标法》《民用航空法》《民事诉讼法》等法律也均有类似规定。这些规定以及我们认真践约的实践树立了遵守国际条约和协定、尊重公认的国际惯例和行为准则的负责任的大国形象。

(四)展现“一元多级”的立法体制优势

中华人民共和国是统一的、多民族的、单一制的社会主义国家。为维护国家法制统一,体现全体人民的共同意志和整体利益,我国实行“一元多级”的立法体制,即统一而又分层次的立法体制。“统一”体现为:《宪法》规定,国家立法权由全国人民代表大会及其常务委员会行使。全国人民代表大会制定和修改刑事法律、民事法律、国家机构组织法和其他基本法律。全国人民代表大会常务委员会制定和修改除应当由全国人民代表大会制定的法律以外的其他法律,并可以对全国人民代表大会制定的法律进行部分补充和修改,但是补充和修改不得同该法律的基本原则相抵触。《立法法》规定,涉及国家主权的事项,国家机构的产生、组织和职权,民族区域自治制度、特别行政区制度、基层群众自治制度,犯罪和刑罚,对公民政治权利的剥夺、限制人身自由的强制措施和处罚,对非国有财产的征收,民事基本制度,基本经济制度,财政、税收、海关、金融和外贸的基本制度,以及诉讼和仲裁制度等事项,属于全国人民代表大会及其常务委员会的专属立法权。

但是,由于我国幅员辽阔,情况复杂,各地经济、文化、社会发展很不平衡。这一基本国情,决定了在维护国家法制统一的前提下,实行分层次立法。我国《宪法》和《立法法》规定,除全国人民代表大会及其常务委员会制定法律外,国务院根据宪法和法律,可以制定行政法规;省、自治区、直辖市的人民代表大会及其常务委员会在不同宪法和法律、行政法规相抵触的前提下,可以制定地方性法规,批准较大的市的人民代表大会及其常务委员会制定的地方性法规;民族自治地方的人民代表大会有权依照当地民族的政治、经济和文化的特点,制定自治条例和单行条例。

与这种立法体制相适应,我国法律体系在宪法的统领下由三个层次构成,即法律、行政法规、地方性法规。观察法律体系对社会生活和社会关系的覆盖面,认识我国社会是不是已经有法可依,要从法律体系的三个层次整体来看。我们可能发现,有些社会生活领域和社会关系当下还没有法律来调整,但是已经有行政法规或者地方性法规来调整。

此外,我们的法律体系鲜明地体现出中国特色社会主义法治的特质。坚持党的领导、人民当家作主和依法治国的有机统一,是我国实施依法治国基本方略、建设社会主义法治国家的根本特征和基本原则。宪法修改、法律的制定首先要有中央政治局审议,这在世界上是独一无二的。

二、中国特色社会主义法律体系的制度构成

中国特色社会主义法律体系是由一系列法律制度构成的,也可以说中国特色社会主义法律体系就是中国特色社会主义法律制度。中国特色社会主义法律制度主要包括:

一是保障社会主义民主政治的法律制度。包括:人民民主专政的国体,人民代表大会制度(中国的根本政治制度),中国共产党领导的多党合作和政治协商制度,民族区域自治制度,基层组织自

治制度，自由、平等、规范、有序的选举制度，等等。主要的相关法律除了《宪法》及其修正案之外，还包括：《地方各级人民代表大会和地方各级人民政府组织法》《全国人民代表大会和地方各级人民代表大会选举法》《全国人民代表大会组织法》《全国人民代表大会和地方各级人民代表大会代表法》《立法法》《反分裂国家法》《各级人民代表大会常务委员会监督法》《国务院组织法》《民族区域自治法》《城市居民委员会组织法》《村民委员会组织法》《香港特别行政区基本法》《澳门特别行政区基本法》等。

二是尊重和保障人权的法律制度。包括生命权的法律保障，人身自由、人格尊严的法律保障，平等权的法律保障，政治权利的法律保障，宗教信仰自由的法律保障，劳动者权益的法律保障，经济、社会、文化和其他权利的法律保障，等等。我国《宪法》《选举法》《民法通则》《刑法》《安全生产法》《妇女权益保障法》《劳动法》《劳动合同法》《就业促进法》《义务教育法》《老年人权益保障法》《母婴保健法》《未成年人保护法》《残疾人保障法》等法律都体现了人权精神，构建了各项具体的人权保障制度。此外，中国还参加了 22 项国际人权公约，其中包括《经济、社会及文化权利国际公约》《消除一切形式种族歧视国际公约》《消除对妇女一切形式歧视公约》《禁止酷刑和其他残忍、不人道或有辱人格的待遇或处罚公约》《儿童权利公约》等核心国际人权公约。

三是规范市场经济秩序的法律制度。包括：(1)民事法律制度，诸如《民法通则》《合同法》《担保法》和《物权法》等一系列法律，建立健全了债权制度、物权制度，确立了合同自由原则以及国家、集体、私人的物权和其他权利人的物权受法律平等保护的原则，形成了各种所有制经济合法共存、平等竞争、相互促进的新格局。(2)市场主体的法律制度，诸如《公司法》《企业法》《个人独资企业法》《商业银行法》等法律，确认各类市场主体的合法地位，保障其公平参与市场竞争。(3)市场管理的法律制度，诸如《反垄断法》《反不正当竞争法》《消费者权益保护法》《产品质量法》《保险法》《证券法》《银行业监督管理法》和《外汇管理条例》等法律法规，确立了以公开、公平、公正为价值取向的行业监督管理制度，以有效防范和化解金融风险。(4)宏观调控的法律制度，包括诸如《预算法》《审计法》《政府采购法》《价格法》《个人所得税法》《企业所得税法》《税收征收管理法》《中小企业促进法》等法律，对相关领域进行宏观调控依法作出规定。(5)知识产权保护的法律制度，诸如《专利法》《商标法》《著作权法》《反不正当竞争法》等法律，以及《计算机软件保护条例》《信息网络传播权保护条例》《植物新品种保护条例》等一批行政法规，建立起比较完善的确认和保护专利权、商标权、著作权、集成电路布图设计权、植物新品种权等的知识产权法律制度。

四是资源节约和环境保护的法律制度。依据建设资源节约型社会和环境友好型社会的基本国策，我国不断加强环境与资源保护的立法，制定了《环境保护法》《水污染防治法》《大气污染防治法》《环境噪声污染防治法》《固体废弃物污染环境防治法》《海洋环境保护法》《清洁生产促进法》《环境影响评价法》《野生动物保护法》《水土保持法》《水法》《土地管理法》《森林法》《草原法》《渔业法》《农业法》《防沙治沙法》等30余部环境资源保护法律和一大批行政法规和地方性法规。

五是行政管理法律制度。其中包括：行政主体法律制度；行政行为法律制度，如行政许可制度、行政征收、征用制度、行政处罚等；行政监督、救济法律制度，如行政复议制度、行政诉讼制度、行政赔偿制度、行政监察和审计制度、国家公务员法律制度、行政执法责任制度等。

六是司法法律制度。我国《宪法》和《人民法院组织法》《人民检察院组织法》《民事诉讼法》《刑事诉讼法》《行政诉讼法》《法官法》《检察官法》等法律的制定，确立了司法权独立行使原则，以事实为根据、以法律为准绳的原则，以及合法、及时、准确等基本要求；也确立了具体审判制度，诸如公开审判制度、合议制度、人民陪审员制度、辩护制度、诉讼代理制度、回避制度、司法调解制度、司法救助制度、两审终审的审级制度、死刑复核制度，等等。

七是外资、外贸、外交、外事法律制度。对外合作的法律法规是中国特色社会主义法律制度的重要组成部分。改革开放以来，这方面的法律制度不断充实和健全。早在1979年，我国就制定了《中外合资经营企业法》《中外合作经营企业法》《外资企业法》《对外贸易法》等一系列法律，为外国投资者在中国投资提供了多种模式或组织形式，充分保障了外国投资者在中国投资、开展经贸活动的合法权益。2001年中国加入世界贸易组织后，通过修订《对外贸易法》，进一步规范对外贸易经营者的权利和义务，健全货物进出口、技术进出口和国际服务贸易管理制度，并根据世界贸易组织规则完善贸易救济制度，完善海关监管和进出口商品检验检疫制度，确立了统一、透明的对外贸易制度。我们在一系列法律法规中规定了涉外条款。

法治经济是我国经济现代化的鲜明特征*

中国式现代化推动物质文明、政治文明、精神文明、社会文明、生态文明协调发展，是全面的现代化。经济现代化是中国式现代化的重要内容和物质基础。习近平总书记指出："社会主义市场经济本质上是法治经济"，深刻揭示了市场经济与法治的内在关系。我国经济现代化的一个鲜明特征在于，以市场机制与法治体系深度融合为动力，推动经济发展在法治轨道上运行。

从各国现代化的共同特征和一般规律来看，凡是顺利实现经济现代化的国家，都较好地解决了经济发展面临的法治问题。比如，欧洲资产阶级革命后，一些国家制定现代民法，确立民事主体的平等法律地位，解除封建制度对土地、劳动力等生产要素自由流动的束缚，推动生产关系变革，为工业革命和工业化大生产铺平了道路。同时，法律制度的进一步完善，又有效协调随着现代化进程而日益分化、日益复杂的权利义务关系，为经济蓬勃发展提供必需的社会秩序和稳定的社会环境。改革开放以来，我们党加快完善社会主义市场经济法律制度，以法治思维和法治方式领导经济建设、进行经济治理、保障经济发展，建立起平衡经济关系、协调各方利益、维护交易秩序、化解矛盾纠纷、有效保障权益的法律制度，满

---

* 本文发表于《人民日报》2023 年 4 月 3 日。

足了我国经济现代化对法治规则的迫切需要，不断促进生产关系和生产力、上层建筑和经济基础相适应。

中国式现代化，既有各国现代化的共同特征，更有基于自己国情的中国特色。习近平总书记指出："高质量发展是全面建设社会主义现代化国家的首要任务。"推进我国经济现代化，解决发展不平衡不充分问题，必须着力推动高质量发展，始终以创新、协调、绿色、开放、共享的内在统一来把握发展、衡量发展、推动发展。这就需要把法治作为完整、准确、全面贯彻新发展理念的重要方式，更好发挥法治固根本、稳预期、利长远的保障作用。

高质量发展是创新成为第一动力的发展，法治为创新发展发挥支撑作用。习近平总书记强调："全面建设社会主义现代化国家，必须更好推进知识产权保护工作。"知识产权是创新的重要载体，保护知识产权就是保护创新，能够有效提升中国经济竞争力。当前，我国正在从知识产权引进大国向知识产权创造大国转变。完善知识产权法规体系，强化知识产权全链条法律保护，切实维护社会公平正义和权利人合法权益，有利于全面提升知识产权创造、运用、保护、管理和服务水平，更好激发全社会创新活力，提升自主创新能力。

高质量发展是协调成为内生特点的发展，法治为协调发展提供有效机制。推动高质量发展是一个系统工程，需要统筹兼顾、系统谋划、整体推进，要求实现物质文明和精神文明协调发展、城乡区域协调发展。法治为破解推动协调发展中遇到的体制机制障碍、难点堵点问题提供制度化方案。比如，区域协调发展需要不同地方在政策、规则等方面加强协调对接。2023 年修订的《立法法》新增规定："省、自治区、直辖市和设区的市、自治州的人民代表大会及其常务委员会根据区域协调发展的需要，可以协同制定地方性法规。"这有利于推进区域协调发展机制的制度化、规范化、程序化。

高质量发展是绿色成为普遍形态的发展，法治为绿色发展更好保驾护航。生态优先、绿色发展是高质量发展的一个显著特点。党的十八大以来,以习近平同志为核心的党中央坚持把“绿水青山就是金山银山”“山水林田湖草沙是生命共同体”等生态文明理念体现到法治建设和法律规则中来,依靠法治、依靠制度保护生态环境。比如,民法典将绿色原则确立为民法基本原则,刑法修正案对危害生态环境的犯罪进行细化。我们在完善法律体系的基础上强化法律执行,用最严格的制度、最严密的法治保护生态环境,切实增强高质量发展的绿色底色。

高质量发展是开放成为必由之路的发展,法治为开放发展注入强大动力。开放是国家繁荣发展的必由之路,法治为开放发展营造市场化、法治化、国际化一流营商环境。实践表明,对外开放越深入越需要法治,外部发展环境越复杂越需要法治。新时代以来,以习近平同志为核心的党中央统筹推进国内法治和涉外法治,推动构建公正、合理、透明的国际经贸规则体系,加强涉外领域立法,推动制定或修改外商投资法、对外贸易法、海南自由贸易港法等,稳步扩大规则、规制、管理、标准等制度型开放,推动我国对外开放迈向更高层次。

高质量发展是共享成为根本目的的发展,法治为共享发展夯实制度保障。共享是中国特色社会主义的本质要求。新时代,我们坚持把以人民为中心的发展思想贯穿立法、执法、司法、守法各个环节,加快完善体现权利公平、机会公平、规则公平的法律制度,保证人民依法享有广泛权利和自由,保障人民平等参与、平等发展权利;加强社会保障立法工作,加强慈善领域法治建设,构建初次分配、再分配、第三次分配协调配套的制度体系,有力促进共同富裕。在法治的保障下,共享发展得到更加切实的体现,人民群众获得感、幸福感、安全感更加可触可及。

民法典的中国故事和中国法理*

《中华人民共和国民法典》是我国法治建设的一个标志性重大成果，是中华法治文明史上的一座里程碑。《中华人民共和国民法典》是新中国成立以来第一部以“法典”命名的法律，填补了中国特色社会主义法律体系的一项空白；是中国历史上第一部以“民法典”称谓的民事法律，开辟了中国民事法制新纪元。民法典的编纂和实施，对坚持和完善社会主义基本经济制度、推动经济高质量发展，维护最广大人民合法权益和根本利益、增进人民福祉，弘扬社会主义核心价值观、推进社会文明建设，树立社会主义法治国家形象、增强中华民族法治强国自信，都具有重大意义。我国民法典因其具有中国特色、体现时代精神、反映人民意愿、保障民事权利、维护公平正义、促进社会和谐、体例科学严谨，受到法学法律界专业上的高度认同，受到社会各界的普遍认可，也受到国际社会的广泛关注。本文从历史和法理两个维度探讨中国民法典之于中华民族和法治文明的内在价值，意在彰显新时代这场非凡的立法实践值得回味的历史韵味和熠熠生辉的法理精神。

---

* 本文发表于《法制与社会发展》2020 年第 5 期。

一、民法典的中国故事

民法典的诞生,不仅是新中国法治发展史上的一个重大成就,而且也是中华民族历史上的一件大事。只有把民法典置于中华民族的历史镜像中,放在中华民族伟大复兴的战略全局中,我们才能深刻领会这部法典的非凡意义。近代以来,编纂民法典是无数仁人志士孜孜以求的法治现代化梦想。这个"法典梦"始于20世纪的第一个十年。那时,在变法图强历史潮流的推动下,由沈家本等人主持的修订法律馆自1907年起正式着手起草《大清民律草案》,并聘请日本的学者型法官松冈义正负责总则、债权、物权等编的拟稿。[1]《大清民律草案》于1911年11月基本完成。但是,两个月后,清王朝在辛亥革命的冲击下土崩瓦解,这部民律草案未来得及颁布和实施就夭折了。

中华民国建立后,北洋政府修订法律馆对《大清民律草案》进行增删修改,于1926年形成了民国《民律草案》(亦被称为"第二次民律草案"),但其并不具有正式的法律效力。需要指出的是,以上两部民律草案虽未颁布实施,停留于"草案"阶段,但考察北洋政府时期的民事司法实践可以发现,两部草案是被作为"法理"适用的,也就是被作为间接法律渊源而被援用,即被作为裁判理由,而不是被作为裁判依据。[2]

1927年4月,南京国民政府成立后,其立法院于1929年1月设立民法起草委员会,该委员会以《大清民律草案》和民国《民律草案》为基础,采取分编修订、分编审议通过、分编公布实施的方式,进行民事立法。1929年1月至1930年12月,历经两年,总则、债、物权、亲属、继承等各编先后审议通过并公布实施,史称"中华民国民法"。民国民法仅仅在国统区实施了不足20年,就随着国民党政权的垮台而被废除。[3]

新中国成立以来，制定或编纂一部真正姓“民”、属于中国人民、符合中国国情的民法典，是人民的期盼，是几代领导人、立法工作者、法学专家的夙愿。我国曾于1954年至1957年、1962年至1964年，两次着手制定民法，并形成了《中华人民共和国民法草案（试拟稿）》，但由于客观条件不具备以及错误思潮的干扰，未能取得实际成果。当然，尽管该草案没有经过法定程序成为法律，但它所拟定的一些法律原则和规则转化为党的司法政策，指引着法院的民事审判工作，并被作为法学教育的重要参考。[4]1979年，我国第三次启动民法典制定工作。由于正值改革开放初期，制定一部完整民法典的条件尚不具备，当时主持全国人大常委会法制委员会立法工作的彭真同志、习仲勋同志等深入研究后，决定按照“成熟一个通过一个”的工作思路先制定民事单行法律。在这一思路指导下，我国的《继承法》《民法通则》《担保法》《合同法》先后制定和实施。2001年，第九届全国人大常委会再次启动制定带有法典性质的《中华人民共和国民法（草案）》，并于2002年12月进行了一次审议。全国人大常委会经讨论和研究，决定继续采取分别制定单行法的办法推进我国民事法律制度建设。2003年以来，全国人大又陆续制定了《物权法》《侵权责任法》《涉外民事关系法律适用法》等。经过长期努力，我国逐步形成了比较完备的民事法律规范体系，积累了丰富的民事司法实践经验，民事法律服务取得显著进步，民法理论研究达到较高水平，全社会民事法治观念普遍增强，这就为编纂民法典奠定了较好的制度基础、实践基础、理论基础和民意基础。编纂民法典的时机越来越成熟，可谓“水到渠成”。

党的十八大以来，以习近平同志为核心的党中央把全面依法治国摆在突出位置，把形成完备的法律规范体系作为建设中国特色社会主义法治体系的首要任务。党的十八届四中全会顺应实践发展要求和人民群众期待，作出了“编纂民法典”的重大部署。紧接着，全国人大常委会将编纂民法典纳入立法规划和年度立法工作计划，确定为全国人大常委会立法工作重点项目，积极持续推进民法典编纂工作。为充分保证民法典的立法质量，编纂工作采取“两步走”的模式：第一步是在《民法通则》的基础上制定《民法总则》，第二步是全面整合已有的民事单行法律。2017 年 3 月 15 日，《民法总则》由第十二届全国人大第五次会议通过。《民法总则》“既坚持问题导向，着力解决社会生活中纷繁复杂的问题，又尊重立法规律，讲法理、讲体系”。[5]讲法理，就是注重民事权利、义务和责任配置的“正当性”“合理性”，反映民法的精神实质、核心价值、制度美德等；讲体系，就是讲民法典内容的完备性、逻辑的严谨性、技术的科学性等。在这一思路下，《民法总则》确立了民法典的立法目的和依据，明确了民法典的核心原理和法理，定义了民法典通用的基本概念，规定了民事活动必须遵循的基本原则和一般性规则。例如，《民法总则》第 2 条规定：“民法调整平等主体的自然人、法人和非法人组织之间的人身关系和财产关系”；第 3 条规定：“民事主体的人身权利、财产权利以及其他合法权益受法律保护，任何组织或者个人不得侵犯”；第 4 条规定：“民事主体在民事活动中的法律地位一律平等”；第 5 条规定：“民事主体从事民事活动，应当遵循自愿原则，按照自己的意思设立、变更、终止民事法律关系”；第 6 条规定：“民事主体从事民事活动，应当遵循公平原则，合理确定各方的权利和义务”；第 7 条规定：“民事主体从事民事活动，应当遵循诚信原则，秉持诚实，恪守承诺”；第 8 条规定：“民事主体从事民事活动，不得违反法律，不得违背公序良俗”；第 9 条规定：“民事主体从事民事活动，应当有利于节约资源、保护生态环境”；第 10 条规定：“处理民事纠纷，应当依照法律；法律没有规定的，可以适用习惯，但是不得违背公序良俗”；等等。这些规定为编纂民法典奠定了坚实的法律、法治和法理基础。自 2018 年 8 月 27 日起，民法典各分编草案陆续提请第十三届全国人大常委会会议审议。编纂工作历时五年多，充分吸收了改革开放 40 多年来民事法制建设的成就和经验,充分反映了我国法学理论研究的成果和贡献,充分彰显了我国成熟的立法技术和卓越的立法品质。2020 年 5 月 28 日,第十三届全国人大第三次会议以 2879 票赞成、2 票反对、5 票弃权的表决结果,高票通过《中华人民共和国民法典》。民法典是目前为止我国体量最大的一部基础性法律,包括总则编和物权、合同、人格权、婚姻家庭、继承、侵权责任 6 个分编,以及附则,总计 1260 条,10 多万字。从此,我们有了一部理念先进、内容丰富、概念清晰、体例科学、结构严谨的民法典,一部真正反映人民意志、维护人民权益、安民利民序民的民法典。中国人民的"法典梦"终于在中国特色社会主义新时代成为现实。

二、中国民法典是人类法律制度文明史上的伟大创造

习近平总书记指出:"民法典系统整合了新中国 70 多年来长期实践形成的民事法律规范,汲取了中华民族 5000 多年优秀法律文化,借鉴了人类法治文明建设有益成果,是一部体现我国社会主义性质、符合人民利益和愿望、顺应时代发展要求的民法典。"[6]这是对中国民法典的实践基础、历史根基、文明境界、法理意涵的深刻揭示,也是对中国民法典的科学定位和价值定性。当我们透过人类法律制度文明史的广角镜去观察中国民法典时,便会发现它独特的创造性和显著的优越性,使我们更加坚信,我国民法典是人类法律制度文明史上的又一伟大创造。

(一)中国共产党领导的新民主主义法制建设和社会主义法治建设实践是中国民法典的源头活水

实践是最深厚的民法沃土。习近平总书记指出,在我国革命、建设、改革各个历史时期,我们党都高度重视民事法律的制定和实施。在革命战争年代,我们党在中央苏区、陕甘宁边区等局部地区

就制定并实施了涉及土地、婚姻、劳动、财经等方面的法律法规。新中国成立后，我国相继制定并实施了《婚姻法》《土地改革法》等重要法律和有关户籍、工商业、合作社、城市房屋、合同等方面的一批法令。改革开放以来，我国民事法制建设的步伐不断加快，制定了《民法通则》，先后制定及修改了一大批民事单行法律，包括《物权法》《土地管理法》《农村土地承包法》《合同法》《经济合同法》《技术合同法》《婚姻法》《收养法》《继承法》《侵权责任法》等。这些民事法律制定和实施的丰富实践，恰似"源头活水"，为民法典编纂奠定了基础，积累了经验，不断注入活力。我国民法典是对革命、建设、改革各时期民事立法成就和民事司法经验的继承和发展，是对新中国成立70多年来特别是改革开放40多年来长期实践形成的民事法律规范的系统整合，是我们党领导新民主主义法制建设和社会主义法治建设的实践结晶。

（二）中华民族优秀法律文化是中国民法典的历史根基

历史是最好的民法宝库。习近平总书记指出："只有坚持从历史走向未来，从延续民族文化血脉中开拓前进，我们才能做好今天的事业。"[7]"治理国家和社会，今天遇到的很多事情都可以在历史上找到影子，历史上发生过的很多事情也都可以作为今天的镜鉴。"[8]我国古代法制蕴含着十分丰富的智慧和资源，中华法系在世界几大法系中独树一帜。在中华民族优秀法律文化中，在源远流长的历史传统和博大精深的民族精神之中，有许多超越时空、普遍有益、饱含精华的概念，如"礼、义、仁、智、信""正名""保民""经权""义理""天理""法理""事理""条理""公平""道义""道法""德治""法治"等；有许多理义深邃、逻辑严谨、蕴含美德的原理，如"以民为本""社会和合""礼法互补""德法共治""以法为教""弘风阐化""惩恶扬善""物有其主""法约而易行""法正民安""公序良俗""长幼有序""父慈子孝"等；还有许多体现法治文明的法理命题和经典论述,如“夫法者,所以兴功惧暴也。律者,所以定分止争也。令者,所以令人知事也。法律政令者,吏民规矩绳墨也”。[9]“法者,治之端也。”[10]“经国序民,正其制度。”[11]“治国犹如栽树,本根不摇则枝叶茂荣”。[12]“民惟邦本,本固邦宁。”[13]“治国有常,而利民为本。”[14]“尚贤者,政之本也”。[15]“理国要道,在于公平正直。”[16]“政之所兴,在顺民心;政之所废,在逆民心。”[17]“法者,国之权衡也,时之准绳也。权衡所以定轻重,准绳所以正曲直。”[18]“法与时转则治,治与世宜则有功。”[19]“匠万物者以绳墨为正,驭大国者以法理为本。”[20]“所谓严明者,谨持法理,深察人情也。”[21]“君臣上下贵贱皆从法,此谓为大治。”[22]“礼禁未然之前,法施已然之后;法之所为用者易见,而礼之所为禁者难知。”[23]“德礼为政教之本。”[24]由此可见,中国古代的政治家、法律家和思想家们不仅着眼于立法、审判这样的法律操作问题,更着眼于整个文明秩序的建构,也就是说,在法治问题上,“道”重于“术”,“理”先于“制”。中华法系在世界法系中之所以独树一帜,某种程度上正在于其鲜明的制度美德和法理风格。我国民法典坚持对中华优秀法律文化进行创造性转化和创新性发展,传承了中华法系的独特优长,汲取了我国民事法制传统的法理精华和制度精粹,体现着中华民族明德明理、尚善尚公的法理精神和德法共治、定分止争的法治智慧。

(三)世界民法的有益成果是中国民法典的文明镜鉴

文明互鉴是精湛的立法技艺。谈到民法,我们便不能不提罗马法这一“民法地标”。罗马法不仅解决了许多涉及立法、执法、司法的方法问题,创造了诸如公法、私法、物权、债权、地役权、时效、代理、公民、人格等许多经典的法律概念,提出了诸如(私法范围内)权利平等、契约自由、一物不二卖等科学的法律原则,而且还巧妙地引入了希腊人的自然法概念和自然法精神来论证罗马法的神圣性、广泛适用性以及适应罗马人与异邦人的交往而适度变化的必要性，萌生了影响至今的法律原理，镌刻下千年不朽的法理精神。德国著名法学家耶林说，罗马帝国三次征服世界，第一次靠武力，第二次靠宗教，第三次靠法律。武力因罗马帝国灭亡而消亡，宗教随民众思想觉悟的提高、科学的发展而缩小了影响，唯有法律征服世界是最为持久的征服。[25]这无疑是对罗马法历史地位的生动赞美。

1804年问世的法国民法典(亦称拿破仑法典)是对罗马法传统的继承，也是人类历史上第一部真正意义上的民法典，开启了民法的法典化时代和“法律的百科全书”时代。亲自推动并主持制定法国民法典的拿破仑不无自豪地说：“我的光荣不在于打胜了四十个战役，滑铁卢会摧毁这么多的胜利……，但不会被任何东西摧毁的，会永远存在的，是我的民法典。”[26]法国民法典由序言和人法、财产法、取得财产所有权的各种方法三编正文组成，是一部以私有财产权为中心的民法典，是典型的自由资本主义民法典。

一个世纪之后问世的德国民法典(1896年通过，1900年施行)分为五编，包括总则、债的关系法、物权法、亲属法、继承法。它确立了兼顾个人利益和社会利益的民法理念，设置总则编，把民事领域的普遍性问题抽象出来集中规定，在体例上区分债权与物权等。这些理论和制度创新深化了对民法与社会发展规律的科学认识，优化了民法典编纂体例，扩充了民法典的法理空间。德国民法典虽然不像法国民法典那样在民法发展史上具有开天辟地的显赫地位，却因其立法理念先进和立法技术创新而与法国民法典共同彪炳史册。

稍后几年问世的瑞士民法典(1907年通过，1912年施行)开创了“民商合一”的立法模式，第一次明确把“法理”即“公认的学理和惯例”列为次级法律渊源或兜底性法源，使该法典具有积极应对社会变化和矛盾纠纷的开放性、灵活性等优点。

我国民法典在编纂过程中认真研究罗马法传统，研究国外民法典编纂的有益成果，特别是借鉴和吸收了法国民法典、德国民法典、瑞士民法典这三部世界级民法典的概念、规定和技术。例如，我国民法典对民法基本概念的使用显然借鉴了法国民法典和德国民法典，总则编的设置、统筹个人利益与社会利益的民事理念借鉴了德国民法典，而“民商合一”的立法模式显然借鉴了瑞士民法典等。此外，我国民法典没有固守德国民法典债权在先物权在后的体例，而是借鉴了日本民法典的经验和理据，把物权置于债权（合同）之前，此乃因为“债由物而生，必先有物权而后有债权，事务发生之次序，本应如是也”。[27]当然，我们对国外的民事法律概念、理念、制度以及立法技术不是照抄照搬，而是立足于现实国情、法律体系的整全性和民法典编纂工作实际，进行了本土化、当代化、法理化的改造。

总之，我国民法典扎根于社会主义民事法治建设的丰富实践，厚植于中华民族优秀法律文化，又以海纳百川的胸怀吸纳人类民法文明的有益成果，因而具有鲜明的中国特色、实践特色、时代特色和世界视野，是人类法治文明园地中颇具代表性的民法典之一。可以说，法国民法典是19世纪民法典的典范，德国民法典是20世纪民法典的典范，中国民法典毫无疑问将被公认为21世纪民法典的典范。

三、中国民法典是中国特色立法之程序法理的生动呈现

“小智治事，中智治人，大智立法。”[28]我国宋代政治家王安石曾说过：“立善法于天下，则天下治；立善法于一国，则一国治。”[29]古希腊思想家亚里士多德曾提出：“法治应包含两重意义：已成立的法律获得普遍的服从，而大家所服从的法律又应该本身是制定得良好的法律。”[30]日本法学家穗积陈重说道：“法律有实质以及形体的

两种元素。一国的法律是否真正地具备实现国家利益,促进人民幸福的条规的问题就是该部法律的实质问题。一国的法律是否真正地制作出简明正确的条文,又是否以该国人民容易知其权利义务所在的问题就是法律的形体问题。”[31]可见,立法不是按部就班的操作规程,而是深思熟虑的智慧治理。

党的十八大以来,以习近平同志为核心的党中央提出“良法善治”的新理念,强调“法律是治国之重器,良法是善治之前提”;[32]习近平总书记指出:“以良法促进发展、保障善治。”[33]“人民群众对立法的期盼,已经不是有没有,而是好不好、管用不管用、能不能解决实际问题;不是什么法都能治国,不是什么法都能治好国;越是强调法治,越是要提高立法质量。”[34]也就是说,中国法治不仅应当是形式上的“法律之治”,更应当是实质上的“良法善治”。“良法”包含四层意义:一是法律应符合人性、人文、自然、经济、政治、社会等的规律,与作为法律调整对象的各种关系的存在与发展规律保持一致,而不能蔑视规律、违背规律。二是法律制定得良好。这是形式法治的基本要求,包括立法权法定,法律规则确定的行为标准适度、不强人所难,权利、义务、责任对等,公开透明,标准统一,普遍适用,连续稳定,非溯及既往,规则与规则、法律与法律、法律部门与法律部门、实体法与程序法之间协调一致,等等。三是法律实施得良好。法律合乎国情世情社情民情,具备良好的实施环境;法律规则可遵守、可执行、可适用;不仅全民自觉守法,而且国家机关尊重宪法、严格执法、公正司法。四是法律体现社会良善价值。这是实质法治的基本要义。是不是良法善治,关键是看法律体系和法治体系贯通什么样的价值观和价值标准。[35]我国学者倾向于把秩序、自由、民主、公平、人权、效率、和谐、文明、安全等作为现代法治的基本价值。概括而言,在当代中国,“良法”就是反映人民意志、尊重保障人权、维护公平正义、促进和谐稳定、保障改革发展、引领社会风尚的法律,就是体现民意民智、符合客观规律、便于遵守和执行的法律。

那么,如何制定出“良法”? 如何为善治提供良法前提? 我们党在领导法治建设的长期实践中不断总结经验、进行理论概括,提出了党领导立法、科学立法、民主立法、依法立法四大原则,这既是立法经验的总结,也是立法程序法理的升华。我国民法典在编纂过程中,始终坚持党领导立法,科学、民主、依法立法,确保了民法典编纂工作的正确政治方向和价值导向,确保了民法典具有先进性、科学性、民主性、合宪性的法理品质。

(一)民法典是党领导立法的成果

民法典编纂自始至终坚持党的领导,体现党领导立法的显著优势。第一,我们党顺应实践发展要求和人民群众期待,把编纂民法典摆上重要日程,确定为全面依法治国的一项重大政治任务和立法任务。第二,党的十八届四中全会之后,党中央立即启动了民法典编纂工作。以习近平同志为核心的党中央高度重视这项重大的法治工程,将其列入每年度中央政治局常委会的重点工作之中。第三,习近平总书记亲自指导民法典编纂工作。他于2016年6月、2018年8月、2019年12月,先后三次主持中央政治局常委会会议,分别审议了《民法总则》、民法典各分编、民法典三个草案,对民法典编纂工作作出了重要指示,为民法典编纂工作提供了重要指导和基本遵循。在民法典编纂过程中,全国人大常委会党组多次就编纂工作中的重大问题,包括总体考虑、工作步骤、指导思想、基本原则、体例结构、主要内容等,向党中央请示汇报,习近平总书记及时作出重要指示,指导并推动这项工作高质量高效率地开展。

(二)民法典是科学立法的成果

科学立法,就是把立法作为一项科学活动,尊重科学规律,运用科学思维,坚持科学精神。马克思认为:“立法者应该把自己看作一个自然科学家。他不是在创造法律，不是在发明法律，而仅仅是在表述法律。”[36]毛泽东同志在领导制定《中华人民共和国宪法》时明确指出：“搞宪法就是搞科学。”[37]习近平总书记不仅高度重视科学立法，而且对科学立法的内涵作出了精辟论述，指出“科学立法的核心在于尊重和体现客观规律”。[38]

坚持科学立法，首要的是把握经济社会发展和依法治国的客观规律，从实际出发，既不能罔顾国情、超越阶段，也不能因循守旧、墨守成规。我国最大的国情、最大的实际就是，我国是世界上最大的发展中国家，仍处于并将长期处于社会主义初级阶段。但是，社会主义初级阶段的阶段性特征发生了重大变化，即中国特色社会主义已经进入了新时代，我国社会主要矛盾已经转化为人民日益增长的美好生活需要和不平衡不充分的发展之间的矛盾。立法工作必须紧紧抓住社会主要矛盾变化的规律和特点，立足中国特色社会主义新时代的历史方位，使立法适应全面深化改革大局，符合经济社会发展要求，满足人民群众日益增长的、多元化高质量法治需要。我国民法典编纂正是在社会主要矛盾发生深刻变化的背景下进行的，是新时代社会主要矛盾深刻变化的历史产物，是满足人民美好生活需要的高品质制度供给。

在把握和体现规律方面，民法典编纂面临一个突出问题，即如何把“社会主义”与“市场经济”有机结合、实行社会主义市场经济，如何在以公有制为主体的经济基础上，按照市场经济的原理、法则和机制构建我们的经济体制，发挥市场在资源配置中的决定性作用？民法典在对市场经济规律进行科学认知，对我国发展市场经济、不断解放和发展生产力的成功经验进行科学总结的基础上，作出了符合我国国情、符合市场经济规律、符合法治一般原理的制度设计。《民法典》第 206 条规定：“国家坚持和完善公有制为主体、多种所有制经济共同发展，按劳分配为主体、多种分配方式并存，社会主义市场经济体制等社会主义基本经济制度。国家巩固和发展公有制经济，鼓励、支持和引导非公有制经济的发展。国家实行社会主义市场经济，保障一切市场主体的平等法律地位和发展权利。”除此之外，民法典还作出了一系列与之相应的具体规定。这些原则和规定破解了社会主义与市场经济关系的瓶颈，是史无前例的重大的制度创新。

民法典编纂充分体现了立法自身的规律性。一是秉持“当时而立法，因事而制礼；礼法以时而定，制令各顺其宜”[39]的程序法理，紧跟经济社会改革步伐，遵循经济社会发展规律，反映经济社会现实要求。二是在立法步骤上，先制定单行民事法律，如《民法通则》《合同法》《物权法》《婚姻法》《收养法》《继承法》《侵权责任法》等，待主客观条件成熟后再编纂为统一的民法典，而不是一开始就一味贪大求全，搞“成套设备”。三是在立法模式上，采取“民商合一”“民知合一”“民行衔接”，把许多商事法基本规范、知识产权法基本规范以及涉及民事的行政法规范纳入民法典中，体现了我国民法典的系统性、综合性、基础性特色。四是把法理与制度融为一体，以法理支撑民法制度，使之具有“科学性”“美德性”“融贯性”；以民法制度表达法理精义，弘扬中国精神，构建中国法治的核心价值体系。正可谓“法之修也，不可不审，不可不明。而欲法之审，法之明，不可不穷其理”。[40]在程序和内容上尽合于法理，在事实和价值上尽尊重现实，是我国民法典立法的科学性之所在。

科学立法还体现在我国民法典编纂的方法和技术上。编纂民法典既不是制定全新的民事法律，也不是简单的现有法律汇编，而是对现行的民法规范进行修编整合。在编纂过程中，要对已经不适应现实需要的规定进行修改完善，对经济社会生活中出现的新情况新问题特别是对人民对美好生活的新期待、新要求作出有针对性的新规定，必然需要进行守正创新、推陈出新的科学研判。民法典涵盖民法原理、原则、规则、概念、体系、技术等法律要素，覆盖经济社会活动方方面面，与民事主体的物质生活、精神生活、社会生活息息相关，不仅体量大，而且体例新，调整对象交叉，涉及一系列复杂疑难问题。比如，如何协调好总则与分则的关系、各分则之间的关系，如何保证民法典原则的法理性、规则的严谨性、体系的逻辑性、话语的时代性，如何协调好实体规范与程序规范的关系、作为行为规范的法律规定与作为裁判规范的法律规定的关系、入典的民事规范与未入典的民事规范的关系，如何协调好民法典与宪法、行政法、商法、经济法、知识产权法、环境法等其他法律的关系，如何处理好民法典的客观性与主观性、经验性与学理性、原则性与灵活性、美德性与可行性的关系，等等。同时，因为我国仍处在全面深化改革的历史阶段，正处于由工业社会向信息社会进一步向智能社会转型的大变革时代，民法典编纂必须在注重民事法律规范体系的完整性、稳定性的前提下，保持适度的前瞻性、开放性，为源源不断地接纳新规范预留各种便利化的接口。这说明编纂民法典是一项浩大而复杂的科学工程。目前，从编纂方法、结构体例、内容外观等方面综合评判，可以说，我国民法典是一部蕴含辩证思维和法理思维的科学法典，是一部立足当下、面向未来，立足国情、面向世界，立足体系、面向现代化，具有中国特色和世界水准的法律经典。

（三）民法典是民主立法的成果

中国自古就有民本立法观念。春秋时期，思想家慎子就说过："法，非从天下，非从地出，发于人间，合乎人心而已。"[41]战国时期，商鞅也说过："法不察民情而立之，则不威。"[42]"法生于义，义生于众适，众适合于人心，此治之要也。"[43]习近平总书记对民主立法的内涵进行了精辟论述，指出"民主立法的核心在于为了人民、依靠人民"，[44]强调立法要坚持人民主体原则、以人民为中心，完善立法工作机制，创新公众参与立法方式，通过座谈、听证、评估、公布法律草案等扩大公民有序参与立法途径，通过询问、质询、特定问题调查、备案审查等广泛听取各方面意见和建议，积极回应社会关切，发挥立法凝聚共识、统一意志、引领公众、推动发展的作用，努力使每一项立法都符合宪法精神、反映人民意愿、得到人民拥护，保证良法善治。只有人民才是真正的立法者，因此，只有保证人民民主参与立法的权利，只有立法保障人民的合法权益，才能制定出良法，法律才能深入人心、走入人民群众，法律实施才能真正成为全体人民的自觉行动。民法典是经济社会生活的法律百科、全体人民的权利宝典，唯有坚持民主立法，汇集各方面的思想和智慧，协调各种利益关系，才能完成这样一部鸿篇巨制的编纂工程。

民主立法贯穿于民法典编纂过程中。在部署民法典编纂工作之初，党中央就确定民法典的起草工作由全国人大常委会法制工作委员会牵头，同时确定最高人民法院、最高人民检察院、司法部、中国社会科学院、中国法学会为参加单位。这是新时代民主立法的重大创新。为做好民法典编纂工作，全国人大常委会法制工作委员会与五家参加单位成立了民法典编纂工作协调小组，并成立了民法典编纂工作专班。各参与单位提供了《民法总则》建议稿、民法典各分编的建议稿。2018 年 8 月，全国人大常委会整体审议民法典各分编草案之后，又分单元多次进行审议，并对完整的民法典草案进行审议，先后 7 次公开征求意见，征集到各方面意见 90 余万条。[45]经过反复修改，精雕细琢，形成了提交第十三届全国人大第三次会议审议的民法典草案。在第十三届全国人大第三次会议审议民法典草案的过程中，35 个代表团的 2000 多名代表提出了 3000 多条修改完善意见，补充了人民群众最为关心的权利和利益保障条款，如对现代信息科技和生物科技滥用的防范、家庭财产界定等。

我国民法典编纂尤其重视法学法律界的专家学者的专业意见。受全国人大常委会法制工作委员会委托，中国法学会举行了 14 场立法专家咨询会，形成了 70 多万字的咨询报告。专家提出的很多意见被吸收到了正式通过的民法典文本中，例如，把体现社会主义核心价值观、绿色发展作为民法基本原则，《民法总则》应设置专章集中规定民事一般权利，应明确非法人组织的法律地位，人格权应独立成编，加强人格权保护，加强对个人信息、个人隐私、网络虚拟财产等的保护，规定居住权，严格追究高空抛物致人伤害的法律责任，等等。

(四)民法典是依法立法的成果

科学立法、民主立法的理念和原则在我国提出并实行了多年。习近平总书记在党的十九大报告中进一步提出“依法立法”原则。依法立法体现了立法过程中的法治原则，要求立法必须严格依照法定权限和程序，接受合宪性、合法性审查。依法立法的最高原则是以宪法为根据，维护宪法的权威和尊严，维护国家法制的统一。宪法是国家的根本法和总章程，是中国特色社会主义法律体系的核心，是一切法律规范的总依据，任何法律、行政法规、地方性法规和其他规范性文件都不得同宪法相抵触。我国民法典编纂同样是依宪立法的典范。

宪法与民法的关系，曾经是法学研究和立法工作的热点问题。在《物权法》制定过程中，法学法律界曾经围绕宪法与民法的关系发生了一场大讨论。那次讨论意义重大，其直接成果是在《物权法》第 1 条中写入了“根据宪法，制定本法”，其间接但影响更为深远的成果是厘清了宪法和民法的关系，即宪法是民法的法理依据和合法性根据。从法律演进的历史看，民法在法律起源和法律发展史上先于宪法而出现并存在，但是，因为民法不能有效保护私权而产生了宪法，以宪法来规范和约束公权力，防止公权力侵扰和掠夺私权，使私权保护有了宪法和以宪法为核心的公法体系的保证。从法权逻辑上看，宪法构成了包括民事权利在内的整个权利体系的规范来源。在现代社会，权利的种类无限丰富，具体权利琳琅满目,但抽象来看,无非是人权和财产权两大类。民法当中的人身权、人格权等属于人权范畴,物权及其延伸权利属于财产权范畴,它们均源于宪法的人权原则和财产权原则。我国现行《宪法》关于尊重和保障人权原则的规定,关于人格尊严、人身自由的规定,关于财产权、婚姻自由、继承权等的规定,均为民法典关于民事权利的规定提供了宪法依据。从法律体系上看,宪法是国家各种制度和法律法规的总依据。我国《宪法》提出的“推动物质文明、政治文明、精神文明、社会文明、生态文明协调发展,把我国建设成为富强民主文明和谐美丽的社会主义现代化强国”的国家建设和发展目标;关于国家倡导社会主义核心价值观,贯彻创新、协调、绿色、开放、共享的新发展理念;关于社会主义市场经济和多样化财产制度的规定等,为民法典确定了根本的制度前提。所以,民法典在其第1条就庄严宣布“根据宪法,制定本法”。这一规定既明确宣示了宪法是民法典的总根据,彰显了民法典的合宪性基础,又维护了宪法的权威和尊严,彰显了宪法至上的法治原则。

总之,我国民法典编纂是新时代以来又一座万众瞩目的立法高峰。它所独具的战略性、复杂性、系统性、全局性,它所关乎的主体的多元性、关涉的利益的多样性,都必然要求在党的集中统一领导下,科学决策、凝聚共识、依法据理,确保立法程序正当有序、合情合理。民法典编纂是新时代党领导立法、科学立法、民主立法和依法立法的范例,诠释了中国特色立法的程序法理,展示出无与伦比的立法品质和优势。

四、中国民法典彰显以人民为中心之根本法理和以权利为本位之制度要义

法律的真谛在于确认和保障权利。民法典的根本法理就是以人民为中心,其核心要义是以权利为本位。习近平总书记在主持

中央政治局第二十次集体学习时强调，民法典对坚持以人民为中心的发展思想、依法维护人民权益、推动我国人权事业发展具有重大意义，是一部体现对生命健康、财产安全、交易便利、生活幸福、人格尊严等各方面权利平等保护的民法典，实施好民法典是坚持以人民为中心、保障人民权益实现和发展的必然要求。[46]王晨副委员长在关于民法典草案的说明中指出："中国特色社会主义法治建设的根本目的是保障人民权益。改革开放以来，我国民事法律制度逐步得到完善和发展，公民的民事权利也得到越来越充分的保护。中国特色社会主义进入新时代，随着我国社会主要矛盾的变化，随着经济发展和国民财富的不断积累，随着信息化和大数据时代的到来，人民群众在民主、法治、公平、正义、安全、环境等方面的要求日益增长，希望对权利的保护更加充分、更加有效。党的十九大明确提出，要保护人民人身权、财产权、人格权。而现行民事立法中的有些规范已经滞后，难以适应人民日益增长的美好生活需要。编纂民法典，健全和充实民事权利种类，形成更加完备的民事权利体系，完善权利保护和救济规则，形成规范有效的权利保护机制，对于更好地维护人民权益，不断增加人民群众获得感、幸福感和安全感，促进人的全面发展，具有十分重要的意义。""坚持以人民为中心，以保护民事权利为出发点和落脚点，切实回应人民的法治需求，更好地满足人民日益增长的美好生活需要，充分实现好、维护好、发展好最广大人民的根本利益，使民法典成为新时代保护人民民事权利的好法典。"[47]这充分阐明了中国民法典的根本法理、立法宗旨和核心要义。

党的十八大以来，以习近平同志为核心的党中央高度重视保障和发展人民权利。党的十八届三中全会通过的《中共中央关于全面深化改革若干重大问题的决定》、党的十八届四中全会通过的《中共中央关于全面推进依法治国若干重大问题的决定》、党的十八届五中全会通过的《中共中央关于制定国民经济和社会发展第十三个五年规划的建议》都把完善人民权利保障制度,切实保障人权,有效保护产权,不断增强人民的获得感、幸福感、安全感、公平感等,作为全面建成小康社会、全面深化改革、全面依法治国、全面从严治党的出发点和落脚点,并出台了数十项保障和发展人权和权利的政策举措。党的十九大报告把人权和公民权利保障与发展提到新的历史高度,不仅提出推进人权保障的法治化纲领,而且对保障和发展人民在经济、政治、社会、文化、生态等各领域的权利进行了理论阐述和制度安排,并有的放矢地提出“保护人民人身权、财产权、人格权”。党的十九届四中全会通过的《中共中央关于坚持和完善中国特色社会主义制度 推进国家治理体系和治理能力现代化若干重大问题的决定》进一步提出“健全社会公平正义法治保障制度”;“加强人权法治保障,保证人民依法享有广泛的权利和自由”。这一系列重大决策为民法典构建民事权利体系开拓了广阔的政策空间,也为民法典编纂夯实了新时代的法理根基。

我国民法典全面贯彻了习近平总书记提出的“以人为本”“以人民为中心”“人民至上”的指导思想,以“保护民事主体的合法权益”为立法宗旨,以“保护人民的人身权、财产权和人格权”为逻辑主线,全方位宣示和规定了民事主体在经济社会生活领域的各项民事权利。《民法典》第 1 条第 1 句就开宗明义:“为了保护民事主体的合法权益,根据宪法,制定本法。”《民法典》从第 1 条开始,按照一般权利、类型权利、项别权利、具体权利四个层次,构建了完整的、切实的民事权利体系。正如全国人大宪法和法律委员会委员、中国社会科学院学部委员孙宪忠研究员所言:“民法典从第一条开始到最后一条,都是围绕着承认和保护民事权利、指引主体如何行使权利展开的。”[48]也正如中国法学会民法学研究会会长、中国人民大学一级教授王利明所说:“民法典是权利保障的宣言书”,它“既确认了个人享有各项具体民事权利,明确了这些权利的具体内容和边界，又保护个人能够正常行使和主张权利，免受他人不法侵害。民法典不仅广泛确认了各类主体的财产权，以满足人们的物质生活需要，还广泛确认了人格权，以满足人们的精神生活追求”。[49]不仅如此，民法典如慈母般地对待每一个人，赋予每个人平等的权利，尤其是对社会弱者给予特别权利保护。

我国民法典构建了以人民为中心、以权利为本位的完整的权利体系。总则编对民事主体的法律地位和民事权利作出了一般规定，特别是第五章（总计 24 条）集中规定了具有普遍性、统领性的民事权利。物权、合同、人格权、婚姻家庭、继承、侵权责任 6 个分编分别规定了民事主体的物权，债权，人格权，婚姻和家庭领域的身份权、自主权，继承权，以及权利受到削弱、减损、侵害时的请求权和救济权等。在每一类权利和每一项权利之下，民法典又包含了更具体的权利规定。例如，在“物权”之下，民法典规定了所有权、用益物权、担保物权等。又如，在用益物权之下，民法典规定了土地承包经营权、建设用地使用权、宅基地使用权、居住权、地役权等。民法典还规定了一系列新兴权利或新的权利，如“居住权”以及事实上承认的“个人信息权”“数据权”“网络虚拟财产权”等，这在我国基本法律中尚属首次。此外，诸如“人格权”“隐私权”等权利，虽然在其他法律如《涉外民事关系法律适用法》（2010 年制定）、《妇女权益保障法》（2018 年修正）中也曾规定，但民法典第一次给予其明确界定，第一次赋予其具有科学性、人文性、时代性的丰富内涵。经粗略统计，在民法典 1260 个条文中，“权利”以及“权益”“有权”“×权”“××权”“自由”等概念和话语出现了 1500 余处，可谓“权利泛在”。

我国民法典在各类各项权利的配置上，把人格权置于优先位置，突出了人权保护，凸显了立法机关以人为本的法理思维。早在 20 多年前，著名民法学家谢怀栻先生就强调人格权在民事权利体系中应该居于首位。2018 年 8 月，全国人大常委会审议民法典分编草案时,部分委员建议把人格权编作为民法典的第二编(总则之后的第一编),其后才是物权编,以体现人格权的优先性。在最终出台的民法典文本中,虽然由于技术方面的原因没有把人格权编置于物权编、合同编之前,但是,在总则编第 109 条至第 132 条关于一般权利的规定中,前 4 条都是关于人身权、人格权等人权的宣示和保护。《民法典》第 109 条规定:“自然人的人身自由、人格尊严受法律保护。”《民法典》第 110 条规定:“自然人享有生命权、身体权、健康权、姓名权、肖像权、名誉权、荣誉权、隐私权、婚姻自主权等权利。法人、非法人组织享有名称权、名誉权和荣誉权。”《民法典》第 111 条规定:“自然人的个人信息受法律保护。任何组织或者个人需要获取他人个人信息的,应当依法取得并确保信息安全,不得非法收集、使用、加工、传输他人个人信息,不得非法买卖、提供或者公开他人个人信息。”《民法典》第 112 条规定:“自然人因婚姻家庭关系等产生的人身权利受法律保护。”其后,是关于物权、债权、知识产权、继承权等的规定。这不是一般意义上的条文顺序,而是精致的制度安排,符合人权与物权关系的基本法理,即物权和其他民事权利因人而存在,来源于人权,附属于人权,服务于人权,随着人权而演进。民法当中的人身权、人格权等属于“人权”范畴,财产权、物权、债权及其延伸权利属于“物权”(“财产权”)范畴。民法典总则编的权利安排既讲体系又讲法理,体现了以人为本的法理价值,彰显了新时代中国法治的法理精义。

总之,我国民法典构建了理念先进、符合国情、系统完备、层级分明、协调融贯的权利体系和保障制度,其对民事主体权利的规定之详尽、保障之有力、实施之可行、发展之可期,是人类历史上其他国家的民法典无可比拟的。这部以人民为中心、以保障和发展人民权利为核心要义的民法典,饱含着深厚的民族精神、鲜明的时代精神、崇高的人权精神,是中华民族历史上人权发展的里程碑,是世界人权文明中一颗璀璨的珍宝。

五、中国民法典必将在科学有效的实施中展现出更强大生命力

法律的价值在于实施，法律的生命在于实施，法律的权威也在于实施。我国历代政治家、思想家、法律家对此均有过精辟论述。先秦法家的代表人物韩非认为："世不患无法，而患无必行之法。"[50]汉代政论家、思想家王符说过："法令行则国治，法令弛则国乱。"[51]明代政治家、改革家张居正深刻地指出："盖天下之事，不难于立法，而难于法之必行。"[52]清末法学家、法律改革家沈家本认为："法立而不行，与无法等。"[53]近代著名思想家梁启超提出："立法非以为观美也，期于行焉，法立而必施，令出而必行。"[54]新中国成立以后，我们党和国家更是高度重视法律的实施，在20世纪50年代就提出"有法可依、有法必依"的法制要求；党的十一届三中全会进一步明确提出"有法可依、有法必依、执法必严、违法必究"的方针。党的十八大以来，习近平总书记强调"科学立法、严格执法、公正司法、全民守法"。党的十八届四中全会明确提出，要建设中国特色社会主义法治体系，形成高效的法治实施体系、严密的法治监督体系，强调"必须维护国家法制统一、尊严、权威，切实保证宪法法律有效实施，绝不允许任何人以任何借口任何形式以言代法、以权压法、徇私枉法。必须以规范和约束公权力为重点，加大监督力度，做到有权必有责、用权受监督、违法必追究，坚决纠正有法不依、执法不严、违法不究行为"。[55]针对有法不依、执法不严、选择性执法、司法不公等突出问题，习近平总书记指出："如果有了法律而不实施、束之高阁，或者实施不力、做表面文章，那制定再多法律也无济于事。全面推进依法治国的重点应该是保证法律严格实施，做到'法立，有犯而必施；令出，唯行而不返'。"[56]

岁月是最好的试金石。十年磨一剑，百年成一典。编纂民法

典十分不容易,而实施好民法典更加任重而道远。民法典出台后,以习近平同志为核心的党中央高度重视民法典的实施工作。5月29日,也就是民法典通过后的第二天,中共中央政治局便以“切实实施民法典”为主题举行第二十次集体学习。习近平总书记在主持学习时强调,全党要切实推动民法典实施,以更好推进全面依法治国、建设社会主义法治国家,更好保障人民权益。

为保证民法典科学有效实施,最高立法机关为民法典从公布到实施设置了7个月的准备期。这是非常必要的,亦有充分的法理依据。虽然民法典基本上是在原有单行法律的基础上编纂而成的,不是全新的法律,但与原来的几个单行法律相比,有一系列新规定、新概念、新精神,例如,人格权编就是全新的民事制度。再如,民法典关于特别法人的规定,关于农村土地“三权分置”的规定,关于保证合同、保理合同、预约合同、中介合同、物业服务合同等的新规定,关于登记离婚冷静期、离婚赔偿的新规定,夫妻共同债务规则,胎儿利益保护规则,遗产管理人制度,自甘风险规则,自助行为免责条款,医疗机构免责条款,针对环境侵害的惩罚性赔偿制度等,约有数百项新条款、新规定、新制度。如果没有准备期,不充分做好实施前的各项准备工作,必然出现认识滞后于法律、新法与旧法“打架”、民事主体无所适从、司法机关同案不同判、执法决定和司法裁定无法有效执行等混乱局面。

在准备期内,任务繁重。立法机关将对同民法典的规定和原则不一致的法律法规和国家有关规定进行清理,还要进行必要的法律解释,及时明确法律规定的含义和适用法律依据;司法机关将抓紧清理有违民法典的不合时宜的司法解释,完善相关民事司法解释,使之同民法典保持一致,统一民法典适用标准;行政机关将以民法典作为重要标尺,清理相关行政法规、规章和行政解释,规范行政管理和行政执法行为,促进行政执法与民法典的规定有机对接;全社会要广泛开展民法典普法工作,让民法典走到群众身边、走进群众心里，引导群众养成自觉守法的意识，形成遇事找法的习惯，培养解决问题靠法的意识和能力，为充分发挥民法典坚持主体平等、保护财产权利、便利交易流转、维护人格尊严、促进家庭和谐、追究侵权责任的价值功能创造良好环境。

习近平总书记指出："民法典在中国特色社会主义法律体系中具有重要地位，是一部固根本、稳预期、利长远的基础性法律，对推进全面依法治国、加快建设社会主义法治国家，对发展社会主义市场经济、巩固社会主义基本经济制度，对坚持以人民为中心的发展思想、依法维护人民权益、推动我国人权事业发展，对推进国家治理体系和治理能力现代化，都具有重大意义。"[57]把寄予民法典的这些合理预期和立法目的转变为现实，把写在纸面上的权利话语转化为身边的美好生活，使民法典真正发挥和充分显示其市场经济基本法律、社会生活百科全书、国家治理良法重器、人民权利坚强卫士的重要作用，这是民法典实施的全部意义所在，是我们推进民法典实施的重心所在，是民法典获得持久生命力的关键所在。从这个意义上说，民法典的诞生并不是民法典中国故事的完结，而是一个更富有活力的生命的开始，它将在实施中融入我们的经济社会生活，融入中华民族的价值体系，融入中国法治现代化的历史脉络，成为新时代中国法治和中国法理的永恒象征。

注　释

1 那时，我们还没有能力完全自主自力制定一部带有法典性质的现代民法，不得不聘请外国人主导立法。据说，松冈义正参照各国法例、斟酌各省调查报告，完成了民律总则、债权、物权三编的草案，并逐条诠释理由，其起草的条文数量约占《大清民律草案》条文总数量的 83.87%。1911 年 9 月，《大清民律草案》脱稿，被提交资政院审议。

2 据说，北洋政府司法部曾经通令各级法院，在裁判民事案件时，可将《民律草案》作为"事理""条理"（今日所言"法理"）援用，但尚未查到该通令原文。参见曾宪义、赵晓耕主编:《中国法制史》(第四版),北京大学出版社、高等教育出版社 2018 年版,第 342 页;谢振民编著,张知本校订:《中华民国立法史》(下册),中国政法大学出版社 2000 年版,第 748 页;梁慧星:《〈中国民法典草案建议稿附理由〉序言》,载北大法宝网,pkulaw. cn/fulltext_form. aspx? Gid = 335573048&Db = art,2020 年 8 月 1 日访问。

3 1949 年 2 月,中共中央发布《中共中央关于废除国民党的六法全书与确定解放区的司法原则的指示》(法律法学界称其为中共中央四九年“二月指示”),宣布废除国民党的伪法统和包括“民国民法”在内的“六法全书”。

4 作者在吉林大学法律系学习时,民法这门课叫作“民事政策”,老师讲的许多内容都来自民法草案试拟稿。

5 李建国:《关于〈中华人民共和国民法总则〉(草案)的说明——2017 年 3 月 8 日在第十二届全国人民代表大会第五次会议上》,载《人民日报》2017 年 3 月 9 日,第 5 版。

6 习近平:《充分认识颁布实施民法典重大意义　依法更好保障人民合法权益》,载《中国人大》2020 年第 12 期。

7 习近平:《在纪念孔子诞辰 2565 周年国际学术研讨会暨国际儒学联合会第五届会员大会开幕会上的讲话》(2014 年 9 月 24 日),载《人民日报》2014 年 9 月 25 日,第 2 版。

8 《牢记历史经验历史教训历史警示　为国家治理能力现代化提供有益借鉴》,载《人民日报》2014 年 10 月 14 日,第 1 版。

9 《管子・七臣七主》。

10 《荀子・君道》。

11 (汉)荀悦:《前汉纪》,卷十,“孝武皇帝纪一”。

12 (唐)吴兢:《贞观政要・政体》。

13 《尚书・五子之歌》。

14 《淮南子・氾论训》。

15 《墨子・尚贤》。

16 (唐)吴兢:《贞观政要・公平》。

17 《管子・牧民》。

18 (唐)吴兢:《贞观政要・公平》。

19 《韩非子・心度》。

20 (梁)萧子显:《南齐书》(简体字本)卷四十八,“列传第二十九・孔稚珪”,中华书局 2000 年版,第 567 页。
21 (宋)郑克:《折狱龟鉴译注》卷八,“何武夺财”,刘俊文译注点校,上海古籍出版社 1988 年版,第 461 页。
22 《管子·任法》。
23 (汉)司马迁:《史记》卷一百三十,“太史公自序”,中华书局 2006 年版,第 761 页。
24 (唐)长孙无忌等:《唐律疏议》卷一,“名例”,刘俊文点校,中华书局 1983 年版,第 3 页。
25 参见[德]鲁道夫·冯·耶林:《罗马法对现代世界的价值》,姚远译,载《厦门大学法律评论》(2013 年卷·总第二十一辑),厦门大学出版社 2013 年版,第 468-476 页;徐国栋:《查士丁尼及其立法事业——兼论法典法的弊端及补救》,载《法律科学》1990 年第 5 期。
26 《拿破仑法典(法国民法典)》,李浩培、吴传颐、孙鸣岗译,商务印书馆 1979 年版,译者序第 3 页。
27 转引自熊达云:《松冈义正与京师法律学堂的民法学教育》,载李卓主编:《南开日本研究》(2014),天津人民出版社 2014 年版,第 119 页。
28 《墨子》。
29 (宋)王安石:《临川先生文集》,中华书局上海编辑所编辑,中华书局 1959 年版,第 678 页。
30 [古希腊]亚里士多德:《政治学》,吴寿彭译,商务印书馆 1965 年版,第 199 页。
31 [日]穗积陈重:《法典论》,李秋铁译,商务印书馆 2014 年版,第 5 页。
32 《中共中央关于全面推进依法治国若干重大问题的决定》,载《求是》2014 年第 21 期。
33 习近平:《决胜全面建成小康社会 夺取新时代中国特色社会主义伟大胜利——在中国共产党第十九次全国代表大会上的报告》(2017 年 10 月 18 日),载《人民日报》2017 年 10 月 28 日,第 3 版。
34 习近平:《在十八届中央政治局第四次集体学习时的讲话》(2013 年 2 月 23 日),载中共中央文献研究室编:《习近平关于全面依法治国论述摘编》,中央文献出版社 2015 年版,第 43 页。
35 参见张文显:《治国理政的法治理念和法治思维》,载《中国社会科学》2017 年第 4 期。
36 《马克思恩格斯全集》(第 1 卷),人民出版社 1995 年版,第 347 页。

37 《毛泽东著作选读》(下册),人民出版社 1986 年版,第 713 页。

38 《〈中共中央关于全面推进依法治国若干重大问题的决定〉辅导读本》,人民出版社 2014 年版,第 54 页。

39 《商君书·更法》。

40 (清)沈家本:《寄簃文存》卷六,载(清)沈家本:《历代刑法考·附寄簃文存》(四),邓经元、骈宇骞点校,中华书局 1985 年版,第 2234 页。

41 《慎子·逸文》。

42 《商君书·壹言》。

43 《淮南子·主术训》。

44 《〈中共中央关于全面推进依法治国若干重大问题的决定〉辅导读本》,人民出版社 2014 年版,第 54 页。

45 这个意见数量仅次于 1954 年制定《中华人民共和国宪法》的过程中征集到的修改意见数量,那一次征集到 110 多万条修改完善的意见,创造了人类历史上民主立法的先河。

46 参见《充分认识颁布实施民法典重大意义　依法更好保障人民合法权益》,载《人民日报》2020 年 5 月 30 日,第 1 版。

47 王晨:《关于〈中华人民共和国民法典(草案)〉的说明——二〇二〇年五月二十二日在第十三届全国人民代表大会第三次会议上》,载《人民日报》2020 年 5 月 23 日,第 6 版。

48 孙宪忠:《民法典是国家治理现代化的重要提升》,载《经济参考报》2020 年 7 月 7 日,第 8 版。

49 王利明:《民法典是权利保障的宣言书》,载《光明日报》2020 年 5 月 24 日,第 3 版。

50 《盐铁论·申韩》。

51 《潜夫论·述赦》。

52 (明)张居正:《请稽查章奏随事考成以修实政疏》。

53 (清)沈家本:《刑制总考三》,载(清)沈家本:《历代刑法考·附寄簃文存》(一),邓经元、骈宇骞点校,中华书局 1985 年版,第 34 页。

54 (清)梁启超:《梁启超全集》(第 4 册),北京出版社 1999 年版,第 2468 页。

55 《中共中央关于全面推进依法治国若干重大问题的决定》,载《求是》2014 年第 21 期。

56 《〈中共中央关于全面推进依法治国若干重大问题的决定〉辅导读本》,人民出版社 2014 年版,第 55 - 56 页。

57 习近平:《充分认识颁布实施民法典重大意义　依法更好保障人民合法权益》,载《中国人大》2020 年第 12 期。

中国民法典的历史方位和时代精神*

编纂一部中国民法典，是全面依法治国的重大工程，也是法治中国的显著标志。新中国成立后，党和国家曾于 1954 年、1962 年、1979 年和 2001 年先后四次启动民法典的制定工作，但都因条件不具备或者决心不够大而搁置。党的十八届四中全会决定，在各个单项民事法律已经成熟、民事法律体系已经形成的情况下，编纂中国民法典。几年来，围绕“为什么要编纂民法典”“编纂一部什么样的民法典”“如何破解民法典编纂过程中的法理支撑、制度设计、方法论证问题”，法学界展开了广泛而深刻的研究、讨论、论辩，汇聚了智识，凝聚了共识，为《民法总则》的制定和民法典各分编（草案）的出台提供了科学有效的学理资源。本文拟就中国民法典的历史方位和时代精神略述己见，以期为正在审议的民法典各分编（草案）以及《民法总则》其后的修改提供可资参考的意见。

---

* 本文系作者 2018 年 5 月 26 日在中国社会科学院和对外经贸大学联合主办的“民法典编纂与法学研究范式座谈会”上的发言，后以《中国民法典的历史方位和时代精神》为题发表于《经贸法律评论》2018 年创刊号。

一、以新时代为历史方位

在中国共产党第十九次全国代表大会上，习近平总书记郑重宣布："经过长期努力，中国特色社会主义进入了新时代，这是我国发展新的历史方位。"[1]习近平总书记用五个"时代"来描述和定义新时代，指出："这个新时代，是承前启后、继往开来、在新的历史条件下继续夺取中国特色社会主义伟大胜利的时代，是决胜全面建成小康社会、进而全面建设社会主义现代化强国的时代，是全国各族人民团结奋斗、不断创造美好生活、逐步实现全体人民共同富裕的时代，是全体中华儿女勠力同心、奋力实现中华民族伟大复兴中国梦的时代，是我国日益走近世界舞台中央、不断为人类作出更大贡献的时代。"[2]

中国特色社会主义进入新时代的主要标志和基本依据是"我国社会主要矛盾已经转化为人民日益增长的美好生活需要和不平衡不充分的发展之间的矛盾"。新时代社会主要矛盾深刻变化的重大判断，是建立在科学把握我国社会发展规律、精准预测未来发展趋势并反复进行论证的基础上作出的。社会主要矛盾深刻变化是新时代中国社会发展的强大动力。在改革开放四十周年之际，以习近平同志为核心的党中央之所以要发现、认识和概括我国社会主要矛盾的新变化，就是为了找到新时代中国经济社会发展的历史方位和强大动力。党中央对新时代社会主要矛盾作出重大政治判断和科学论断，是中国共产党对人民美好生活需要的积极回应，是新时代党和国家一切工作的出发点和衡量标准，也是深化全面依法治国实践、推进国家治理体系和治理能力现代化的强大思想力量。

社会主要矛盾深刻变化带来的影响具有全局性、根本性和长期性。习近平总书记指出："我国社会主要矛盾的变化是关系全局的历史性变化,对党和国家工作提出了许多新要求。”[3]这个论断对我国新时代法治建设具有根本性、决定性的指导意义。进入新时代,我国社会主要矛盾转化之后,人民更加渴望党和国家厉行法治、依法执政、依法治国、依法行政,并对法治的内涵和标准提出了更高的要求,不仅要求有法可依,而且要求良法善治;不仅要求严格执法,而且要求规范文明执法;不仅要求公正司法,而且要求公开透明高效司法;不仅要求全民守法,而且要求良好、泛在、高效的法律服务;等等。当前,我国社会主要矛盾的深刻变化折射到法治领域,就是人民日益增长的高质量多样化法治需求与法治发展不充分不平衡之间的矛盾。一方面,民主法治、公平正义、安定有序、全面发展等成为人民美好生活的增量部分;另一方面,法律优质产品供给不足、立法不优、执法不严、司法不公、监督不力、权力制约失衡、权利保护缺位等问题在某些地方、某些领域仍很突出。在这种情况下,要加大法治改革力度和法治发展进度,推动法治“供给侧改革”,坚持科学立法、民主立法、依法立法,提高立法质量,产出更多良法,修订或废止依然存在的“劣法”“闲法”“恶法”,增强法律权威,强化法律实施,不断提升法治的现代化水平,提高法治满足人民需要的能力。法治建设要从国情出发,社会主要矛盾就是最基本的国情,所以要从新时代社会主要矛盾深刻变化出发去把握法治发展趋势和法治产品供需。社会主要矛盾深刻变化对民法典的编纂具有最直接、最深刻、最多向影响。制定民法典、完善民事法律体系,根本目的是更好地回应人民群众对美好生活的需要和向往。我们常说,民法是生活的“百科全书”,其理应回应新时代人民对美好生活的“百科”需要,特别是丰富权利体系的需要。

以上分析表明,中国特色社会主义新时代是编纂中国民法典的历史方位。所谓历史方位,首先是指我国发展所处的历史阶段。我国仍然处在社会主义初级阶段,但是,经过四十年的改革开放,特别是党的十八大以来全面深化改革、全面依法治国、全面从严治党、全面建设小康社会的不断推进，我国经济持续稳定并中高速发展，已经成为世界第二大经济体，在世界经济体系中具有举足轻重的地位和影响力，我国社会发展也达到了新的水平，但同时也面临许多新问题和新挑战。综合考察各项指标，我们仍需坚持发展中国家的定位，并根据这个定位来确定我国的民事法律制度，既不能罔顾国情、超越阶段，也不能因循守旧、墨守成规。

其次是指我国面临的国内外环境。我们要在中国和世界的关系中看中国、看世界，准确把握世情、国情、社情，统筹国内法治和国际法治两个大局。如今，世界不同法治文明交流互鉴是常态，我国要全面依法治国、建设法治中国，绝不能故步自封、盲目排外。习近平总书记指出："坚持从我国实际出发，不等于关起门来搞法治。法治是人类文明的重要成果之一，法治的精髓和要旨对于各国国家治理和社会治理具有普遍意义，我们要学习借鉴世界上优秀的法治文明成果。"[4]"我们有符合国情的一套理论、一套制度，同时我们也抱着开放的态度，无论是传统的还是外来的，都要取其精华、去其糟粕。"[5]在这个问题上，仍然需要我们继续解放思想，破除姓"资"姓"社"的僵化观念，消解"公"比"私"好的观念束缚，抵制形而上学思维。

坚持以新时代为历史方位，必须坚持立法的开放思维和全球思维，我们是在全球化的历史条件下编纂民法典和构建民事法律体系的，故必须面对世界多极化、经济全球化这个当今世界最鲜明的时代特征和发展趋势。世界多极化和经济全球化既有力地改变了人类的生产方式、生活样式和生存状态，也在深刻地影响着各个国家的法律制度和法律思想体系。在这样一个时代制定一部在世界上有影响力的民法典，必须保持开放的眼光和广阔的视野，实行开放立法，以虚心善学的态度借鉴国外民法典的经验，制定出具有21世纪的时代精神、可与世界民法融通兼容的中国民法典。

最后是指观察和思考问题的站位和基点。中国特色社会主义新时代是制定民法典的思维基点或理论坐标。时代的变化必然引起思维革命和话语转换。随着中国特色社会主义进入新时代，我们的指导思想、思维方式、概念和话语体系，包括民法思维、民法概念和话语已经发生很大变化，在编纂民法典的整个过程中，要不断强化中国特色社会主义新时代的理论意识、制度意识和实践意识，始终坚持以习近平新时代中国特色社会主义思想为指导：必须转变传统民法思维，升华民法概念体系，发现新问题，提出新概念，制定新规则，构建新体系，彰显新特色。

总之，只有以新时代为历史方位，才能深切地感受到我们比以往任何时候都更加需要一部中国民法典，才能科学地回答我国需要一部什么样的民法典以及如何制定出这样一部民法典，才能以强烈的历史使命感和责任感汇聚智识、凝聚共识、加快进度，才能制定出传承中华法治文明、吸纳国外民法精华、具有鲜明中国风格和世界风范的民法典，使新生的中国民法典成为人类社会的民法经典。

二、以人民为中心

首先要说明的是，这里的“人民”并不是一个政治概念、阶级概念，也不是指“大多数”或“绝大多数”人，而是泛指所有人、一切人，是自然人的共同体。以人民为中心，是马克思主义以人为本理念的中国表达。以人民为中心是当代中国社会主义的核心价值，是统领社会主义核心价值观的元价值，是中国特色社会主义法治价值体系的基石。从宏观上说，在法治领域，以人民为中心，就是坚持法治为了人民、依靠人民、造福人民、保护人民，把实现好、维护好、发展好人民根本利益作为法治建设的根本目的，把体现人民利益、反映人民意愿、维护人民权益、增进人民福祉、促进人的全面发展作为法治的出发点和落脚点，把社会主义核心价值观的要求体现在我国法律体系的各个部门、法律运行的各个环节、法治体系的各个方面。

在民法典编纂中，要始终坚持以人为本、以人民为主体、以人民为中心，恪守以民为本、立法为民崇高理念，使民法总则、各个分则、每项民事法律制度都贯彻社会主义核心价值观，符合宪法精神、反映人民意志、维护人民权益。党的十八届四中全会通过的《中共中央关于全面推进依法治国若干重大问题的决定》提出一个原创性命题，即“法律是治国之重器，良法是善治之前提”，学术界将其概括为“良法善治”。所谓“良法”，最根本的是法律法治体现社会良善价值，这是良法的真谛所在，是实质法治的基本要义。是不是良法善治，关键一点是看法律体系、法治体系以及国家治理体系是不是贯通以人民为中心的价值观和价值标准。

在中国特色社会主义新时代，以人民为中心的发展思想得到了充分展现，即从实质意义上的“为了人民”拓展为程序意义上的“依靠人民”。立法不仅为了人民，而且要依靠人民，实行民主立法、开门立法。民法典编纂工作应当把依靠人民体现于立法全过程，从程序上充分体现人民主体价值和实践价值，要把编纂民法典的过程作为大力凝聚以人民为中心的思想共识的过程。首先是凝聚法学界的共识，然后是整个社会的普遍共识。所谓共识，就是思想认识的最大公约数，就是各种利益的最大公约数，就是社会价值的最大公因子。编纂民法典要致力于凝聚法学界和社会各界对民事法律认识的最大公约数。由此，立法机关不必过分顾忌意见分歧和不同意见，而要着力把握好法学界和社会各界思想认识和价值标准的最大公约数。这也就是法国思想家卢梭所说的法律是“公意”而不是“众意”。依照这样的立法思维，即使有的意见是少数人的意见，但它可能代表着真正的公意，理应得到重视和尊重，立法机关也不必纠结于意见分歧，舍弃代表着真理和价值的“少数人意见”，而应通过论证等方法说服大多数人。只有真正让人民群众以各种不同形式和方式广泛参与到民法典的编纂程序中，民法典才可获得“人民法典”的美誉。

以人民为中心，就要贴近社会、贴近生活，处理好民法与社会生活的关系。民法来源于社会生活，回应社会生活需要，并引领着社会生活的方向和社会风尚。编纂民法典要充分发挥其在解决道德和社会风气领域突出问题中的作用，引导人们正确行使权利、自觉履行义务、切实担当社会责任和家庭责任。

三、以权利为本位

法治的真谛在于对权利的确认和保障，社会主义法治的根本宗旨在于尊重和保障人权和公民权利。尊重和保障人权和公民权利是现代法治国家的本质特征，是建设法治中国的强大动力，更是编纂21世纪中国民法典的根本遵循。民法典就其性质而言应当是一部权利法典，权利是民法典和民事法律体系的逻辑起点、神经中枢和制度本体。人民美好生活的需要集中表现为并且最终归结为权利需求和权利确认。人身权、人格权、财产权、继承权、平等权、参与权、政治权利和自由等，都是美好生活的权利表达。在法学领域，美好生活的需要与权利诉求是高度统一的，人民美好生活需要的任何一个方面其内容都是一项权利需要；人民美好生活需要的任何增量都是权利诉求的增加。总之，随便说一个美好生活需要，无不涉及权利和自由。

从学理上说，民法规则体系表现为一个概念体系，权利和义务居于这个概念体系的核心，其他民法概念都是从它们派生或演绎出来的，故权利和义务是民法的中心范畴或曰基本范畴。而在权利和义务之间，义务源于权利、服务于权利、服从于权利，权利又是基石范畴，具有前提性、根本性、统领性。所以，无论是民法精神，还是民法典的概念体系，都应当坚持以权利为本位。

以权利为本位,就要加强对权利和义务的深入研究。对权利和义务范畴的分析表明,权利和义务的形式和内容是随着时代的变迁、社会的发展、法制(法治)的进化而演进的。这就需要根据新时代新社会新演进而深化对权利和义务范畴的研究,特别是着力深化对权利的研究。伴随中国社会进入权利新时代,由转型期利益格局重整所激发的基本权利诉求,由信息技术、生物技术等新兴技术所催生的新兴权利诉求,由立法、执法和司法所产生的权利确认、权利保障、权利救济等制度和实践问题,都要求在权利概念和权利理论上得到科学论证与积极回应。例如,如何对待权利的概念,如何丰富权利的内涵,如何在以人为本的观念世界和以人民为中心的实践领域重新理解权利与义务的关系,如何证成权利的优先性,如何给程序性权利更多的关注等。可以预言,权利概念和权利理论研究必将进入又一个创新时代,必将为民法典的编纂提供科学而前卫的权利理论支持。

以权利为本位,就要加强新兴权利亦即权利新现象研究。进入改革开放新时期以来,我国社会快速迈向权利时代,权利备受关注和尊重,权利话语得到彰显和张扬。在当代中国,“权利”已经不仅是法学词语,而且延伸至社会生活的各个方面,成为一种信手拈来的日常话语,人们越来越习惯于“拿权利说事”,越来越急于把自己的利益和主张上升为权利、标榜为“人权”,越来越在意将权利自身视为某种“权力”甚至“特许”。在权利新时代,权利问题正以几何级数的速度增长,新的经济社会关系促进新兴权利与日俱增。抽象的、传统的权利概念衍生出许多新的具体的权利问题,例如,从人身权衍生出“生育权”“亲吻权”“贞操权”“悼念权”等;人的权利还没有从根本上解决,动植物的“权利”、机器人的“权利”却已被提上日程。对新兴、新型权利进行深入研究,我们就会看到既有的民法总则以及各个分编草案对新兴、新型权利关注不够。例如,很多新型财产权利包括无形财产权利没有覆盖,出现财产权利体系真空。

以权利为本位，就要认真思考如何把人权概念引入民法典，认真落实我国宪法关于尊重和保障人权的原则以及关于公民基本权利和义务的规定。民法典作为下位法，实际上是通过民法的方法来保障人权和公民基本权利以及法人的基本权益。人权是“人与生俱来的权利”“人作为人的权利”“人作为人应当享有的人权”，包括人身权、人格权、财产权、经济社会文化权利等。在人权和公民基本权利民法化问题上，我们总体上偏于保守。例如，在制定《民法总则》过程中，多个建议稿和审议稿关于权利的规定过于简单、过于拘谨，甚至过于保守，而且在许多权利面前都小心谨慎地加上“依法”二字，总是怕权利冲出民法规则的“笼子”，怕权利“被滥用”。后来，在法学界和社会各界的强烈呼吁和推动下，《民法总则》才单设了“民事权利”一章，即第五章，共 24 条，包括人身自由、人格尊严、生命权、身体权、健康权、姓名权、肖像权、名誉权、荣誉权、隐私权、婚姻自主权、个人信息权、物权（所有权、用益物权和担保物权等）、知识产权、网络虚拟财产权利、股权和其他投资性权利、债权、继承权等，积极回应了人民的权利需要和诉求。

坚持以权利为本位，就要为法律实施中的权利推理留有足够的空间。权利推理是最重要的法律方法，它首先表现为权利发现或权利体系扩充。世界上任何一部民法典都不可能像流水账那样把人们应当享有的民事权利一一列举出来，故民事主体的权利不是仅限于法律明文宣告，而是有很多没有“入账”的、没有列入“清单”的权利，或者被“遗漏”的权利。这些权利要靠法律推理来发现、拾取和确认。权利推理就是根据社会经济、政治和文化发展水平，依照法律精神、法律逻辑和法律经验来发现、拾取和确认权利。编纂民法典应充分考虑到权利未尽的立法局限，而为执法、司法留有余地。美国宪法创造了权利推理的范例。《美国宪法》第九修正案规定：“不得因本宪法的某些权利，而认为凡由人民所保留的其他权利可以被取消或抹煞。”国内外的立法和司法实践说明法律上明示的权利只是一个不完全的权利清单，在此之外，权利是发展的。权利没有确定的量，不能因为法律没有明确宣告而否定某些应有权利的存在。以保护人权和民事权利为目的的法律推理的一个重要功能，就是去发现法律精神和法律原则肯定会包容的权利。例如，关于精神损害赔偿的诉求，是在没有实在法规定的情况下，率先由人民法院判决和司法解释予以确认和保障的。再如，对于环境权，我国现行民事法律并没有明文规定，但是在司法实践中各地法院通过权利推理的方法肯定了环境权并给予司法保护。

法律实施中的权利推理其次表现为自由推定，即“法不禁止即自由”。凡是法律没有禁止的，都是合法或准许的；每个人只要其行为不侵犯别人的权利和公认的公共利益，就有权利（自由）按照自己的意志活动。这些都是权利推理的典型。在市场经济和信息社会条件下，社会生活空前丰富，什么事情都由法律明确规定下来，特别是人们可以做什么的自由都由法律规定，那是不可能的，也没有必要。因此，我国的民法典应像法国《人权和公民权利宣言》那样宣告或默认自由推理的法律原则。法国《人权和公民权利宣言》规定：“法律只有权禁止有害于社会的行为。凡未经法律禁止的一切行动，都不受阻碍。”当然，这里所说的“不受阻碍”，是不受法律的阻碍，至于行为是否符合社会道德、公认的价值标准、公序良俗，那是另外一个问题。正如马克思一百多年前所说，“在法律上既未明文规定，也未加以禁止”，不是一个违法的问题，而“仅仅是一个妥当与否的问题”。[6]

法律实施中的权利推理最后表现为保护社会弱者的原则。“社会弱者”在宏观层面是指社会弱势群体，例如未成年人、老年人、残疾人、妇女、消费者、贫困户等；在微观层面泛指权利受到侵害或极易受到侵害的个人，例如人身权、人格权、财产权等因他人的过错而受到侵害的自然人等。依据权利推理的原则和方法，在编纂民法典中，要在坚持法律平等的前提下，对社会弱者实行特殊的民事权利保护。

四、以法理为依归

这次编纂民法典的一个十分鲜明的特征，就是强调讲法理，以法理为支撑、为依归。2016 年，全国人大常委会法工委在向全国人大常委会所作的关于《民法总则》草案的立法说明中首次提出立法应该“讲法理、讲体系”。2017 年 3 月 8 日，在第十二届全国人大第五次会议上，中共中央政治局委员、全国人大常委会副委员长李建国在对《民法总则》草案作出说明的时候指出，在《民法总则》草案起草过程中，党中央和全国人大强调“既坚持问题导向，着力解决社会生活中纷繁复杂的问题，又尊重立法规律，讲法理、讲体系”。讲法理，就是要讲民事权利、义务和责任的“正当性”“合理性”，讲民法的精神内核、核心价值，讲民法的美德；讲体系，就是讲民法典内容的完备性、逻辑的严谨性等。

在编纂民法典中，“讲法理”很重要。依我的理解，“法理”作为词语和概念，体现了人们对法的规律性、终极性、普遍性的探究和认知，体现了人们对法的目的性、合理性、正当性的判断和共识，体现了人们对法律之所以获得尊重、值得遵守、应当服从的那些内在依据的评价和认同。法理是一个综合概念，包容了一切美好的价值元素和法律公理；法理是一个文化概念，体现了法律和法治文化传统中定分止争、惩恶扬善、公平正义、法正民安的智慧和美德，积淀着法治文明的优秀成果；法理是一个具有普适内涵的概念，融通了古今中外关于法和法治的原理、理论、学说、共同价值；法理是一个实践理性概念，源于实践、在实践中凝练、在实践中运用、在实践中发展。在法律体系中，法理几乎是无处不在，它们像一个个精灵在法律的灵魂深处跳跃；它们穿越于法律体系的时空中，播扬在法律和社会生活的广阔领域;它们激活了法律的生命之原,点亮了法治的理性之光。

在编纂民法典之初和全部过程中,首先要厘清中国民法的核心法理、基本法理、具体法理,构建中国民法的法理体系。诸如生命无价、人身自由、人格尊严、性别平等、财产神圣、契约自由、诚实信用、公平正义、公序良俗、环境正义、权利救济、定分止争等,都是中国民法中的核心法理。在民法典编纂中,以法理为依归,就是要以民法的核心法理为依归,要遵循民法公理、民法通理。

例如,在物权法中,物有其主是最原始的物权法理,而物尽其用、物权效率、物权公益等则是当代中国物权非常重要的法理。物有其主,是物权法(财产权法)原始的任务,但如果仅仅停留在物有其主上,那这个物权法将是落后的法律。人类可以利用的地球资源日益枯竭,人口急剧膨胀,使人均可以占有的自然资源比工业文明之前减少了几百倍,资源成为越来越稀缺的东西。在这种情况下,必须强调物尽其用的法理。任何单位和个人都没有权利、没有资格、没有理由浪费稀缺的物质资源,诸如土地、水源、矿产等。除了物有其主和物尽其用外,物权法的基本法理,还有财产安全、财产正义、财产公益、财产效率等。这些都应当得到充分的观照和体现。

再以婚姻家庭法为例。男女平等、婚姻自由、一夫一妻等是婚姻法的核心法理。在现实生活中,还有很多在男女平等基础上更加关怀女性的法理。2015 年 9 月 27 日,中国国家主席习近平在全球妇女峰会上指出:"妇女是物质文明和精神文明的创造者,是推动社会发展和进步的重要力量。没有妇女,就没有人类,就没有社会。"[7]编纂民法典的过程中,无论是修改婚姻家庭法还是制定人格权法,都应当充分考虑这些意涵深刻而进步的女权法理,并渗透在具体的法律条文之中。

另以侵权责任法为例。依法理,对利益的保护可采用两种方法,一是权利保护,即把利益确认、宣告、明示、规定为权利,这是一种肯定式(positive)保护;二是责任保护,即把对利益的侵害规定为违法行为,并对其追究法律责任,这是一种否定式(negative)保护。在民事法律中如何恰当地运用这两种法律保护方法,民法典各分编(草案)应当在深入研究的基础上作出更为合理的选择。

以法理为依归,一方面,要传承中华优秀法律文化的思想精华,包括讲仁爱、重民本、守诚信、崇正义、尚和合、求大同等核心思想理念,这些思想理念与民法的理念和原则是相通的,它们渗透进民法典,就会转化为具有普适意义的民法法理。另一方面,要着力体现当代中国的法理。我们说的当代中国法理,既包括人类社会共同认可的普遍法理,更包括中国革命、建设、改革历史征程中形成的现代法理,特别是中国特色社会主义新时代法理。新时代的中国法理,集中体现在习近平新时代中国特色社会主义思想体系中。习近平总书记不仅强调要学会运用法治思维和法治方式治国理政,而且善于运用法理思维和法理话语提升中国特色社会主义法治理论的解释力、感召力,夯实全面依法治国重大部署和改革方案的法理基础。他在《之江新语》中,提出和阐述了一系列与民法和法治经济相关的深刻法理。例如,他指出:"市场经济必然是法治经济。市场经济的高效率就在于价值规律、竞争规律、供求规律的作用,但发挥市场经济固有规律的作用和维护公平竞争、等价交换、诚实守信的市场经济基本法则,需要法治上的保障。如果不从法律上确认经济实体的法人资格,企业就不能成为真正的市场竞争主体。如果缺乏维护市场秩序的法治保障,市场行为就会失当,市场信息就会失真,公平竞争就会失序。如果缺乏对不正当市场行为进行惩防的法治体系,守信者利益得不到保护,违法行为得不到惩治,市场经济就不能建立起来。从这一意义上说,市场经济就是法治经济。推进法治建设的一个重要动因,就是要反映和坚持社会主义先进生产力的发展要求,坚持为社会主义市场经济服务,坚持平等、自由、正义、效率等社会主义市场经济内在价值的追求。”[8]“要坚持和完善社会主义基本经济制度，毫不动摇巩固和发展公有制经济，毫不动摇鼓励、支持、引导非公有制经济发展，推动各种所有制取长补短、相互促进、共同发展。”[9]“公有制经济和非公有制经济都是社会主义市场经济的重要组成部分，都是我国经济社会发展的重要基础；公有制经济财产权不可侵犯，非公有制经济财产权同样不可侵犯；国家保护各种所有制经济产权和合法利益，坚持权利平等、机会平等、规则平等，废除对非公有制经济各种形式的不合理规定，消除各种隐性壁垒，激发非公有制经济活力和创造力。”[10]这些法理论述显然是民法典最根本的法理依据。

以法理为依归，还要善于在交叉学科中发现新法理。传统民法学，尤其像物权法学，许多概念和理论局限在法学固有的知识体系之内难以自拔、难以创新。例如，现行《物权法》关于“物”“物权”等概念的定义过于陈旧、过于“老化”。我们知道，英文中“property”这个词，一是指财产本身，二是指财产权利。在 20 世纪以前，人们通常是在具象物品的意义上界定“物”“财产”，在占有关系上界定“物权”“财产权”。20 世纪以来，特别是 50 年代以来，西方产权经济学彻底改变了“物权”“财产权”的概念。产权经济学家大多是从财产是稀缺资源、财产权起源于资源稀缺的矛盾来界定财产权的。物已不是单纯的自然属性的“物品”，而是社会属性的物品，是生产要素、物质资源，物权则是财产权，包括一个人或其他人受益的权利（阿尔钦语）；是帮助人们在互相打交道时能够树立合理预期的工具（德姆塞茨语）；财产所有者实际上所拥有的是实施一定行为的权力（科斯语）；财产权不再简单地被看作人与外界稀缺物之间的关系（如对物的占有关系），而是人在使用这一稀缺物时与他人所发生的行为关系。《物权法》对“物”“物权”的定义仍停留在或基本停留在自然属性意义上的“物品”“物的权利”上，而没有关注经济学意义上物的资源性、稀缺性；将物权停留于“物归其主”，而没有充分关注“物有其主”“物尽其用”“物权正义”“物权公益”等的对立统一关系上。

五、以宪法为统领

在制定物权法的过程中，学者曾经围绕宪法与民法的关系进行了一场大论战。这次论战的直接成果是《物权法》在其第 1 条中写进了“根据宪法，制定本法”，其间接成果是厘清了宪法和民法的关系。

从历史的维度来看，民法在法律起源和法制发展史上先于宪法而出现并存在，但是因为民法不能有效保护私权而产生了宪法。以财产权(物权)的保护为例，就是因为私法(无论是习惯法还是成文法)不能有效保护私有财产，而必须由规范和约束公权力的宪法或类宪法规定对财产权这一私权实施保护。英国 1215 年的《大宪章》，堪称世界上第一部宪法性文献，其产生的直接原因就是要确定税费法定原则，限制国王滥收税费。其后的宪法文件无不明确宣布对私有财产的法律保护。1789 年法国《人权和公民权利的宣言》第 17 条规定：“财产权神圣不可侵犯，除非是合法认定的公共需要所显然必需，并以公平而预先赔偿为条件，任何人的财产权都不得被剥夺。”同年生效的世界上第一部成文宪法——《美国宪法》第五修正案中也规定“未经正当法律程序不得剥夺任何人的生命、自由或财产；凡私有财产，非有相当赔偿，不得占为公有”。《德国宪法》第 14 条规定：“财产权及继承权应予保障，其内容与限制由法律规定之。”《俄罗斯联邦宪法》第 35 条规定：“1. 私有财产权受法律保护。2. 每个人有权拥有私有财产，有权单独或与他人共同占有、使用和分配这些财产。3. 任何人都不能被剥夺属于自己的财产，法院决定的除外。为国家需要而把财产强制性地划归国有，只有在事先和等值补偿的情况下才能进行。4. 继承权受保护。”

《越南社会主义共和国宪法》第58条规定:“公民有权拥有合法收入、储蓄、房屋、个人财产、生产工具,在企业或其他经济组织中的资本或资产。”从近现代宪法的发展历程看,上述宪法或宪法性文件均确认和贯彻了私有财产不可侵犯的原则,即近代的物权原则,并以此确认和维护该社会的经济关系和经济制度。

从逻辑的角度看,宪法构成了包括民事权利在内的整个法律权利体系的规范来源。现代社会的权利种类无限丰富,具体权利琳琅满目,但抽象来看,无非是人权和物权两大类。人权和物权构成现代宪法和现代法律体系的两大支柱。民法当中的人身权、人格权等属于人权范畴的规定,财产权及其延伸权利属于物权范畴的规定,均源于宪法的人权原则和物权原则。我国现行宪法为民法典确定了根本性制度前提。当然,还应正确认识和处理人权与物权的关系,其关系是:物权源于人权(属于广义的人权),物权从属于人权,物权服务于人权,物权随着人权而演进。如何认识和处理人权原则与物权原则的关系,本质上是民法典“以人为本”还是“以物为本”的问题。早在20多年前,著名民法学家谢怀栻先生就强调人格权在民事权利体系中应该居于首位。2018年8月,全国人大常委会审议民法典分编草案时,部分委员建议把人格权编作为民法典的第一编,其后才是物权编,以体现人格权的优先性。

从法律体系的角度看,宪法是国家各种制度和法律法规的总依据。宪法与国家前途、人民命运息息相关。我国宪法以国家根本法的形式,确认了中国共产党领导中国人民进行革命、建设、改革的伟大斗争和根本成就,确立了中国共产党的领导是中国特色社会主义最本质的特征,确立了工人阶级领导的、以工农联盟为基础的人民民主专政的社会主义国家的国体和人民代表大会制度的政体,确定了社会主义基本经济制度、国家的根本任务、领导核心、指导思想、发展道路、奋斗目标,规定了社会主义法治原则、民主集中制原则、尊重和保障人权原则，规定了公民的基本权利和义务，等等。我国宪法反映了我国各族人民共同意志和根本利益，具有最高的法律地位、法律权威、法律效力。民法是实施宪法的基本法律，民法典的编纂必须旗帜鲜明地根据宪法、恪守宪法原则、弘扬宪法精神、履行宪法使命，维护宪法权威和尊严，保障宪法在民事领域得到真正的贯彻实施，必须经得起合宪性审查。

新时代的首次修宪，即现行宪法的第五次修改，为民法典提供了充分的“立法依据”，也为民法典确立了“宪法规范”。这次修宪明确提出“推动物质文明、政治文明、精神文明、社会文明、生态文明协调发展”，并相应地将“把我国建设成为富强、民主、文明的社会主义国家”修改为“把我国建设成为富强民主文明和谐美丽的社会主义现代化强国”。这一修改，使“五大建设”归结于“五大文明”，彰显出中国特色社会主义总体布局的文明指向，也为民法典确立了根本遵循。

这次修宪，把贯彻新发展理念写入宪法，具有重大的意义。党的十八届五中全会提出了创新、协调、绿色、开放、共享的新发展理念。创新是引领发展的第一动力，协调是持续健康发展的内在要求，绿色是永续发展的必要条件和人民对美好生活追求的重要体现，开放是国家繁荣发展的必由之路，共享是中国特色社会主义的本质要求。习近平总书记指出：“这五大发展理念，是‘十三五’乃至更长时期我国发展思路、发展方向、发展着力点的集中体现，也是改革开放 30 多年来我国发展经验的集中体现，反映出我们党对我国发展规律的新认识。”[11]五大发展理念“在理论和实践上有新的突破，对破解发展难题、增强发展动力、厚植发展优势具有重大指导意义”，[12]“必须贯穿于‘十三五’经济社会发展的各领域各环节”。[13]法治建设作为经济社会发展的重要领域，更要创造性地贯彻落实新发展理念，将新发展理念融入社会主义法律体系、法治体系和全面依法治国的各个领域、各个环节，形成有利于创新发展、协调发展、绿色发展、开放发展、共享发展的法治环境。新发展理念给民法典相关民事制度特别是民法总则、物权制度、债权制度等确立了基本理念和基本原则。完整而精准地体现宪法确认的新发展理念,必将使我国民法典彰显出 21 世纪的中国精神、时代风采,为世界各国民法典的创新发展提供中国智慧和中国方案。

这次修宪,把倡导社会主义核心价值观作为宪法重要内容。社会主义核心价值观是当代中国精神的集中体现,凝结着全体人民共同的价值追求。党的十九大提出,要把社会主义核心价值观融入社会发展各方面,转化为人们的情感认同和行为习惯。2017 年,中共中央办公厅、国务院办公厅印发了《关于进一步把社会主义核心价值观融入法治建设的指导意见》,提出“要坚持以社会主义核心价值观为引领,恪守以民为本、立法为民理念,把社会主义核心价值观的要求体现到宪法法律、法规规章和公共政策之中,转化为具有刚性约束力的法律规定”。2018 年,宪法修正案将“国家倡导社会主义核心价值观”写进总纲。进行这样的修改,以法治体现道德理念、强化法律对道德建设的促进作用,有利于在全社会树立和践行社会主义核心价值观,巩固全党全国各族人民团结奋斗的共同思想道德基础,为实现“两个一百年”奋斗目标、实现中华民族伟大复兴的中国梦提供强大的价值引导力、文化凝聚力和精神推动力。根据党的十九大精神和宪法修正案,前不久,中共中央印发了《社会主义核心价值观融入法治建设立法修法规划》(以下简称《规划》)。《规划》强调要着力把社会主义核心价值观融入法律法规的立改废释全过程,确保各项立法导向更加鲜明、要求更加明确、措施更加有力,力争经过 5 年到 10 年时间,推动社会主义核心价值观全面融入中国特色社会主义法律体系。《规划》特别强调指出,要加快推进民法典各分编的编纂工作,用社会主义核心价值观塑造民法典的精神灵魂,推动民事主体自觉践行社会主义核心价值观。在此背景下,在《民法总则》已经将社会主义核心价值观确立为民法基本原则的基础上，要在民法典的总则和全部分则中充分体现社会主义核心价值观，提升民法典的内在质量，使中国民法典成为良法典范。

六、以科学为支撑

编纂民法典，与任何重要立法一样，必须以极其严肃认真的科学态度来对待。科学是对事物存在的本质及其发展规律的认知，民法典的编纂工作应当建立在科学认知和科学精神之上。马克思说："立法者应该把自己看作一个自然科学家。他不是在制造法律，不是在发明法律，而仅仅是在表述法律，他把精神关系的内在规律表现在有意识的现行法律之中。"[14]毛泽东同志 1954 年主持起草新中国第一部宪法时就说过："搞宪法是搞科学。"[15]"宪法的起草是慎重的，每一条、每一个字都是认真搞了的。"[16]2018 年的宪法修改同样体现出科学精神，是科学编纂民法典的前奏。

第一，以科学为支撑，就是以科学的法学理论和民法理论为支撑。没有科学的法学理论，就不可能产生伟大的民法典。然而，到目前为止，编纂民法典的理论准备还很不充分、很不到位，且不说一些重大的基础问题和前沿问题尚未形成理论概括，尚未取得理论共识，就是一些关键概念也还没有作出清晰的界定或阐释。例如，什么场景用"权利"，什么场景用"权益"，什么场景用"合法权益"，并没有经过科学界定和缜密分析。又如，物权法保护的对象是"财产"还是"财产权"？如果保护的是"财产"，其对象是收入、储蓄、投资、房屋等生活资料和生产资料，动产和不动产；如果保护的是"财产权""产权"，其对象则是（财产的）所有权、占有权、支配权、使用权、收益权、处置权、继承权、排他权等。在民法典草案中多处是混淆的。另外，如何界定或阐释人格、人格权、人格法？这是民法典人格权编的逻辑前提和法理基础。马克思把人的发展亦即社会演进划分为三个阶段(三种形态),即以人对人的依赖关系为基础的形态,以人对物的依赖性为基础的形态,以人的全面发展为基础、以人的自由为标志的形态。[17]每一个阶段,每一种形态,都有自己与经济关系和社会文明相适应的法权关系。英国法律史学家梅因十分精辟地指出:"迄今为止,所有社会的进步运动,是一个'从身份到契约'的运动。"[18]循着这种历史演进,人类社会成员经历了从人身依附到人格独立(人格自由)、人格尊严的漫长过程,当人格独立和人格尊严成为普遍现象时,就产生了人格权诉求和以宪法法律来保护人格权的需要。所以,人格权的本源意义是人格独立、人格自由、人格尊严、人格感受,依此推理,姓名权、肖像权、名誉权、荣誉权、隐私权、个人信息权、不受骚扰(特别是性骚扰)的权利都可归属于人格权。但是,把身体权、健康权等也包括在人格权当中,就很难理解。党的十九大报告强调:"加快社会治安防控体系建设,依法打击和惩治黄赌毒黑拐骗等违法犯罪活动,保护人民人身权、财产权、人格权。"党的十九届二中全会提出"要保障公民的人身权、财产权、人格权和基本政治权利各项权利不受侵犯,保证公民的经济、文化、社会等各方面权利得到落实,保证公民在法律面前一律平等,切实尊重和保障人权"。我们注意到,两次会议都是把"人身权""人格权"并列的。这就提出一个问题,在民法典各分编(草案)中如何界定人身权和人格权及其范围,以避免把属于人身权的身体权、健康权等置于人格权。此外,人格权作为基本人权,不得剥夺,亦不得放弃、转让、继承,这是现代法治国家的通识性法理。然而,民法典各分编(草案)人格权编却在第775条规定:"人格权不得放弃、转让、继承,但是法律另有规定的除外。"难道自然人与生俱来的人权或公民的基本权利可以由法律规定而加以放弃、转让、继承吗?这些概念问题的存在,提醒我们在立法尤其是民法典编纂中,务必高度重视对概念进行语义和意义分析,注意核心概念、普遍概念的规范性、科学性、精准性,同时注意民法典体系中乃至整个法律体系中核心概念和普遍概念应具有内在的一致性和外在的统一性，还要避免同一概念在民法与其他法律部门之间互相冲突，从而影响社会主义法律体系的内在统一性。

第二，以科学为支撑，要求编纂民法典须全面探知和自觉运用规律。习近平总书记指出："科学立法的核心在于尊重和体现客观规律"，[19]即尊重和体现经济、政治、文化、社会、生态建设与发展客观规律，使法律准确适应改革发展稳定安全需要，公正合理地协调利益关系；尊重和体现人的自然性、社会性、人文性规律。数千年的法治文明史充分证明，新中国法制建设的历史经验和教训也告诉我们，法律要立得住、行得通、真管用，立法者必须实事求是、求真务实，注重发现规律、尊重规律、顺应规律，使法律成为科学的法律，与作为法律调整对象的各种关系的存在和发展规律保持一致，而不能蔑视规律、抗拒规律。正在编纂之中的民法典要想成为一部经得起历史、实践、法理检验的科学的民法典，立法机关和立法专家就要致力于调查研究，把民法赖以存在的经济规律、社会规律、人文规律、人性规律、主客体关系规律、财产关系规律、合同关系规律以及众多的因果关系规律以及权利义务责任规律揭示出来，形成系统的民事法律科学理论，为民法典提供科学前提。民法典编纂要尊重和遵循已经揭示出来的规律，而不能受这样或那样的话语、舆论或争论的干扰和影响。

第三，以科学为支撑，必然提倡反思批判精神，对民法及相关法律既有的概念、规则、原则等要坚持审视、反思和批判态度，这是科学精神的标志。作为一种思想和思维方法，反思就是复而思之，反过来而思之。反思的特点在于它把既定的思想和认识作为再思想、再认识的对象，特别是通过对思想和认识据以形成的那些"前提"（无论是感性的前提、知性的前提，还是价值的前提）的批判而提升或更新人们的思想和认识。在立法中，运用反思方法，就要对包括民法总则、物权法、合同法、婚姻家庭法、继承法、担保法、侵权责任法、知识产权法等在内的现有民事法律的概念、规则、原则、原理等认知成果的科学性、合理性、时代性保持审视和反思态度，尤其是要对民法学的认识“前提”，即规范民法学家思想内容、思想方式、思想热点的那些“逻辑支撑点”（思想的根据和原则）作出大胆的质疑或批判。民法学体系中若干思想“根据”和“原则”实际上并非是不证自明、天经地义的，而是可疑的、可批判的。例如，对于党和国家的政策在中国民法中的法律渊源或效力问题，《民法总则》最终予以排除，这显然是“逻辑支点”出了问题。1986 年通过的《民法通则》第 6 条规定：“民事活动必须遵守法律，法律没有规定的，应当遵守国家政策。”这一规定符合中国国情，符合当下重大社会关系由政策调整或由政策和法律共同调整的现实，也符合由中国共产党执政的国家治理体系中政策与法律的真实关系。但是，《民法总则》却一改这一条文而规定：“处理民事法律关系应该依照法律规定，法律没有规定的适用习惯，但不得违背公序良俗。”这就把政策排除在《民法总则》之外了，这是一个不该发生的失误。它放弃了《民法通则》的相关规定，也有违“确保政策和法律一起有效实施”的社会主义法治原则和法学理论。虽然，因为《民法通则》仍没有废止，《民法通则》关于政策之法律渊源的规定依然有效，法院办案依然可以依照或参照相关政策，但是《民法总则》释放出来的排除政策法源地位的信号必将产生连锁性负面影响。在编纂民法典的过程中，就要对此持反思和批判态度，并予以修正。

反思也是一种批判。马克思提出，辩证法总是“在对现存事物的肯定的理解中同时包含对现存事物的否定的理解”，“对每一种既成的形式都是从不断的运动中，因而也是从它的暂时性方面去理解”，“辩证法不崇拜任何东西，按其本质来说，它是批判的和革命的”。[20]立法中的反思方法决定了它的批判本质和批判精神。作为辩证法的批判，其目的不是否定一切，不是任意放纵，而是使人们的认识更加接近实际，使实践更加符合民事活动和民事关系的客观规律;作为辩证法的批判是一种理性批判。没有批判精神,动不动就提《法国民法典》《德国民法典》《瑞士民法典》《日本民法典》如何规定,这就很容易导致民法的“西方中心主义”或“民法教条化”。

第四,以科学为支撑,就要以科学的立法技术编纂出高质量高水平的民法典。编纂一部伟大的民法典,只有科学的法学理论和民法思想是不够的,还要有一套精致的立法技术把这些理论、思想转化为规则,转化为具体的权利、义务、责任,这就是法律技术(方法)的功能所在。比如说,我们使用的概念表述、法律条文、规则构成等应当具有可解释性,具有人们信得过的论证和说理性,能够扩展民事活动主体的思维空间。一部优秀的民法典必须是制定得良好的法典,而良好的标准表现在:法律规则确定的行为标准适度、可遵守、可执行、可适用,不强人所难,权利、义务、责任对等均衡,公开透明,标准统一,普遍适用,连续稳定,非溯及既往,规则与规则、分编与分编、法律部门与法律部门、实体法与程序法之间协调一致等,同时还要为人们合乎逻辑地发现潜在的新规则留有足够的空间。所以,我们要把法律科学与法律技术(方法)有机统一起来,确保中国民法典的“良法”属性,力争超越法、德、瑞、日等国民法典而后来居上。没有科学理论,没有法理思维,民法典的编纂就是盲目的、缺乏灵魂的;而没有法律技术(方法),思想、理论和法理也转化不成规则,那也就没有实在法律的存在了。它们的关系就像思想和修辞的关系一样。马克思主义之所以具有广泛深刻的影响,除了它思想的深邃和伟大之外,其精道翔实的史料、科学的概念、经典的命题、绝妙的格言、幽默的表达等修辞方法的使用,也使这种思想具有强大的真理力量和感召力。习近平总书记的讲话之所以给人们留下深刻的印象和产生强大的感染力,也得益于思想和修辞的完美结合。所以,要制定出一部21世纪的经典民法典,必须注重法律学、法理学、“法教义学”、法律方法的完美结合。在这个意义上,编纂民法典绝不只是民法学界的孤军奋战,而是整个法学界的共同事业。希望民法典的编纂过程是一个民法对整个法学开放的过程,是立法机关面向公众开放的过程,是一个包容不同意见和见解的过程,希望看到更多的法理学家、宪法学家、商法学家、经济法学家、环境法学家、诉讼法学家等参与到民法典的编纂之中,集法学界广泛共识和智慧,编纂出一部无愧于新时代的民法典。

第五,以科学为支撑,还要树立问题意识,强化问题导向。习近平总书记指出,要学习掌握事物矛盾运动的基本原理,不断强化问题意识,积极面对和化解前进中遇到的矛盾。问题是事物矛盾的表现形式,我们强调增强问题意识、坚持问题导向,就是承认矛盾的普遍性、客观性,就是要善于把认识和化解矛盾作为打开工作局面的突破口。在一系列关于法治的讲话中,习近平总书记强调,包括法治改革在内的重大改革,都要树立问题意识,坚持问题导向。他还指出:"要坚持问题导向,切实提高法律的针对性、及时性、系统性、协调性,发挥立法凝聚共识、统一意志、引领公众、推动发展的作用。"[21]整个法治建设和法治改革要以问题为导向,民法典的编纂更应当坚持问题导向,直面民事法律领域的突出问题,积极回应人民群众的美好期待。

注　释

1　习近平:《决胜全面建成小康社会　夺取新时代中国特色社会主义伟大胜利——在中国共产党第十九次全国代表大会上的报告》(2017 年 10 月 18 日),人民出版社 2017 年版,第 10 页。

2　习近平:《决胜全面建成小康社会　夺取新时代中国特色社会主义伟大胜利——在中国共产党第十九次全国代表大会上的报告》(2017 年 10 月 18 日),人民出版社 2017 年版,第 10 – 11 页。

3　习近平:《决胜全面建成小康社会　夺取新时代中国特色社会主义伟大胜利——在中国共产党第十九次全国代表大会上的报告》(2017 年 10 月 18 日),人民出版社 2017 年版,第 11 页。

4 中共中央文献研究室编:《十八大以来重要文献选编》(中),中央文献出版社 2016 年版,第 186－187 页。

5 习近平:《在省部级主要领导干部学习贯彻党的十八届四中全会精神全面推进依法治国专题研讨班上的讲话》(2015 年 2 月 2 日),载中共中央文献研究室编:《习近平关于全面依法治国论述摘编》,中央文献出版社 2015 年版,第 35 页。

6 《马克思恩格斯全集》(第 1 卷),人民出版社 1956 年版,第 214 页。

7 习近平:《促进妇女全面发展　共建共享美好世界——在全球妇女峰会上的讲话》(2015 年 9 月 27 日,纽约),载《人民日报》2015 年 9 月 28 日,第 3 版。

8 习近平:《之江新语》,浙江人民出版社 2007 年版,第 203 页。

9 《立足我国国情和我国发展实践　发展当代中国马克思主义政治经济学》,载《人民日报》2015 年 11 月 25 日,第 1 版。

10 习近平:《毫不动摇坚持我国基本经济制度　推动各种所有制经济健康发展》,载《人民日报》2016 年 3 月 9 日,第 2 版。

11 习近平:《关于〈中共中央关于制定国民经济和社会发展第十三个五年规划的建议〉的说明》,载《人民日报》2015 年 11 月 4 日,第 2 版。

12 习近平:《关于〈中共中央关于制定国民经济和社会发展第十三个五年规划的建议〉的说明》,载《人民日报》2015 年 11 月 4 日,第 2 版。

13 《中华人民共和国国民经济和社会发展第十三个五年规划纲要》,载《人民日报》2016 年 3 月 18 日,第 1 版。

14 《马克思恩格斯全集》(第 1 卷),人民出版社 1995 年版,第 347 页。

15 《毛泽东文集》(第 6 卷),人民出版社 1999 年版,第 330 页。

16 王培英编:《中国宪法文献通编》(修订版),中国民主法制出版社 2007 年版,第 263 页。

17 马克思的论述详见《马克思恩格斯全集》(第 46 卷)(上),人民出版社 1980 年版,第 355 页。

18 [英]梅因:《古代法》,沈景一译,商务印书馆 1984 年版,第 96－97 页。

19 《〈中共中央关于全面推进依法治国若干重大问题的决定〉辅导读本》,人民出版社 2014 年版,第 54 页。

20 《马克思恩格斯选集》(第 2 卷),人民出版社 1995 年版,第 112 页。

21 《毫不动摇坚持和完善人民代表大会制度　坚持走中国特色社会主义政治发展道路》,载《人民日报》2014 年 9 月 6 日,第 1 版。

弘扬民法精神*

一个人不懂民法，是没有资格谈论法律和法治的；一个没有建构起民法概念体系和民法理论体系的国家，不大可能在世界法学中拥有发言权和话语权；一个尚未确立民法精神的民族，不可能弘扬法治精神、走向法治社会和法治国家。正是基于这样的认识，这些年来，我们一直在传播民法文化和民法文明。我们提出：民法是现代法治的真正法律基础，它从罪与罚的强制性调整方式转换为权利和义务的协调性调整方式，是法治文明的显著标志，因而要以民法为主干构建中国特色社会主义法律体系；民法中的契约精神的真谛就是自由和平等，只有以平等和自由为前提和内容的法律才符合现代法治的要求；市场经济本质上是契约经济，以契约经济为基础的"契约社会"才能引导一个国家成为名副其实的民主社会、法治社会和理性社会；私法优位、私权神圣，私法中的人权、财产权、平等权和自由是公法权利的原型，是现代权利体系的核心，要实行法治就必须重视私法建设，弘扬私法精神，弘扬民法文化；等等。

我们的时代是一个迈向权利的时代，是一个权利备受关注和

---

* 本文系作者 2011 年 7 月 26 日在中国法学会民法学研究会 2011 年年会上的致辞。

尊重的时代,是一个权利话语越来越彰显和张扬的时代。我们越来越习惯于从权利的角度来理解法律问题,来思考和解决社会问题。我们这个世界的权利问题正以几何级数的速度增长。经典的权利在新的时代背景下衍生出许多新的具体的权利问题,而新的社会关系要求在权利大家族中添列新的成员;人的权利还没有从根本上解决,动物的"权利"、植物的"权利"以及其他自然体的权利已被提到日程;我们刚否定"自然权利"的概念,却又面对"自然权利"的现实;法律权利与"道德权利""习俗权利"等"权利"形式难解难分地交织在一起。权利时代的到来,根源于民法的权利本位理念、根源于以宣告和保障权利为核心的民事立法、根源于以权利救济为宗旨的民事司法,根源于亿万人民群众为权利而斗争的实践。

正是基于上述认识,我们必须尊重民法学家,重视民法学研究的重大成果,重视塑造中国民法文明!

《民法总则》(草案征求意见稿)的问题与分析*

编纂一部21世纪的民法典、中华人民共和国历史上第一部法典,其总则即《民法总则》的质量和水平至关重要。目前,《民法总则》(草案征求意见稿)正在征求意见,这是科学立法、民主立法的生动体现。受有关方面委托,今天我们召开高规格立法咨询会。应邀参会的不仅有民法、商法学者,更有宪法、行政法、经济法、环境法、法理学等学科专业的学者,可以说是法学界的"群英会"。让我们充分发扬立法民主和学术民主精神,以严谨科学的态度,对《民法总则》(草案征求意见稿)的修改完善提出求真务实的意见和建议。

一、在上午会议上的发言

《民法总则》(草案征求意见稿)引起法学界的广泛关注。这里,我从法理学的角度谈以下几点见解,与同志们交流。

---

* 本文系作者2016年3月2日在中国法学会举办的《民法总则》立法咨询会上的讲话。这次立法咨询会分为上午、下午两场独立的会议,故本文也分为上、下两部分。

第一,我们讲民法总则体现了时代精神,时代精神最核心的就是社会主义核心价值观。党中央已经决定要把社会主义核心价值观引入法治建设。民法总则的制定怎样能够体现社会主义核心价值观,值得我们思考。比如说"构建和谐社会",要不要作为基本原则。刚才张守文教授讲,开篇第1条除了经济社会发展,还应当有构建和谐社会或者说是构建文明和谐的社会主义社会等内容。其他像自由、平等、公正、人权等社会主义核心价值观的内容,如何体现在民法总则之中?这是我提的第一个问题,希望专家们继续就这个问题研究一下。

第二,大家普遍感觉到《民法总则》(草案征求意见稿)关于民事权利的规定过于简单,好像在权利面前法律过于敏感,好像一提权利就怎么样。其实,以我的理解,民法总则实际上就是一个公民法人权利的一般规定,它保障的当然不仅是狭义的民事权利,而且是通过民法的方法来保障公民、法人的权益。现在的规定过于简单、过于谨慎,局限于保证民事主体的传统民事权利,这会影响通过民法的方法保障民事主体的权利;因为有很多权利既是民事的权利,也可能是环境方面的权利、经济方面的权利,甚至可能是公法方面的权利。这里面讲到民事责任、行政责任、刑事责任等,相应来讲这样一个权利必然是跨领域的。

中国经济社会发展产生了很多新兴权利。我承担过一个教育部的重大课题,后来因为我有别的事情忙,由别的教授负责完成。他们出了一本书《新兴权利研究》,大概五六十万字。我觉得制定民法总则确实应当关注不断涌现的新兴权利,不要局限于目前这样。民法总则现在规定的这些权利,与三十年前的权利规定没有太大差别。与那时比,三十年之后的中国已经进入一个现代化转型非常明显的中国,到底公民有哪些应该通过民法的方法来保障的权利,是要好好研究。比如说人格权,回避人格权是不对的,至于说要不要人格权独立成篇成章,那是另外一个事情。

第三,我最欣慰的是民法总则把"民事行为"去掉了,法理学者二十多年前就批评《民法通则》里面关于民事行为和民事法律行为这两个东西。这一次还不够彻底。比如说第六章民事法律关系,讲到了民事法律行为是自然人、法人或者其他组织通过意思表示设立、变更、终止权利和义务的行为,加了"意思表示",把非意思表示的那些行为又排除出去,但是在后面又出现了"违法的民事法律行为",而违法的民事法律行为有的时候并非一定是通过意思表示的,类似于这样的一些基本概念很模糊。从前年提出制定民法典一开始我就讲了,权利、义务、行为、法律关系、法律责任作为整个法律体系通用概念必须保持它的一致性,社会主义法制的一致性也要通过这样一些核心概念、基本范畴的一致性来体现。我举的只是这样一个例子,类似的大家提了很多,一些概念的问题我想还是要研究透彻。

第四,在一些重要的问题上可能还要思考。比如说第 9 条规定:处理民事法律关系应该依照法律规定,法律没有规定的也可以适用习惯,但不得违背公序良俗,这就把政策因素排除在民法典之外,这是一个严重的问题。1986 年的《民法通则》把政策作为特殊法源,是正确的;现在也没有过时,应当保留。我最近写一篇论文,提到习近平总书记多次讲到政策和法律的关系,明确地讲政策是立法的依据,政策是执法和司法的指导,在中央政法工作会议上讲的,而且收录到《习近平关于全面依法治国论述摘编》。在南昌讨论民法典的部门法哲学研讨会上,我们提了这个问题,但是我觉得有关部门还是没有注意这个问题;而且在全面深化改革的过程当中,很多重要的问题是政策和法律交互来调整的,现在司法实践当中很多问题恰恰是没有法律规定的时候要依照政策来办理。这是一个很普遍的现实问题。我作为法院院长处理过很多企业改革过程中、农村土地承包权改革中、城镇化过程中出现的纠纷,很多纠纷都是把法律和政策结合起来正确处理的。习近平总书记还讲当政策和法律冲突的时候,要做到政策和法律一起有效实施,这些精神都是很明确的。

还有其他不少类似这样的问题,希望各位专家进一步好好地研究一下,好的建议可以通过电子邮件或者书面的方式提出来。

二、在下午会议上的发言

今天下午的研讨会开得也很成功,成功的标志主要有三个方面:

第一,针对《民法总则》(草案征求意见稿),各个专家从思想理念或者说是价值层面、制度设计层面、技术操作层面和未来的实践层面这四个层面提出了非常好的修改意见和建议。

第二,大家畅所欲言。就像当年主持人大立法工作的习仲勋同志讲的,在立法方面任何人都有发表不同意见的权利,甚至针锋相对的权利。这种民主立法、科学合作立法的精神,在我们这个层面得到了体现。而且大家不仅有口头的发言,还有书面的意见稿。

第三,跨学科的探讨。刚开始在制定民法典的时候,我就讲了一个观点:制定中国民法典,主体力量是民法学界;但是要编纂一部好的民法典,要依靠整个法学界乃至整个社会的力量,因为毕竟民法典是这个社会的基本规范。今天我们跨学科的研讨,既有宪法这个根本大法的学科,还有商法、婚姻法、社会法、行政法、诉讼法等。

今天提出来要解决的问题都很好,也提出了一些新问题,是下一步完善民法典草案征求意见稿要进一步深入研究的。现在讨论的是草案征求意见稿,这说明草案还是一个初步的文本。要制定一部好的民法总则,或者说编纂一部好的民法典,面临以下几个突出问题:

第一,《民法总则》不同于一般法律的总则。全国人大及其常委会制定的许多法律特别是基本的法律、重要的法律,都有总则,总则是相对正本和附则而言,是一部法律的总体性原则。民法总则是民法典的总则,甚至可以说是中国民事法律体系的总则,是为整个中国民法确立核心价值、基本原则、学理学说的。所以,制定民法总则,首先要对这个民法总则有一个定位,是整个民法典、中国民事法律体系的灵魂和基础。制定民法总则的过程是一个凝聚共识的过程:首先是法学界的共识,然后是整个社会的共识。什么是共识?如何达成共识?我觉得习近平总书记对共识有深刻的理解,我们法学界也不妨深入地把握这一点。所谓的共识,就是思想认识的最大公约数,就是各种利益的最大公约数。我觉得制定民法总则,要达成共识,就是要凝聚法学界和社会各界对民事法律的思想认识的最大公约数。由此提出来一个什么问题呢?立法机关不必过分顾忌意见分歧和不同意见,立法机关要把握社会和法学界思想认识的最大公约数。如果有的意见是非常好的意见,尽管是少数人的意见,但是它可能是思想共识当中的最大公约数。共识不是一个量的概念而是质的概念;共识不是各种认识相加,而是认识中的公共部分,是“公意”。

我们每一个问题最后都归结到认识。刚才大家讲了,我们这些年那么好的思想认识,讨论过程中提出来那么多好的观点,就是因为有分歧,甚至政治性、意识形态性分歧,被立法机关退回来,结果回到我们十年前、二十年前的认识水平上,回到我们那个时候的制度建构上。那对于我们中国法学不是一种讽刺吗?我觉得王卫国教授的观点很尖锐,应该把他的想法好好地扩展一下,直接送立法机关,让领导同志了解情况。

第二,《民法总则》(草案征求意见稿),目前来讲是作为整个民法典的总则。而它与民法典的关系,现在的研究还不够。我觉得要把民法总则放在整个民法典的编纂当中来全面运筹,深入研究,研究透了才能抽象出科学的、有效的东西,统领整个民法典和民事法律体系，体现社会认识最大公约数，研究不透很难提炼出科学有效、统领全局的要素。现在这个征求意见稿似乎还缺乏这方面的全面、系统、透彻的研究，无论是内容还是体系。比如说第1条最后一句话，依据宪法制定"本法"，好像民法总则就是完全独立的一部法律，与过去制定的民法通则的用语是一样的，这样就没有体现出民法总则与民法典和民法体系的关系，这怎么能体现党中央决策？编纂民法典首先要把民法总则搞起来，这是为整个民法典的制定开路的，我想，这一条应当体现党的十八届四中全会的决定精神。

第三，民法总则包括将来民法典的制定，要为其他法律部门留有合理的空间或者说充分的空间，科学界定民法与商法、民法与知识产权法、民法与婚姻家庭法等的界限。虽然有一些界限比较模糊，肯定有一些交叉的，但是一个合理的界限还是能够划分出来。如果不是这样的话，我们的法律部门、我们的学科体系怎么能分成民法学、商法学、知识产权法学、婚姻法学等呢？这说明，它们还是有学科上的界限和法律上的界限。

现在大家讲"民法帝国主义"，我倒不太赞成"民法帝国主义"，或是"民法沙文主义"的说法。我在商法学研究会上讲过民法沙文主义，帝国主义是一个政治话语，沙文主义是一个思想认识上的话语。我曾经也讲过，民法和商法都是社会主义法律体系的重要组成部分；社会主义市场经济一方面需要民法典，另一方面需要商法典。随着市场经济的发展，互联网时代的到来，经营模式、商业模式彻底的改变，商事规则更加重要。看看国务院的文件，把商事规则提得同样高。这样，民法典和商法典就是车之两轮，市场经济的车之两轮、鸟之两翼。我们的立法要看到未来，面向未来，面向整个中国市场经济模式的发展前景。

第四，现在《民法总则》（草案征求意见稿）存在一个倾向，即司法中心主义倾向。我在一次讨论当中讲过，这个《民法总则》（草案征求意见稿）似乎是为司法服务的，为审判服务的；现在的民法总则征求意见稿有严重的司法中心主义倾向,这可能是来自司法机关的影响。民法总则和民法典的功能,一是规范民事行为,二是调整民事关系,三是保障民事权利,还有促进经济发展、构建和谐社会功能等。而司法只是当这些功能发生扭曲的时候才出现的,所以不要一开始就以司法为中心。一开始的稿子里面讲人民法院审理民事案件应该怎么样、怎么样。现在的总则虽然没有人民法院如何如何,但是许多规定处理民事法律关系,实际上就是人民法院,原来有人民法院字眼,现在没有了,实际上还是讲的这个东西。这个司法中心主义完全地否定了民法总则本质的或者说本体的意义,我觉得下一步这个问题是要注意的。有的建议稿围绕着审判来,都忘了只有出现了违约、侵权的时候,才出现司法问题。

第五,最后一个问题,现在的《民法总则》(草案征求意见稿)有两个明显的短板:一个是实践面向的短板,另一个是国际面向的短板。实践面向问题,我觉得从民法通则实施以来,中国的经济社会发生了根本的变化,民事法律关系的内涵和形式不知道发生了多大的变化。社会生活方面变化了,法律关系变化了,民法的一些基本概念、专门概念的内涵必然要发生变化。法律是社会生活的形式,社会生活无限丰富,难道不能创造出新的概念,凝练出、提炼出新的概念和范畴来适应社会变化和民事法律关系变化吗? 刚才,有的教授提到清末的时候就提出和开展了对民情问题、国情问题的调查,我觉得这方面的调查研究还不够。北洋政府为了制定民法,也搞了民商事习惯的调查。我们现在制定民法总则,主要是从文本、文献、发言材料出发,缺乏足够的调研。刚才有的教授提到了合伙的企业法人问题,我们整个法人的组织,包括中国法学会,全国总工会这样的社团,如果一定要按照现在的框架做,有的时候就很难。十七届三中全会、四中全会提出了要推进社会组织的发展,现在全国有 570 万个社会组织——多大体量的民事法律关系的主体,这些问题有没有调研、有没有分类、怎么样去概括、怎么样纳入法律调整范畴内，都要顾及社会实践当中的调研，这是短板。

面向国际实践，面向国际社会，相对于世界上法律发展的潮流，我们也有短板。我们过去有顾忌，我们讲要从国情出发，从实际出发，但是不要忘记了习近平总书记最近有两段很精彩的话：一是法治是人类社会治理国家和治理社会的普遍原则；二是和平、发展、自由、平等和公正等是全人类的共同价值。全国人大常委会完全可以组织几个专门的班子研究世界上的民事立法，比如说20世纪60年代以来，世界上民事法律发展的最新情况到底是什么。中央政法委设计司法改革时，对全球范围内司法改革组织专门班子进行调研，对英国的、美国的、韩国的、日本的司法改革都调研了，咱们这方面做得怎么样？在实践面向和国际面向都不够的情况下，制定出来的民法总则肯定影响中国形象，人家会说中国法学界就是这样的水平，中国立法就是这样的水平。

现代大学制度与大学章程*

现代大学制度、依法治校、大学章程这三个问题是紧密联系在一起的。构建现代大学制度是建设法治国家、法治政府、法治社会的必然要求；大学章程则是现代大学制度的表现形式与基本载体，是高等教育法治化的重要标志。

在全面推进依法治国、建设法治中国新的历史时期，教育部举办以大学章程、现代大学制度和依法治校为主题的培训班，是非常必要、非常及时的。前不久，教育部社会科学委员会法学学部委员、国务院学位委员会法学评议组成员和教育部人文社会科学（法学）重点研究基地主任在长沙举行联席会议和法治中国论坛。

会上，我们以党的十八大精神和习近平总书记关于建设法治中国的思想为指导，提出了多项重大理论，可以作为依法治校、建设现代大学制度的理论参照。其中之一是法治国家、法治政府、法治社会一体建设。我们不仅需要一个法治国家，更需要法治社会。法治社会的基本特征是政府依法管理社会与社会依法自治的有机统一。构建现代大学制度、制定和实行大学章程，是实现大学自治的前提，就是在建设法治社会。

---

* 本文系作者2013年8月14日在教育部大学章程与依法治校培训班上的辅导报告。

之二是国家法制、地方法制、行业法制共同推进，全面发展。在过去三十多年，法治建设的重点是国家法治，致力于建立中国特色社会主义法律体系，从根本上解决有法可依的问题；同时，适应地方经济社会发展的急需，地方法制建设有了较快发展。但是，以政府规章为主要渊源的行业法制却发展相对缓慢，甚至在《立法法》当中行业法制没有一席之地，司法机关也不把行业法制作为审判的依据，仅仅作为参考。在建设法治中国的背景下，行业法制建设也要在科学、民主、有效的原则基础上发展。在某种意义上，依法治教、依法治校、构建现代大学制度，就是发展行业法制。

记得2006年6月15日，教育部在我校举行"教育部直属高校依法治校工作经验交流会"。那次会议对直属高校乃至全国高校实行依法治校、提升管理水平起到了积极的推动作用。在那次会议上，我作为吉林大学党委书记介绍了吉林大学实行依法治校的情况，特别是制定吉林大学章程的有关情况。时隔7年，教育部在我校举办"大学章程与依法治校培训班"。这次培训班是在新的历史起点上深化依法治校、推动现代大学制度的又一重要举措。在过去的七年，我有将近六年时间在吉林省高级人民法院任院长和党组书记，对高校推进依法治校、构建现代大学制度、制定大学章程的情况了解不够，缺乏充分的发言权。这里，我就凭借老经验、结合新认识和新情况，谈些看法和想法。肯定有很多地方不符合实际或者落后于现实，请大家批评指正。

《国家中长期教育改革和发展规划纲要(2010－2020年)》(以下简称《纲要》)用了专门一章系统阐述"建设现代学校制度"，这在党中央、国务院发布的文件中还是第一次。国务院办公厅根据《纲要》印发了《关于开展国家教育体制改革试点的通知》。在通知中明确了专项改革试点的十大任务，其中包括了建立现代大学制度。现代大学制度被放置在这样高的位置上引发了媒体的关注，也引发了高等学校各个主体的高度关注。但是，实事求是地说，是"雷声大雨点小”,成效不明显。当今世界绝大多数国家大学都完成了独立的法人治理结构的现代性建设,构建了独具特色的现代大学制度,而中国的现代大学制度却尚未推进。这是中国高等教育落后的根本原因。

一、关于现代大学制度

关于现代大学制度,有许多表述和论述。教育部部长指出:现代大学制度的核心是在政府的宏观调控下,大学面向社会,依法自主办学,实行民主管理。建立现代大学制度就是要全面理解和把握大学作为法人实体和办学主体所应具有的权力(权利)和责任,处理好以下几种关系:大学和政府、社会的关系,大学和教师、学生的关系,大学和学院的关系。

国家教育咨询委员会委员、教育部原副部长吴启迪认为,根据《纲要》对现代学校制度的定义,可将现代学校制度表述为“依法办学、自主管理、民主监督、社会参与”,而“党委领导”“校长负责”“教授治学”“学术自由”“大学章程”则是这16个字在现代大学的具体应用。她还说过现代大学制度的核心是学校自主、教授治学、校长治校、科学管理。教育部政策法规司的研究报告指出:现代大学制度的核心是在国家的宏观调控政策指导下,大学面向社会,依法自主办学,实行科学管理。现代大学制度涉及规范和理顺大学与政府、大学与社会的关系,涉及大学内部治理结构的完善和改革,除了坚持党委领导下的校长负责制,还要探索大学理事会(董事会)制度。我认为,上述理解和表述都解释了现代大学制度的核心。现代大学制度主要涉及学校与政府的关系、学校与社会的关系、学校内部治理结构。大学的外部治理、大学去行政化、大学与政府的关系应当通过国家立法来解决,如制定“大学法”或者“大学条例”,类似学位条例那样的规范性文件;大学与社会的关系,也可以通过立法做出原则性的规定。大学与政府的关系，核心是保障大学自治；大学与社会的关系，核心是社会参与大学的发展。

我个人理解：中国的现代大学制度，是以中国特色社会主义教育理论为指导，以党和国家的教育方针为根本原则，遵循高等教育规律与大学的本质和发展规律，依据宪法、法律和行政法规而建立和不断完善的治理结构与规范体系，现代大学制度的载体包括有关教育、高等教育和大学的法律规则以及各个大学的章程。

（一）建设现代大学制度迫切需要科学理论为指导

经过长期努力，我们坚持和发展中国特色社会主义取得了重大理论和实践成果，最重要的就是，开辟了中国特色社会主义道路，形成了中国特色社会主义理论体系，确立了中国特色社会主义制度。

在中国特色社会主义理论体系形成的过程中，中国特色社会主义教育理论体系也基本形成。中国特色社会主义教育理论体系是在建设与发展中国特色社会主义的前提下，立足于我国基本国情，全面总结改革开放以来我国教育实践发展经验的基础上所形成的系统认识与科学总结，是建设现代大学制度的指导思想和理论基础。改革开放以来，我们提出了一系列不断与时俱进的教育思想和政策。例如，邓小平同志指出："我们国家，国力的强弱，经济发展后劲的大小，越来越取决于劳动者的素质，取决于知识分子的数量和质量。一个十亿人口的大国，教育搞上去了，人才资源的巨大优势是任何国家比不了的。有了人才优势，再加上先进的社会主义制度，我们的目标就有把握达到了。"[1]"教育要面向现代化、面向世界、面向未来。"[2]党的十二大报告中将教育和科技作为经济发展的三个重点之一，十四大报告中明确提出把教育摆在优先发展的战略地位，十五大报告中将"科教兴国"作为国家的基本国策之一，十七大报告中进一步明确提出"教育是民族振兴的基石""教育是民生之本”“建设人力资源强国”，十八大报告进一步阐述“教育是民族振兴和社会进步的基石”，更加强调教育公平。这些论述和政策是中国特色社会主义教育理论体系的核心。

（二）建设现代大学制度必须以党和国家的教育方针为根本原则

我国《宪法》第19条规定“国家发展社会主义的教育事业，提高全国人民的科学文化水平”。我国《教育法》中规定：“教育必须为社会主义现代化建设服务，必须与生产劳动相结合，培养德、智、体等全面发展的社会主义事业的建设者和接班人。”这一教育方针是整个教育包括高等教育在内的“宪法原则”，依法办学、依法治校，最根本的就是贯彻落实党和国家的教育方针。当然，对教育方针不同时期、不同语境下会有表述上的差异。例如，党的十六大报告指出教育方针的要义是：“坚持教育为社会主义现代化服务，为人民服务，与生产劳动和社会实践相结合，培养德智体美全面发展的社会主义建设者和接班人。”党的十七大报告指出：“要全面贯彻党的教育方针，坚持育人为本，德育为先，实施素质教育，提高教育现代化水平，培养德智体美全面发展的社会主义建设者与接班人，办好人民满意的教育。”党的十八大进一步提出：“要坚持教育优先发展，全面贯彻党的教育方针，坚持教育为社会主义现代化建设服务、为人民服务，把立德树人作为教育的根本任务，培养德智体美全面发展的社会主义建设者和接班人。全面实施素质教育，深化教育领域综合改革，着力提高教育质量，培养学生社会责任感、创新精神、实践能力。”贯彻落实党和国家的教育方针，就是深刻理解和全面把握中央尤其是党的全国代表大会对教育方针的阐述。

在贯彻落实教育方针的过程当中，不同类型、不同层次、不同特点的大学，可以根据自己的实际情况，提出自己的办学方针。例如吉林大学章程提出自己的培养目标是：培养德智体美全面发展，具有国际视野、创新精神和实践能力，富有良知和责任感的高级专门人才。我们2005年提出这一培养目标与党的十八大对教育方针的阐述完全一致。

（三）建设现代大学制度必须遵循客观规律

大学自治是最根本的规律。政府过度涉入大学办学过程和大学行政权力主导资源分配，导致大学管理有着浓厚的政治化、行政化意味，背离了大学组织的特质与逻辑。《高等教育法》所规定的大学办学自主权，包括自主制定招生方案及调节系科招生比例，自主设置和调整学科、专业，自主开展教学、科研、开发和社会服务，自主开展与境外交流与合作，自主确定内部组织机构设置和人员配备，自主管理和使用学校财产等。

尽管《高等教育法》规定大学依法自主办学，但自主办学的空间是非常有限的。大学自主办学，不如修改为"大学自治"。自主办学在中国国情下做不到，在西方很多国家也做不到，但是大学自治则是可以的。大学的治理由大学说了算。办学的事情不是学校能够说了算的，因为校外的一些因素个人是左右不了的。大学自治，类似于现代企业制度当中的所有权与经营权分离，不管大学是谁出资办的，是由谁所有的，按照大学发展的逻辑，大学的治理应当是相对独立的。

开放性是现代大学发展的另一客观规律。由高校党政领导、政府代表、社会知名人士、教师代表、学生代表等组成的大学董事会或理事会的建立，促进大学由单一的政府管理走向公共的治理，也使大学开放性得以保证。我国已有200多所大学相继建立校董会或相应组织，主要有三种类型：合作型，即大学与董事单位合作，寻求到更多的社会支持，包括办学资金的支持；审议型，即校董会或理事会对大学的办学方向、发展规划、学科建设、科学研究、科技开发、产业发展等展开咨询、审议、监督、指导；决策型，即民办大学和少数公办大学的校董会或理事会在校长任命和学校重大发展决策上具有决定性作用。

(四)建设现代大学制度必须树立现代大学理念

大学理念是一所大学发展过程中逐渐形成的、时时刻刻影响人们的心灵,左右人们的行为的文化力量和观念体系。大学理念是大学制度的灵魂;大学制度是大学理念的外在体现,是大学理念的制度载体和表现形式。大学理念与大学制度相辅相成,互为表里。正如一个人要有理想信念一样,一个大学也要有自己的理想信念。“从本质上来说,大学理想和理念体现的是大学发展的内部逻辑,是关于大学发展规律的总结和概括;是对大学宗旨和使命的一种理性认识,并对大学发展的实践路径提供精神上的指引,它体现的是大学的一种追求、品位和精神。大学理念一经确定,就具有相对的稳定性,但它又是不断发展和变化的,甚至不得不留下时代的烙印。”[3]

树立什么样的大学理念,这是中国高等教育深入发展必须认真研究和回答的核心问题,更是建设现代大学制度必须搞清楚的关键所在。关于这个问题应该有这样一些参照:一是大学理念的演化,古典大学、启蒙时期的大学、工业革命时代的大学、知识经济时代的大学、全球化时代的大学,其理念是演化的;二是国内外著名大学、高水平研究型大学的大学理念,哈佛大学、斯坦福大学、剑桥大学、牛津大学、东京大学、新中国成立前的北京大学,这些大学的理念或精神核心是怎样凝练的,怎样表达出来的,他们的校训,著名校长、教育家的讲演或题词,大学的历史都表达了和记载着他们的大学理念。

温家宝总理将大学精神概括为:学术自由,学术民主,教育公正。近代大学兴起于文艺复兴时期,大学是人文精神的代表,大学也是人文精神的传播者。近代人文精神是一套观念体系,也是一种崇高的理念。其精髓是:一切从人出发,以人为中心,把人作为观念、行为和制度的主体;人的解放和自由,人的尊严、幸福和全面发展,应当成为个人、群体、社会和政府的终极关怀;作为主体的个人和团体,应当有公平、宽容、诚信、自主、自强、自律的自觉意识和观念。人文精神以弘扬人的主体性和价值性、对人的权利的平等尊重和关怀为特质。现代人文精神发端于西方,20 世纪传入中国。但新中国成立后由于"左"的思潮和实践的影响,人文精神式微。市场经济就其自发的趋势,必然有负面效应,例如人对物的过分依赖、生态危机、环境污染、拜金主义、急功近利、纵欲骄奢、恃强凌弱、道德风尚衰落、两极分化,等等。把人文精神作为大学精神要素提出来,目的首先在于强调要始终坚持以人为本,以人为本就是以学生为主体,以教师为主导。其次是教育青年学生要有人文关怀和人权意识,在这方面美国康奈尔大学的校训可谓典型。该校门口赫然悬挂着一个牌匾,写道:"走进这里,你将变得更加博学和智慧;从这里走出去,你将对社会和人类更有价值。"把人文精神作为大学精神也在于时刻提醒人们在办学过程中,重视人的问题、人对自然的态度问题、社会技术伦理问题,防止和消除市场经济发展过程中的负面效应。人文精神的缺失将引发一系列社会问题;最近这些年发生在大学里面的许多事件,就说明人文精神的缺失对他人、对人类的负面影响。

就现代大学的人文精神而言,核心是自由、民主、公正。先看看自由。世界上绝大多数著名大学都把使命确定为"在各个学科领域发现新知识;保留、解释和重新解释现有的知识;帮助学生掌握方法、知识、技能和探究问题的习惯,这样他们将会终其一生不断追求学问,领导社会向前发展"。[4]对探求、发现和解释知识作用的强调,意味着大家都接受这样一种观念、这样一种命题,即各种思想和假设,所有的哲学系统和科学理论,所有的宗教、政治、文化和世界观,以及所有的"事实"都是可以被质疑和向其提出挑战的。

洪堡的柏林大学因重视“学术自由”以及“教学与科研的统一”而被认定为现代大学制度的源头,美国大学因崇尚“3A 原则”(学术自由、学术自治、学术中立)而被推崇为现代大学制度的黄金标准。

斯坦福大学原校长在介绍该校作为成功的研究型大学的特性时指出,其中一个极为重要的方面就是“优秀的大学和优秀的教育与研究需要大量自由的空间”,学术自由不能受到政府的无端干预,也要防止学校内部各种机构(包括学术机构)对学术自由的威胁。[5]剑桥大学副校长朗斯黛尔说,“对我们而言学术自由非常重要”。曾任北京大学校长的近代中国教育家蔡元培先生将北京大学的办学理念概括为“思想自由,兼容并包”。

学术自由是大学进行学术活动应普遍遵循的原则;大学的学术自由不仅是一种信念、一种价值,也是一种制度环境。学术自由包括研究自由、教学自由和学习自由三个方面。在我的印象中,新中国成立以后直到最近几年,中央文件里几乎没有提到“学术自由”,更没有把学术自由作为大学的构成要素,现在《纲要》郑重提出“尊重学术自由,营造宽松的学术环境”。这是了不起的进步。

再看看民主。民主是对学术自由的保障和协调。英国当代教育家纽曼讲过,“大学是对知识和科学的巨大保护力,是对事实和定理的巨大保护力,是对实验和思考的巨大保护力”,讲的就是大学作为一种学术机构对学术自由的保障作用。

作为学术上的民主必然要求学术平等、学术宽容,在学术和真理面前一律平等。民主要求公正。大学的各种事情要公正、公开、公平,让学生感受到大学的神圣、大学的尊严。学生转专业、评优评奖、助学贷款、特困生补助、保送研究生、推荐学生就业等学生工作,都要体现人文关怀,体现平等和正义;这本身是对学生最好的教育。一所失去公正和正义,没有自由精神和民主氛围的大学,能够培养出什么样的学生是可想而知的。我认为,在大学中,什么不好的事情都不应该做,但最不应该做的就是因为失去公平和正义而伤害了学生的情感。

哈佛大学的校训就是“与真理为友”。哈佛大学的领导人和学术领袖们认为,学生应该很好地掌握现有的知识、信息和理论,这是任何学术研究的基础。这个基础可以通过多种方式来奠定:讲座、阅读、使用专门设计的课程资料、信息技术和其他方式。但是,从学生一入学,大学的主要努力方向就是使他们能够成为参与发现、解释和创造知识或形成新思想的人。从这个角度看,学生是处于实习阶段的学者和研究者。和教师一样,他们主动参与探索未知的事物,或者检验现有的假设和解释。

美国斯坦福大学名誉校长卡斯帕尔说:“大学的根本目标是追求真理。”牛津大学校长卢卡斯指出:“大学之存在,是为了探究事物之本质;大学之存在,是为了发现如何区分真实与表象;大学之存在是为了理解意义。”这包括历史的意义、社会的意义、自然的意义等。

哈佛大学前校长普西教授指出:“每一个较大规模的现代社会,无论它的政治、经济或宗教制度是什么类型的,都需要建立一个机构来传递深奥的知识,分析批判现存的知识,并探索新的学问领域。换言之,凡是需要人们进行理智分析、鉴别、阐述或关注的地方,那里就会有大学”。

总之,大学是教会人思考的地方,一个出不了思想的大学一定是一个平庸的大学。让大学成为永不衰败的思想家园。

自由、民主、公正的确立,为现代大学塑造了本质,也决定了现代大学制度的灵魂。

二、关于大学章程

现代大学章程是现代大学制度的主要载体,是教育现代化的基本标志。回顾历史,尽管我们无法确切考证世界上最早的大学章程缘起何时何处；但可以肯定的是，大学拥有自己的章程，就像大学自治、学术自由一样，是大学源远流长的传统。大学作为人类存留至今为数不多最古老的组织机构之一，在其绵延不绝的发展历史中，章程有着它特殊重要的地位和作用。我们看到，牛津、哈佛这样的古老名校，是怎样从至尊无上的当权者那里得到一纸神圣的许可令状，借着令状对大学宗旨、任务、组织运行的授命和指示，从而开启了大学探求真理、启迪智慧、传承文明、培育英才的使命。一百多年前，清朝光绪皇帝下诏，批准《京师大学堂章程》，改科举，废八股，兴学育才，使得中国相传上千年的封建教育体系终于为近代科学的教育方式所取代，这构成了近代中国历史画卷中一幕兴学图强的壮举。从此以后，近代中国教育走上了现代化的征程。从新中国成立前的国立北京大学、清华大学、交通大学，到新中国成立后的原东北人民大学，立章治校兴学，从大学章程能够看出近现代中国高等教育的大致轮廓。时至今日，不仅国外，即使我国台湾地区，香港、澳门特别行政区的各个大学，也都有自己的章程。实施依法治校、构建现代大学制度，上述情况自然而然要引发我们的思考：为什么作为一种传统，作为现代高等教育的一项根本性制度，我国大陆（内地）的大学在很长一段时期都没有自己的章程？

毛泽东同志曾经讲过："一个团体要有一个章程，一个国家也要有一个章程，宪法就是一个总章程，是根本大法。用宪法这样一个根本大法的形式，把人民民主和社会主义的原则固定下来，使全国人民有一条清楚的轨道，使全国人民感到有一条清楚的明确的和正确的道路可走，就可以提高全国人民的积极性。"[6]今天，我们同样也可以这样说，大学理应有自己的章程，理应用章程这样一个学校基本法的形式，把学校的一些基本原则和基本制度规定下来，从而使学校各项事业有一个基本的遵循和依据，从而促进学校的发展。正是体察世界范围内大学发展的脉络和趋势，在对各方面情况进行分析后，从长远战略考虑，吉林大学党委作出了制定章程的决定。从决定作出到章程通过，其间我校从研究和推进工作的角度，思考并初步回答了与章程有关的一些重大问题。这些问题可能是高等学校制定章程的过程中普遍遇到的。

（一）如何认识章程在大学的地位和作用

对此，我是这样概括的：章程是大学的宣言、总章程和基本法。作为宣言，类似宪法的序言，要旗帜鲜明地向社会宣示学校的办学理念、办学宗旨和领导体制、组织架构以及各个主体的权利与义务等，要让外人通过章程，看到学校的基本理念、基本制度和总体面貌，从而在世人面前树立起学校的良好形象。作为总章程，是说大学内部一些组织机构比如教代会、学术委员会以及工青妇和其他群团社团组织等，都有各自的章程，学校还有其他类似章程的一些基本规定；但是，与这些章程或基本规定不同的是，大学章程是学校的一个总章程，是管总的。作为学校的基本法，是说章程主要规定学校的治理结构、根本制度和基本问题，这些事项对学校发展来说具有根本性作用；章程出台后，它在所有校内规范性文件当中效力是最高的，其他文件都不能同它相违背；章程还是学校其他规章制度的“母法”，其他制度都要从它派生；章程的制定修改程序也是非常严格的，要经过一系列审议程序，最后由学校最高权力机关讨论通过，修改的时候也要遵循同样一套严密的程序。

教育部于2011年7月12日审议通过了《高等学校章程制定暂行办法》，规定：“章程是高等学校依法自主办学、实施管理和履行公共职能的基本准则”。这也是对大学章程的定位，等于把大学章程看作学校的“宪章”。

正是从一个宣言、总章程和基本法的角度，《吉林大学章程》依照法律进一步明确了学校的独立法人地位和办学自主权，规定了学校的基本组织构成及其运行规则，明确了学校的治理结构与管理体制，进一步明晰了学校与教职员工和学生之间的权利义务关系，为学校规范、高效、有序运行提供了基本的制度保证；同时章程通过宣示学校的身份和地位以及办学宗旨、基本原则和基本制度，反映了学校的办学理念和特色，起到学校对外信誉证明的作用；通过规定学校的历史传承和奋斗目标，起到一种凝聚人心、鼓舞力量、引领发展的重要作用。章程是联结全体师生员工情感的制度纽带，是我校构建和谐吉大和建设高水平研究型大学的制度保证。

（二）我校为何要在当前时候制定章程？

初衷考虑有三点：第一，制定章程是建构新吉林大学的需要。吉林大学是六校合一，从某种意义上讲，合校的过程是一个新吉林大学不断建构的过程；而建构新吉林大学，将学校建设成和谐发展的事业共同体，其中最关键的是文化理念的相互交融认同、现代大学精神的塑造和现代大学制度的建构，章程正是起到这样一种承载大学精神和建构大学制度的作用。当学校工作重心从合校整合、体制改革转向师资队伍建设和学科建设，各项事业步入全面快速发展阶段之时，也就到了将合校以来取得的经验和形成的制度通过章程这一基本法加以确认的时候。

第二，制定章程是实施“善治”的需要。20 世纪 90 年代以来，联合国和一些非政府间组织倡导一种“善治”（good governance）。大学的管理由自上而下的行政管理走向上下互动的治理模式，需要实行教授治学、专家治校、民主管理，需要调动和发挥各个方面的积极性。合校以来，我校提出了许多理念和措施，从某种意义上讲这些都是试图达到一种善治。我们提出要以多数人的精力和智慧治理学校，依靠良好的制度和规则管理各项事务；要下移管理重心，逐步扩大学院等基层组织自主管理的领域和范围，更好发挥学院办学的主体作用；要通过民主实施管理，依靠民主做好工作，合理界定并划分党委与行政、行政与学术、党政与群团组织的权责关系,等等,这些都是一种善治的需要。善治应当是良法之治,因此学校需要一部章程来体现和实施善治。

第三,制定章程是实施依法治校的需要。依法治校的前提是有法可依、有章可循,核心是有一个基本法可依、一个总章程可循。根据教育部关于依法治校的意见,从实际需要出发,学校必须制定自己的章程。

(三)怎样安排章程的内在逻辑结构?

我校章程分序言和正文两部分,正文共八章 70 条。从《高等教育法》要求章程规定的内容(必要记载事项)分析,这些都属于大学最为基本的组织要素。归结如此规定的内在理由,我们认为大学章程背后有着这样一种逻辑构成:大学章程通过规定大学的名称、地位、宗旨,说明大学的性质和地位;通过规定大学的学科门类、教育形式等,说明大学的功能和任务;通过规定大学的组织架构及其组织成员、财产经费,明确大学为完成其基本使命所要依存的组织体制和人、财、物资源条件。通过以上所有这些规定,就将作为组织体的大学应当具备的基本要素涵括齐全,大学的法律身份和地位得以确立,行为有了基本准则,工作有了基本依据,因而大学的存在和活动也就有了合法性基础。

从章程作为一个组织的自治规范的角度来理解,章程中最为关键的是这几方面内容:大学权力(办学自主权)——划清与政府的权力界面,是大学获得自治的前提和基础;大学内部的组织机构与权力配置——大学内部治理结构与管理体制,是大学自主运行的组织保证;大学与教职员工、学生之间的关系,是明晰大学各个主体法律关系的途径。我校现在的章程也正是按照这个逻辑顺序来安排整体内容和结构的。

按照法律规定和一般的理解,我校章程还缺少关于学校外部关系的规定,尤其是缺少对学校与举办者之间权利义务关系的明确界定。考虑到目前我国高等教育体制的现实，章程只对我们正在做、应当做和能够做的事情作出规定，以此作为学校的一个内部组织规程，这是切合实际的，这样一部章程是能够满足学校的现实和较长远需要的。

(四)章程的法律依据与效力

章程是学校的基本法，规范性程度高于校内任何其他文件，依法制章是我校一开始就确定的基本原则。在起草过程中，我们力求做到每句话、每个说法都言之有据，对每个条文都要问这样表述与法律的规定、原则和精神是否矛盾、是否冲突。起草工作组同志身边更是随时备有一本高教法律汇编材料，像党委、校长、学术委员会、学位评定委员会的职权，像师生员工的权利义务，像财务、资产的管理制度等，都要先反复研究法律是如何规定的、法律为何作此规定、将来发展变化的趋势又会是怎样、我们是否需要以及是否可能作出法律所允许的变通等，可谓煞费苦心。

要说严谨，还必须说到章程制定的程序，在法律规定不是十分明确具体的情况下，经过反复深入地研究和讨论，学校确定了一个几近立法的严密程序。从章程的前期准备到成立正式起草机构，从征求意见到提请审议通过，从草拟咨询建议稿到形成征求意见的讨论稿、征求意见稿、审议稿、草案征求意见稿直至草案，从向审议机构进行报告到汇总审议意见并形成修改建议再到章程起草委逐条讨论审议，从党委常委会审议确定草案到提请党代会表决通过，从章程公布到申请备案，每一个步骤、每一个环节，我们都注意遵循规范的程序。

需要说明的是，关于章程的校内通过程序，一开始我校有一些同志提出应由学校教代会讨论通过。其实，从法理上讲，像章程这样代表一个法人组织意志的根本规定，应当在大学建立初始时由创办它的机构、个人或其委托的人来制定，或由法人的权力机构来通过；而教代会的法律定位是教职工参与民主管理的组织，其并非学校权力机构，所以当前情况下由教代会通过章程并非妥当。在我国高教法规定的体制下，校党委是学校的领导核心，是学校的最高决策机构，因此，按照党章，由党代会通过章程是合法的。其实，还有一种通过章程的程序，那就是通过民主机制选出大学的特别制章大会，由该机构来通过章程；这种类似公决的做法理论上成立，但缺少明确的法律依据，而且会给章程的修改增加困难，目前还没有见到哪个学校制定章程采用这种程序。

还有关于章程的修改程序，按理应当是谁通过谁来修改，但是考虑到党代会一般四到五年才召开一次，其间如果章程需要马上进行修改，特别是当国家法律、法规、规章有了新的规定，章程与这些新的规定出现不一致，就需要将对章程进行部分修改的权力委诸具体机构，而根据党章规定，学校党委担当此任顺理成章。当然，党委应当就章程修改情况向下届党代会作出报告。正是基于上述考虑，我校才对章程的修改程序作了现在这种规定。

注 释

1 邓小平：《各级党委和政府要把教育工作认真抓起来》（1985 年 5 月 19 日），载《人民日报》1985 年 5 月 20 日，第 1 版。

2 《认真学习和贯彻邓小平同志题词 北京景山学校开展教学改革试验》，载《人民日报》1983 年 9 月 30 日，第 1 版。

3 邬大光：《大学理想和理念漫谈》，载《高等教育研究》2006 年第 12 期。

4 ［美］陆登庭：《一流大学的特征及成功的领导与管理要素：哈佛的经验》，阎凤桥译，载《国家高级教育行政学院学报》2002 年第 5 期。

5 ［美］杰拉德·卡斯帕尔：《成功的研究密集型大学必备的四种特性》，载《中外大学校长论坛文集》，高等教育出版社 2002 年版，第 118 页。

6 《毛泽东文集》（第 6 卷），人民出版社 1999 年版，第 328 页。

法治是共同富裕的制度资源*

共同富裕是马克思列宁主义、毛泽东思想、邓小平理论、"三个代表"重要思想、科学发展观、习近平新时代中国特色社会主义思想一以贯之又接续升级的根本原则。在"全面建设社会主义现代化强国"的语境和"富强民主文明和谐美丽"的强国蓝图中,"共同富裕"是具有鲜明中国特色的"全面富裕",即包括物质、精神、制度等方面的共同富裕在内的中国式共同富裕。在物质意义上,共同富裕指全体人民在更高水平上实现幼有所育、学有所教、劳有所得、病有所医、老有所养、住有所居、弱有所扶、环境宜居、衣食无忧、安居乐业等。在精神意义上,共同富裕指全体人民拥有共同价值,特别是社会主义核心价值;拥有讲仁爱、重民本、守诚信、崇正义、尚和合、求大同等中华传统美德;拥有自尊自信、理性平和、积极向上、友善包容的社会心态;享有多样化、多层次、多方面的精神文化需求和平等而自由发展的机会,全民获得感、幸福感、安全感、尊严感、公平感持续增强。在制度意义上,共同富裕指全体人民共享社会公正和制度文明;人民当家作主,共享民主荣光,依法参与民主选举、民主协商、民主决策、民主管理、民主监督等全过程人民民主;人人享有人身权、人格权、财产权、环境权、信息权、数字人权

* 本文发表于《法治社会》2022 年第 3 期。

等基本人权，享有充分的政治权利和自由、经济社会文化权利，特别是生存权和发展权得到切实尊重和保障。三个方面的共同富裕是有机统一的，集中反映出人民群众在物质、精神、制度方面的综合性需要，折射出“仓廪实而知礼节”“衣食足而知荣辱”“公正在而知法度”的中华文化，反映出已经实现“小康”的中国人民对民主、法治、公平、正义、安全、尊严、环境等方面日益增长的要求。法治是助力和保障共同富裕的制度资源和能量，为共同富裕构建良好的法治环境，发挥固共同富裕之根本、稳共同富裕之预期、利共同富裕之长远的重大作用。

一、巩固和发展社会主义基本经济制度，夯实共同富裕的制度根基

社会主义基本经济制度是我国各族人民共享发展成果、实现共同富裕的根本保证。公有制为主体、多种所有制经济共同发展，按劳分配为主体、多种分配方式并存，社会主义市场经济体制等，是我国社会主义初级阶段的基本经济制度。它既体现了社会主义制度优越性，又同我国社会主义初级阶段生产力发展水平相适应，极大改变了我国经济社会发展面貌；不仅具有不断解放和发展社会生产力的显著优势，而且是消除两极分化、促进社会公正、实现共同富裕的制度基石。在新时代，必须坚定不移地坚持和完善社会主义基本经济制度，将基本经济制度各种优势转化为推动共同富裕的显著效能，为扎实推动共同富裕提供雄厚物质基础。

法治在巩固和发展社会主义基本经济制度中发挥着重要作用。马克思主义政治经济学认为，生产资料所有制是生产关系的核心，决定着社会的基本性质和发展方向。社会主义基本经济制度中的生产资料所有制，是中国特色社会主义制度的重要支柱，也是社会主义市场经济体制的根基。坚持基本经济制度，关键是坚持“两个毫不动

摇”,即毫不动摇巩固和发展公有制经济,毫不动摇鼓励、支持、引导非公有制经济发展,推动各种所有制取长补短、相互促进、共同发展,同时坚持公有制主体地位不能动摇,国有经济主导作用不能动摇。确保“两个毫不动摇”的制胜法宝就是依法保护各种所有制经济主体的产权。产权制度是社会主义基本经济制度的内核。我国《宪法》以及《民法典》和其他重要法律明文规定社会主义基本经济制度,不断加强产权保护。习近平总书记指出,完善产权保护制度、依法保护产权,关键是要在事关产权保护的立法、执法、司法、守法等各领域体现法治理念,坚持平等保护、全面保护、依法保护。坚持平等保护,就是对各种所有制经济组织和自然人财产权的保护,清理有违公平的法律法规条款。坚持全面保护,就是不仅保护物权、债权、股权,而且保护知识产权以及数据权、信息权等各种无形财产权。坚持依法保护,就是不断完善产权法律制度,并确保有法可依、有法必依。

针对产权保护不力的问题,党中央强调着重加强产权的执法保护和司法保护。一要完善财产征收征用制度,特别是完善土地、房屋等财产征收征用法律制度,合理界定征收征用适用的公共利益范围,不得将公共利益扩大化,细化规范征收征用法定权限和程序。遵循及时合理补偿原则,完善国家补偿制度,进一步明确补偿的范围、形式和标准,给予被征收征用者公平合理补偿。二要严格规范涉案财产处置的法律程序,进一步细化涉嫌违法的企业和人员财产处置规则,依法慎重决定是否采取相关强制措施。确需采取查封、扣押、冻结等措施的,要严格按照法定程序进行;除依法必须责令关闭企业的情形外,在条件允许的情况下可以为企业预留必要的流动资金和往来账户,最大限度降低对企业正常生产经营活动的不利影响。采取查封、扣押、冻结措施和处置涉案财物时,要依法严格区分个人财产和企业法人财产。对股东、企业经营管理者等自然人违法,在处置其个人财产时不任意牵连企业法人财产;对企业违法,在处置企业法人财产时不任意牵连股东、企业经营管理者个人合法财产。严格区分违法所得和合法财产,区分涉案人员个人财产和家庭成员财产,在处置违法所得时不牵连合法财产。完善涉案财物保管、鉴定、估价、拍卖、变卖制度,做到公开公正和规范高效,充分尊重和依法保护当事人及其近亲属、股东、债权人等相关方的合法权益。三要审慎处理产权和经济纠纷,“对滥用查封、扣押、冻结财产等强制措施,把民事纠纷刑事化,搞选择性执法、偏向性司法的,要严肃追责问责”;[1]“要加强民事检察工作,加强对司法活动的监督,畅通司法救济渠道,保护公民、法人和其他组织合法权益,坚决防止以刑事案件名义插手民事纠纷、经济纠纷”。[2]对于法律界限不明、罪与非罪不清的,司法机关应严格遵循罪刑法定、疑罪从无、严禁有罪推定的原则,防止把经济纠纷当作刑事犯罪处理。四要坚持有错必纠,“甄别纠正一批侵害企业产权的错案冤案”,[3]对涉及重大财产处置的产权纠纷申诉案件、民营企业和投资人违法申诉案件依法甄别,确属事实不清、证据不足、适用法律错误的错案冤案,要依法予以纠正并赔偿当事人的损失。党的十八届四中全会以来,我国政法机关持续做好涉产权刑事冤错案件甄别纠正工作,依法纠正了一大批侵害企业产权的冤错案件与相关再审案件,仅 2021 年全国法院就再审纠正涉产权刑事冤错案 30 件 39 人。[4]有效的产权保护,为企业家特别是民营企业家营造了透明宽松环境,让他们吃了“财产更加安全、权利更有保障、经营更可放心”的定心丸,增添了合理预期,激发了他们创业发展的积极性和创造性,为共同富裕创造源源不断的财富,为促进就业、保障和改善民生作出了重要贡献。

二、完善以机会公平、规则公平、权利公平为主体的社会公平法律制度,释放市场经济在共同富裕中的巨大能量

从计划经济困局中走出来的中国共产党和中国人民深刻认识

到，僵化的计划经济体制只能导致资源浪费、效率低下、物资短缺、财富匮乏、人民贫困，而只有实行社会主义市场经济才是效率攀升、经济增长、人民富裕的必由之路。习近平总书记指出，市场经济的高效率在于价值规律、竞争规律、供求规律的作用，但发挥市场经济固有规律的作用和维护公平竞争、等价交换、诚实守信的市场经济基本法则，需要法治的保障。如果缺乏维护市场秩序的法治保障，市场行为就会失当，市场信息就会失真，公平竞争就会失序。如果缺乏对不正当市场行为进行惩防的法治体系，守信者利益得不到保护，违法行为得不到惩治，市场经济就不能建立起来。从这个意义上说，"市场经济就是法治经济"，[5]"法治是最好的营商环境"，[6]必须"加快建设法治经济和法治社会，把经济社会发展纳入法治轨道"。[7]

一要以法治的制度优势助力构建高水平社会主义市场经济体制，充分发挥市场在资源配置中的决定性作用，更好发挥政府作用，推动有效市场和有为政府更好结合，坚持平等准入、公正监管、开放有序、诚信守法，建立高效规范、公平竞争、充分开放的全国统一大市场；实施统一的市场准入负面清单制度；健全公平竞争审查机制，加强反垄断和反不正当竞争执法司法，提升市场综合监管能力；推进土地、劳动力、资本、技术、数据等要素市场化改革，健全要素市场运行机制，完善要素交易规则和服务体系；以高水平高效率的市场经济为共同富裕创造丰厚的物质前提。

二要建立维护公平竞争的法律秩序。习近平总书记指出，"面对新形势新任务新要求，全面深化改革，关键是要进一步形成公平竞争的发展环境"，[8]要"完善公平竞争制度，激发市场主体发展活力，使一切有利于社会生产力发展的力量源泉充分涌流"。[9]而法治是公平竞争制度的核心，厉行法治是形成公平竞争发展环境的必由之路。这就要求加快完善维护公平竞争的法律法规，加强维护公平竞争的诚信体系建设，加强公平竞争审查工作，加强反垄断和反不正当竞争的执法力量，遏制平台企业资本垄断与“无序增长”，优化和维护各类市场主体公平竞争的法治环境，引导经营者诚实守信、公平竞争。

三要打造市场化法治化国际化营商环境。扎实推动共同富裕，离不开良好的营商环境，而“法治是最好的营商环境”。[10]习近平总书记提出，“要根据新发展阶段的特点，围绕推动高质量发展、构建新发展格局，加快转变政府职能，加快打造市场化、法治化、国际化营商环境”。[11]“市场化”要求全面实施市场准入负面清单制度，营造商品自由流动、平等交换的市场环境。市场准入负面清单制度，是我国在市场准入领域确立的统一公平的规则体系，是各类市场主体公开、公平、公正地参与竞争的重要制度，将有力打破在市场准入、审批许可、投资经营等方面一定程度上存在的不平等不合理的限制，进一步确立各类市场主体在我国所享有的市场准入平等，特别是破除市场壁垒和地方保护，加快清理废除妨碍统一市场和公平竞争的各种规定和做法。“法治化”要求把对市场主体的法律保护贯彻到立法、执法、司法、守法等各个环节，依法平等保护各类市场主体产权和合法权益，并引导市场主体守法诚信，把守法诚信作为安身立命之本，依法经营、依法治企、依法维权。“国际化”要求扩大公平开放，创造更有吸引力的投资环境；加强同国际经贸规则对接，增强透明度，强化产权保护，坚持依法办事，鼓励竞争、反对垄断，公平公正对待包括外商投资企业在内的所有市场主体，努力营造公开透明的法律政策环境、高效的行政环境、平等竞争的市场环境，以高水平对外开放推动经济高质量发展。

四要创造人人勤劳致富的平等制度。共同富裕为了人民，共同富裕依靠人民。人民是共同富裕的获得者，也是共同富裕的创造者。正如习近平总书记所指出，“幸福生活都是奋斗出来的，共同富裕要靠勤劳智慧来创造”。[12]奋斗、创造、致富，迫切需要必要的并逐步良好的环境、条件、机会，这就必然要求加快健全权利公平、机会公平、规则公平的法律制度，保证人民依法享有广泛的权利和自由、承担应尽的义务，保障人民平等参与、平等发展权利。正如习近平总书记所指出的，“不论处在什么发展水平上，制度都是社会公平正义的重要保证。我们要通过创新制度安排，努力克服人为因素造成的有违公平正义的现象，保证人民平等参与、平等发展权利”。[13]当前，尤其要在保证起点平等上发力，使人人都有接受良好教育和平等就业的权利，都有通过辛勤劳动实现自身发展的机会，畅通社会流动通道尤其是由低向高、由穷变富的流动机制，破除人才社会性流动的体制机制弊端，形成更加公平的发展环境，激励和保护全体人民勤劳创新致富，共同创造社会财富，共同分享发展成果。

三、以法治护航高质量发展，在高质量发展中扎实推动共同富裕

历史和现实都证明，“发展是解决我国一切问题的基础和关键”。[14]推动共同富裕，解决发展问题是第一位的，满足全体人民对高质量共同富裕的期盼，更需要实现高质量发展。而发展必须是科学发展，必须坚定不移贯彻创新、协调、绿色、开放、共享的新发展理念。新发展理念是一个系统的理论体系，回答了关于发展的目的、动力、方式、路径等一系列理论和实践问题。其中，“创新是引领发展的第一动力，协调是持续健康发展的内在要求，绿色是永续发展的必要条件和人民对美好生活追求的重要体现，开放是国家繁荣发展的必由之路，共享是中国特色社会主义的本质要求”。[15]新发展理念是改革开放 40 多年来我国发展经验的集中体现，反映出党和人民对我国发展规律的新认识，是我国发展思路、发展方向、发展着力点的集中体现。以“十四五”规划为新的起点，中国经济社会发展进入更高质量发展的新阶段。习近平总书记指出，高

质量发展是体现新发展理念的发展，是经济发展从“数量上有没有”转向“质量上好不好”。推动高质量发展是遵循经济发展规律、保持经济持续健康发展的必然要求，是适应我国社会主要矛盾深刻变化和全面建设社会主义现代化国家的必然要求。我们要更加自觉地以创新、协调、绿色、开放、共享的新发展理念破解发展难题、增强发展动力、厚植发展优势，引领经济社会高质量发展。

贯彻落实新发展理念、推动高质量发展，离不开法治的引领、规范和保障，习近平总书记对此有过精辟论述。在党的十八届五中全会上，习近平总书记强调要“运用法治思维和法治方式推动发展”。在中央全面依法治国委员会第一次会议上，习近平总书记进一步强调，贯彻新发展理念，实现经济从高速增长转向高质量发展，必须坚持以法治为引领。针对企业创新发展的法治保障问题，习近平总书记提出，要为企业家营造宽松环境，用透明的法治环境稳定预期，给他们吃“定心丸”。在2016年省部级主要领导干部学习贯彻党的十八届五中全会精神专题研讨班上，习近平总书记进一步明确提出，要“善于通过改革和法治推动贯彻落实新发展理念”。这些论述深刻阐明了法治与发展的内在联系：既说明了法治对发展的重大意义，又为法治建设提出了历史性任务。

高质量发展所需要的法治必然是高质量法治，高质量法治是以良法善治为表征的法治。“良法”通常是指尊重保障人权、维护公平正义、促进和谐稳定、保障改革发展、引领社会风尚的法律，就是反映人民意志、体现民意民智、符合客观规律、便于遵守和执行的法律。在新征程新发展阶段，“良法”更应当是体现和贯彻新发展理念的法治。发展要高质量，立法、执法、司法、普法也要高质量，要以高质量法治引领、规范和保障新发展阶段的高质量发展，使发展成果更好惠及全体人民，不断实现人民对共同富裕和美好生活的向往。应善于运用法治思维和法治方式构建以国内大循环为主体、国内国际双循环相互促进的新发展格局。坚持依法执政，提高党领导经济工作法治化水平，推动质量变革、效率变革、动力变革，为实现高质量发展提供根本保证。

中国特色社会主义实践向前推进一步，法治建设就要跟进一步。在扎实推进共同富裕的历史阶段，法治要发挥为经济社会发展和共同富裕保驾护航的作用，就要创造性地贯彻落实新发展理念，将新发展理念融入社会主义法律体系、法治体系和全面依法治国的各个领域各个环节，形成有利于创新发展、协调发展、绿色发展、开放发展、共享发展的法治环境。与此同时，促进新发展理念与社会主义法治理念、法治精神、法治价值体系有机融合，建设更高水平的法治中国，推进法治现代化和法治文明进步。新发展理念融入法治之后，必将极大地丰富和创新中国特色社会主义法治理论，全面提升中国特色社会主义法治体系的内在质量和外在效能，为经济发展和共同富裕提供高质量制度资源。伴随中国经济社会发展新阶段和建设社会主义现代化国家新征程，我国的法治建设也必将步入高质量发展阶段。

四、以公平和效率为核心价值，构建保证共同富裕行稳致远的分配秩序

实现全体人民共同富裕，要处理好经济发展与收入分配、需要与可能、效率与公平等关系，形象地说，就是既把“蛋糕”做大又把“蛋糕”分好，让发展成果更多更公平惠及全体人民。为此，要在法治框架内合理调整收入分配关系，形成有利于促进共同富裕的收入分配秩序。对此，习近平总书记在中央财经委员会第十次会议上指出：“总的思路是，坚持以人民为中心的发展思想，在高质量发展中促进共同富裕，正确处理效率和公平的关系，构建初次分配、再分配、三次分配协调配套的基础性制度安排，加大税收、社保、转移支付等调节力度并提高精准性，扩大中等收入群体比重，增加低

收入群体收入，合理调节高收入，取缔非法收入，形成中间大、两头小的橄榄型分配结构，促进社会公平正义，促进人的全面发展，使全体人民朝着共同富裕目标扎实迈进。”[16]

在我国社会主义初级阶段，从分配制度上说，我们实行“按劳分配为主体、多种分配方式并存”的基本分配制度。这个制度既符合社会主义初级阶段生产力发展水平，又符合科学社会主义原则，并与中华传统文化契合。从分配体系上说，我们实行初次分配、再分配、三次分配相结合的分配体系，这个体系符合经济社会发展规律，有利于激发和保护劳动者勤劳致富的本能和潜力，避免跌入均富导致均贫的“索维尔陷阱”。从分配秩序上说，我们依法保护合法收入、取缔非法收入、合理调节过高收入，彰显各得其所、致力为公的制度美德和社会风尚。

推动共同富裕，关键是构建初次分配、再分配、三次分配协调配套的基础性制度安排，形成在更高质量、更有效率、更加公平、更可持续、更为安全的发展前提下的有利于共同富裕行稳致远的分配体系和分配格局。

初次分配是按照劳动力、资本、土地和知识、技术、数据、管理等生产要素对财富增长贡献大小进行的收入分配。初次分配直接影响分配结果和分配秩序，对实现共同富裕具有直接的重要影响。目前我国初次分配中，无论是国企还是民企，普通劳动者的劳动收入份额占比偏低，严重制约共同富裕，故提高劳动收入份额势在必行。为此，要抓紧修改完善《劳动法》《劳动合同法》《个人所得税法》《公司法》等法律法规，加大分配机制改革力度，依法保护劳动者合法权益，提高劳动报酬在初次分配中的比重，促进劳动报酬增长和劳动生产率提高同步，提高居民收入在国民收入分配中的比重，增强初次分配的公平性合理性。

再分配是在初次分配基础上，由政府主导、通过税收和实施各种公共政策而进行的财富二次分配。就实现共同富裕而言，再分配是着力解决收入差距大、分配不公平、区域不平衡、社会发展不平等的重要调节机制。在这方面,具有决定性意义的是深化财税体制改革、完善税收、转移支付、区域间对口帮扶等调节机制并提高其精准性,调整和优化财政支出结构,把更多的财政资金投向公共服务领域,促进基本公共服务均等化、普惠化。同时,要加快健全社会保障体系,加大社会保障再分配力度,更好发挥其兜底提低的作用。仔细观察现行社会保障制度和现实,我们不难发现城乡之间、地区之间、群体之间的差距仍然过大,不同身份、岗位、群体、阶层实际享有的社会保障权益不同,有的制度安排甚至存在逆向调节现象,直接制约全体人民走向共同富裕的进度。这就要求把完善社会保障法律制度作为立法重点领域,以法治的力量推进社会建设和社会保障改革,形成更加充分、更加均衡、更可持续的社会保障制度,推动中国式社会保障制度现代化,促进经济建设的成果通过社会保障惠及全民。

第三次分配是中国特色收入分配制度的创新和发展,是初次分配、再分配的重要补充。第三次分配主要是通过捐赠、慈善、公益等自愿自主方式对收入和财产进行再一次分配。国家倡导、保护和支持第三次分配,旨在鼓励有能力有条件的企业、组织和个人承担更多社会责任,支持和帮助困难群体和个人改善生活、生产、医疗、教育等条件,使更多的人能够实际地享有生存权和发展权,能够体面地有尊严地生活和生存。当前,第三次分配领域问题较多,广受诟病,发展困难。这与法律不完善、不配套和法律执行不到位有着直接关系。所以,要加快《慈善法》《公益事业捐赠法》《红十字会法》等法律法规的立改废释,完善相关税制,构建有利于第三次分配的法律法规体系,依法支持、引导和监管慈善活动,着力提高我国慈善组织及其活动的透明度和公信力,促进慈善新业态规范发展,积极发挥第三次分配对收入分配的调节作用。

应当指出的是,社会财富和国民收入的任何一种分配都是在一定价值观的指导下进行的。在推动共同富裕历史阶段，三次分配都要处理好效率和公平的关系。效率和公平是既相适应又相矛盾的社会价值。一方面，以效率为标准配置社会资源，促进经济增长，增加社会财富总量，在此基础上才有可能实现共同富裕和更高层次公平。另一方面，如果把效率绝对化，不考虑公平，就可能导致收入悬殊、两极分化，造成社会不稳，影响以致从根本上损害效率。在效率和公平之间，我们要尽量扩大它们之间的适应性，缩小它们之间的矛盾性。在良好的分配秩序之下，二者是可以做到有机统一、相辅相成的。首先，效率和公平本质上是统一的，其统一性的基础在于，效率属于经济范畴，公平属于伦理范畴，作为伦理范畴的公平应当来自于并服务于作为经济范畴的效率；统一的标志在于，只有推动生产力发展，提高劳动生产率，增加社会财富总量，才有可能创造出兼顾公平的物质基础，实现共同富裕，而不是共同贫穷。其次，理性的效率观除了投入产出的经济分析外，还有更为深层的道德内涵，即根据预期目的对社会资源配置和利用的最终结果作出社会评价，社会资源的配置和利用使越来越多的人得以境况改善同时没有人因此而境况变坏，这就意味着效率提高了。这种效率观已经包含社会公平因素，是伦理与功利的统一、经济效益与社会效益的统一。最后，效率是以自由而公平的竞争为前提的。在市场经济条件下，一方面，只有赋予主体尽可能广泛的追求利益的自由和最大限度的活动空间，才能保证资源利用的效率；另一方面，主体之间只有以平等的资格，在平等的条件下公平竞争，才能激发创新、增加活力、保持效率。

五、构建和谐社会、建设平安中国，为共同富裕创造充满活力、安定有序的良好法治环境

促进经济发展、推动共同富裕，迫切需要良好的法治环境和社

会秩序。党中央提出构建和谐社会、建设平安中国,就是形成既充满活力又安定有序的法治环境和社会秩序的重要抓手。

其一,构建和谐社会。"和谐"作为一种社会理念,承载和容纳着人类对美好生活和文明秩序所寄托的愿望。先秦思想家便已提出"和美""和和美美"的生活理念。如孔子所言,"礼之用,和为贵","合群济众",和衷共济,和平共处,善解能容,矛盾和解,和睦等;如墨子所言,"兼相爱""爱无差等";也如孟子所言,"天时、地利、人和",等等。马克思、恩格斯提出的共产主义理想社会就是一种以财富泉水般涌现、社会公平正义和每个人的全面自由发展为表征的和谐社会。中国共产党自成立以来,始终以构建马克思主义经典作家所构想的社会主义和谐社会为己任,为人民的美好生活而奋斗。进入 21 世纪以后,我们党明确提出构建"民主法治、公平正义、诚信友爱、充满活力、安定有序、人与自然和谐相处的社会主义和谐社会"。[17]党的十八大以来,以习近平同志为核心的党中央深入推进社会主义和谐社会建设。习近平总书记指出,"社会和谐是中国特色社会主义的本质属性",[18]强调要"坚持在法治轨道上统筹社会力量、平衡社会利益、调节社会关系、规范社会行为,依靠法治解决各种社会矛盾和问题,确保我国社会在深刻变革中既生机勃勃又井然有序"。[19]当前,要进一步推进和谐社会建设,积极回应群众关切、合理调整利益关系、有效化解矛盾纠纷,形成"富者足以示贵而不至于骄、贫者足以养生而不至于忧""财不匮而上下相安"的局面,[20]努力为推动共同富裕创造全体人民各尽其能、各得其所而又和谐相处、守望相助的社会环境。

其二,建设平安中国。平安是最大的福,人身自由、人格尊严、身心健康、财产安全等是最大的平安,是全面共同富裕的题中之义,是物质、精神、制度各方面共同富裕的依托。只有加强平安建设,共同富裕事业才能在安定有序的环境中顺利推进。以习近平同志为核心的党中央高度重视平安中国建设。2013 年 1 月,习近平总书记就作出“建设平安中国”的重要指示。2015 年，习近平总书记提出“努力建设平安中国”。[21]2016 年，习近平总书记进一步提出：“要继续加强和创新社会治理，完善中国特色社会主义社会治理体系，努力建设更高水平的平安中国，进一步增强人民群众安全感。”[22]在此基础上，党的十九届四中全会《决定》确认了平安中国的核心要义，即人民安居乐业、社会安定有序，国家长治久安。经过长期努力，我们创造了世所罕见的经济快速增长、社会长期稳定的奇迹，成为世界上最具安全感的大国。

建设平安中国是社会主要矛盾发生深刻变化、人民对安全需要日益增长的历史条件下社会治理目标的必然选择，是新时代推进社会主义现代化最重要的战略任务之一。进入 21 世纪以来，公民的人身安全、人格安全、财产安全、信息安全，住宅安全、私域生活安全、公共生活安全、生产安全、交通安全、食品药品安全问题越来越突出，人民赖以生存和发展的制度安全、领土安全、政权安全、经济安全、资源安全受到前所未有的侵扰和挑战，宗教极端势力、分裂势力、恐怖主义势力、黑恶势力、各种敌对势力对人民的安全生活构成了严重危害和风险。在这种情况下，人民迫切要求把保护和保障安全作为一项基本人权，作为共同富裕的核心要义，迫切要求以建设平安社区、平安区域、平安社会、平安国家为目标实施社会治理，使人民有更多的安全感。

构建和谐社会、建设平安中国，法治大有作为、功能无限。主要体现在四个方面。第一，“法者，治之端也”，法律是治国之重器，具有固根本、稳预期、利长远的基础性作用。第二，“法者，定分止争也”，通过制定和实施法律，合理界定权利和义务、从源头上预防矛盾纠纷，公正及时化解矛盾纠纷，促进社会和谐稳定。第三，“法安天下，法正民安”，法律是维权护民、惩恶维稳的武器，能够切实有效地保护人民的各项权利和自由，不断增强人民群众的安全感。第四，“经国序民，正其制度”，法律制度是国家和社会治理的制度依托和保障，以“中国之制”支撑“中国之治”，必将创建出国家更安全、社会更安定、人民更安宁、网络更安静的平安中国，为扎实推动共同富裕保驾护航。

结 语

实现共同富裕，既需要法治的助力和保障，也推动法治的变革和进步。在共同富裕的道路上，我国法治还是一个跟跑者，无论是法治理念，还是法律制定和实施，都还不适应共同富裕的目标任务，共同富裕的法治体系尚不健全，共同富裕的法治环境有待营造。推动共同富裕的伟大实践倒逼制度供给侧改革和法治发展，为法治现代化提供了重大的历史性机遇。法治建设应紧紧抓住这个历史机遇，增强法律制度供给能力，优化法治体系制度资源，推动教育法、就业法、劳动法、个税法、房产税法、遗产税法、财政法、社会保障法等直接关乎共同富裕的法律法规的立改废释，补短板、强弱项，构建与共同富裕相适应的法律制度体系并提高制度的效力和效能，以良法善治服务共同富裕。与此同时，在引领、规范和保障共同富裕实践中，从根本上提高法治的品质和美德，促进法治高质量发展，确保在共同富裕的道路上开辟法治现代化新境界。

注 释

1 习近平:《论坚持全面依法治国》，中央文献出版社 2020 年版，第 254 – 255 页。

2 习近平:《论坚持全面依法治国》，中央文献出版社 2020 年版，第 281 – 282 页。

3 习近平:《在民营企业座谈会上的讲话》(2018 年 11 月 1 日)，载《人民日报》2018 年 11 月 2 日，第 2 版。

4 周强:《最高人民法院工作报告——2022 年 3 月 8 日在第十三届全国人民代表大会第五次会议上》，载《人民法院报》2022 年 3 月 16 日，第 1 版。

5 习近平:《之江新语》，浙江人民出版社 2007 年版，第 203 页。

6 习近平:《论坚持全面依法治国》,中央文献出版社 2020 年版,第 254 页。
7 《中共中央关于制定国民经济和社会发展第十三个五年规划的建议》,载《人民日报》2015 年 11 月 4 日,第 1 版。
8 《习近平谈治国理政》(第 1 卷),外文出版社 2018 年版,第 74 页。
9 习近平:《在经济社会领域专家座谈会上的讲话》(2020 年 8 月 24 日),载《人民日报》2020 年 8 月 25 日,第 2 版。
10 习近平:《论坚持全面依法治国》,中央文献出版社 2020 年版,第 254 页。
11 习近平:《坚定不移走中国特色社会主义法治道路　为全面建设社会主义现代化国家提供有力法治保障》,载《求是》2021 年第 5 期。
12 习近平:《扎实推进共同富裕》,载《求是》2021 年第 20 期。
13 《习近平谈治国理政》(第 1 卷),外文出版社 2018 年版,第 97 页。
14 习近平:《决胜全面建成小康社会　夺取新时代中国特色社会主义伟大胜利——在中国共产党第十九次全国代表大会上的报告》(2017 年 10 月 18 日),人民出版社 2017 年版,第 21 页。
15 《中共中央关于制定国民经济和社会发展第十三个五年规划的建议》,载《人民日报》2015 年 11 月 4 日,第 1 版。
16 习近平:《扎实推进共同富裕》,载《求是》2021 年第 20 期。
17 中共中央文献研究室编:《十六大以来重要文献选编》(下),中央文献出版社 2008 年版,第 673 页。
18 中共中央文献研究室编:《十八大以来重要文献选编》(上),中央文献出版社 2014 年版,第 79 页。
19 习近平:《论坚持全面依法治国》,中央文献出版社 2020 年版,第 104 页。
20 《春秋繁露·度制》。
21 《不断提高维护公共安全能力水平努力建设平安中国》,载《人民日报》2015 年 9 月 24 日,第 1 版。
22 《完善中国特色社会主义社会治理体系　努力建设更高水平的平安中国》,载《人民日报》2016 年 10 月 13 日,第 1 版。

新时代法治改革再出发[*]

给学术论坛做学术总结，从来都不是件容易的事情，难度大、压力大。给“新时代的中国法治改革”暨中国法治现代化2018年智库论坛做学术总结，难度就更大。论坛举行一整天，从早上8点半到现在晚上6点，我来不及认真地消化专家们精彩的思想，也来不及仔细阅读所有人的论文。所以，这谈不上是一个学术总结，只是大致地谈谈对大家发言和论文的粗浅和粗略的体会。

一、智库论坛的概括性小结

我认为，这次论坛有这样几个特点：

第一，时间节点恰到好处。这次论坛主题和讨论的议题是“新时代中国法治改革”，而2018年恰好是中国改革开放40周年，也恰好赶在党中央即将召开改革开放40年纪念大会之前。正如公丕祥教授所说，“改革开放是现代中国的第二次伟大革命”。这一革命

---

* 本文系作者2018年10月27日在“中国法治现代化2018年智库论坛”的学术总结，后以《新时代中国法治改革的理论与实践》为题发表于《法治现代化研究》2018年第6期，以《新时代法治改革再出发》为题发表于《法制日报》2019年1月9日。

当然包括法治领域的革命，我国法治建设和法治改革均取得了历史性的重大进展，凝结了弥足珍贵的中国经验。所以，这值得我们回顾，值得我们总结，更值得我们在回顾总结的基础上深入推进。

第二，高朋满座，名家荟萃。在今天的论坛上，总共有 37 位专家学者做了大会报告和交流，并有 8 位评议人、8 位主持人进行了精彩点评和阶段性的学术总结。其中，大法官、大检察官 2 位，一级教授、资深教授、讲席教授 4 位，教育部长江学者 3 位，还有一批资深的法学家、优秀的中青年学者和脱颖而出的学术新秀。这次会议可以说层次很高，其层次之高在近期举办的学术研讨会上是不多见的，这也充分体现和表明了南京师范大学中国法治现代化研究院的凝聚力、号召力和吸引力。

第三，主题鲜明，意涵深刻。在新时代新征程中召开的中国法治改革论坛，举起了新时代法治改革的大旗，吹响了新时代中国法治改革的号角。这是在党的十一届三中全会召开 40 周年之际，对全面深化改革的积极响应，是对不忘改革初心、改革再出发的一个宣誓。

第四，议题广泛，交流深入。会议围绕新时代中国法治改革设置了一系列议题，大约有 60 多个，会议论文和发言基本覆盖了这些议题。在会上会下的交流中，我深刻感受到，本次论坛取得了非常丰富的实质性成果，包括以下几个方面：

一是充分阐明了新时代法治改革的新特征。新时代的法治改革是在党中央集中统一领导下全面推进、加快推进的。以习近平同志为核心的党中央奋力推进法治改革，而且是不断地高速度地推进，是自上而下和自下而上相结合的全党全国共同推进。党的十八届四中全会做出全面推进依法治国的重大决定，就充分体现了这个特点。新时代的法治改革坚持党的领导、人民当家作主、依法治国相统一，彰显了改革的本质。民主是法治的前提，法治的改革是与民主的改革唇齿相依的。新时代的法治改革坚持法治现代化、国家治理现代化的改革方向。我们改革的方向和目标就是推进法治文明，推进国家治理体系、治理体制、治理能力的现代化。新时代的法治改革坚持以人民为中心的改革理念，改革为了人民，改革依靠人民，改革成果由人民共享，改革成效由人民来评判。这个理念也是非常确定的。

二是交流广泛、对话深入。与会者分析和总结了新时代中国法治改革的国家经验、地方经验和领域经验。有的学者从全国维度对法治改革的经验进行了高度的概括；有的学者对地方经验尤其是江苏省的法治改革经验进行了充分的述评；有的学者针对不同领域的改革经验，包括司法改革、政府改革、社会治理、网络治理等方面的经验，进行了深入的分析。

三是解放思想、勇于创新。与会者着眼于法治现代化和国家治理现代化，立足当下、面向未来，提出了一系列法治改革的理论观点和深入推进法治改革的思路、路径和任务。这些既有宏观的，又有微观的，还有中观的。

由于每一个单元的点评人都做了恰到好处的点评，他们的点评加起来就是对整个论坛的科学总结。我也就不再重复了。

二、对中国法治改革的几点认识

在阅读大家论文和聆听大家发言的基础上，结合自己对法治改革这个问题的认识，我在此简单地谈三个观点。

（一）新时代中国法治改革的理论依据

从整体上来讲，这个理论依据就是全面依法治国新理念新思想新战略，就是新时代中国特色社会主义法治思想，这是总的依据。具体来讲，这个理论依据体现为两个论断：第一个论断，就是“全面依法治国是国家治理的一场深刻革命”。党的十八大以来，习近平总书记多次指出：全面推进依法治国是一个系统工程，是国家治理领域一场广泛而深刻的革命。[1]全面推进依法治国是一项长期而重大的历史任务，[2]也必然是一场深刻的社会变革和历史变迁。十九大报告中又一次强调指出："全面依法治国是国家治理的一场深刻革命。"[3]那么，这样一个革命怎么进行？我认为，既然全面依法治国是一场广泛而深刻的革命，就必须以革命的勇气和革命的思维，大刀阔斧地推进法治领域的改革，坚决破除一切妨碍依法执政、依法治国、依法行政、依法治军、依法办事的体制机制弊端和思想观念。我们党领导人民通过一系列的改革来实现法治革命和国家治理革命。这是中国共产党的伟大创造。我们不是去砸烂一个旧的法治体制再去重新构建一个新体制，但也不是修修补补、小打小闹，而是把一系列重大改革的推进集成为法治革命和国家治理领域的革命。

第二个论断，就是"中国特色社会主义进入新时代之后社会主要矛盾深刻变化"。在党的十九大报告当中，习近平总书记明确宣布新时代我国社会主要矛盾已经转化为人民日益增长的美好生活需要和不平衡不充分的发展之间的矛盾。新时代社会主要矛盾深刻变化的重大判断，是建立在科学把握我国社会发展规律、精准预测未来发展趋势并反复进行论证的基础上做出的。这个矛盾是关乎全局的矛盾，是根本性广泛性的矛盾。社会主要矛盾深刻变化折射到法治领域，表现为人民对法治的美好需要，对法治生活的美好期待，对人身权、人格权、财产权和其他权利保障的需要。与我们现在立法不优、执法不严、司法不公、监督疲软、人权保障和产权保护不力等的矛盾，也可以说是法治的需求侧和供给侧之间的矛盾，而这个矛盾只有通过法治改革才能缓解、才能消解。所以说，是这个矛盾催生了法治改革，为法治改革增添了强大的动力。

（二）新时代中国法治改革的对象、目标和重点任务

改革的对象：改什么？这是一个很重要的问题。完整意义上的法治包括三个方面，即法律制度、法治体制、法治文化。法治改革的对象其实就是这三个方面，要通过法治改革，实现法律制度创新、法治体制创新和法治文化的变革。

改革的目标：向什么地方改？面向什么方向去推进法治改革？可以从三个阶段来讲：第一阶段是从党的十九大到2020年，法治改革的方向和目标就是党中央提出的法治小康的六条指标，即依法治国基本方略全面落实、中国特色社会主义法律体系更加完善、法治政府基本建成、司法公信力明显提高、人权得到切实保障、产权得到有效保护，国家各项工作法治化。第二阶段是从2020年至2035年的奋斗目标。根据党的十九大的战略安排，在2020年实现“法治小康”的基础上，继续坚持全面依法治国基本方略，深化依法治国实践，加快法治中国建设，到2035年基本实现法治现代化。到那时，“人民平等参与、平等发展权利得到充分保障，法治国家、法治政府、法治社会基本建成，各方面制度更加完善，国家治理体系和治理能力现代化基本实现”，[4]“现代社会治理格局基本形成，社会充满活力又和谐有序”。[5]第三阶段是从2035年到2050年，当社会主义现代化强国这样一个伟大梦想实现的时候，法治强国的伟大目标也要实现。在基本实现现代化的基础上，把我国建成富强民主文明和谐美丽的社会主义现代化强国。到那时，我国物质文明、政治文明、精神文明、社会文明、生态文明将全面提升，实现国家治理体系和治理能力现代化。习近平总书记在中央全面依法治国委员会第一次会议上提出要做好全面依法治国的规划。他讲到了三个时段的规划，即到2020年的近期工作规划、到2035年的中期规划、到2050年的长远规划，就是这三个阶段性的目标。

改革的重点任务：改什么？这包含以下几个方面：一是法治思

想变革，要通过不断地总结经验，传承中华法治文明，借鉴世界法治文明成果，来创新和发展中国特色社会主义法治理论，特别是把社会主义核心价值观与法治改革相结合，实现法治的精神转换，这也可以说是新时代中国法治的一场思想革命。二是法治体制改革，包括：(1)法治领导体制改革。例如全面依法治国领导体制的改革，中央成立全面依法治国委员会，省级党委成立全面依法治省(区、市)委员会，加强对全国或区域范围内的法治建设的集中统一领导、顶层设计、监督落实。(2)宪法实施体制改革，特别是诸如推进合宪性审查等确保宪法实施的体制机制的创新和落实。(3)立法体制改革，包括立改废释等，也包括全国人大宪法法律解释程序等。(4)行政执法体制改革，包括政府决策体制改革，实现管制型政府、管理型政府向服务型政府的根本性转变。(5)司法体制改革，以司法责任制为牛鼻子进行综合配套改革，包括法院体系改革、检察体系改革等。(6)法学教育体制改革。法学教育在全面依法治国中具有基础性、先导性的地位和作用。要充分体现法学教育的这个地位和作用，就必须全面推进法学教育尤其是领导管理体制改革。三是治理变革。中国的治理体系包括政党治理、国家治理、社会治理、网络(互联网)治理等。首先是政党治理，如从严治党，依法依规管党治党，依宪执政，依宪治国，推进党的领导法治化、制度化，推进党内民主。其次是国家治理体系、治理体制、治理模式和治理能力改革，诸如中共中央总书记、国家主席、中央军委主席三位一体的新体制，国家制度体制，职能相近的党政部门合并或合署办公等。与国家治理体系治理体制的改革相比，社会治理改革仍然是短板所在。所以，习近平总书记在中央全面依法治国委员会第一次会议上明确指出，法治政府建设已经有了规划，法治社会建设还没有规划，要抓紧制定规划。法治社会建设的过程实质上就是社会治理变革的过程，要打造共建共治共享的社会治理格局，在乡村实施自治法治德治相结合的治理体系，在城区形成政府治理、社会调节与居民自治良性互动的格局。另外，网络社会的治理超级复杂，也需要有很多的创新。

（三）新时代中国法治改革的辩证法和方法论

这是大家论文和发言当中谈得比较多的方面，我想应该坚持以下几点：

一是坚持对立统一的辩证法，正确处理法治领域的各个辩证关系。譬如，民主与专政、人治与法治、法治与德治、改革与法治、政策与法律等。还有，大家讨论比较多的，例如，认真对待权利与认真对待义务、尊重和保障人权与制约和监督公权、自由和秩序等。在这些问题上，我赞成已故马克思主义法学家孙国华先生的金句名言："在对立和统一的问题上，只讲统一不讲对立容易犯右的错误，只讲对立不讲统一容易犯左的错误。"对此，我的记忆非常牢固，受到的教育极其深刻。我觉得，孙老师讲得非常好，我们在处理这些辩证关系、对立统一的矛盾体时，要把握住这种平衡。

二是坚持在科学和法治的轨道上推进法治改革。法治改革要有科学的理论作指导，科学的理论一定是正确地认识了规律的理论。按照科学理论，也就是遵循改革对象的客观规律，以科学理论为指导。另外，"改革要于法有据"，这个原则同样适用于法治改革。改革决策要与立法决策同步，为改革提供立法支持。在司法领域，这几年出现了很多"乱改革""盲改革"的问题。究其原因，一方面是理论准备不充分；另一方面是改革未于法有据。所以，推进改革要坚持以科学和法治为原则。

三是探索综合性协同性的改革。这可能是新时代法治改革非常重要的一个特点。现在的改革对象，如习近平总书记所说，容易改的我们都改完了，剩下的都是"硬骨头"。"硬骨头"的一个非常明显的特征就是改革对象的交互性、一体性、深层性，这也决定了法治改革的综合性。譬如，司法责任制的改革、法学教育体制的改革等,都是交互的、一体化的,而不是可以单独拿出来进行改革的。此外,还有协同性的问题,例如,以审判为中心的诉讼制度改革,没有公检法司的协同合作是行不通的。互联网治理的改革也是这样。还包括刚才大家讲的《民法典》的编纂,如果仅仅靠民法学界,很难编纂出一个能够回应人民对美好生活需要的民法典,这需要整个法学界以及经济社会科技各界的参与和支持。

四是改革的科学路径。坚持中国特色社会主义法治道路,努力走出一条自主性的而不是外源性的法治改革之路。今天上午,公丕祥教授也特别强调自主性的改革,我们要从中国国情出发走我们自己的路,坚持中国特色社会主义道路自信、理论自信、制度自信、文化自信,不断推进和实现新时代中国法治改革的制度创新和理论创新。当然,我们不是关起门来搞改革,而是要面向世界、借鉴外来,以包容开放的心态学习域外经验,以使我们的法治改革既符合国情又应对世情。

注 释

1 中共中央文献研究室编:《十八大以来重要文献选编》(中),中央文献出版社 2016 年版,第 154 页。

2 《立德树人德法兼修抓好法治人才培养 励志勤学刻苦磨炼促进青年成长进步》,载《人民日报》2017 年 5 月 4 日,第 1 版。

3 习近平:《决胜全面建成小康社会 夺取新时代中国特色社会主义伟大胜利——在中国共产党第十九次全国代表大会上的报告》(2017 年 10 月 18 日),人民出版社 2017 年版,第 38 页。

4 习近平:《决胜全面建成小康社会 夺取新时代中国特色社会主义伟大胜利——在中国共产党第十九次全国代表大会上的报告》(2017 年 10 月 18 日),人民出版社 2017 年版,第 28 页。

5 习近平:《决胜全面建成小康社会 夺取新时代中国特色社会主义伟大胜利——在中国共产党第十九次全国代表大会上的报告》(2017 年 10 月 18 日),人民出版社 2017 年版,第 28 页。

变革时代区域法治发展的“八点共识”*

现在，我就这次学术研讨会谈一些感受和体会。这里，先从形式上对这次会议做一个程序上的总结。我认为，这次会议有如下特点，也是会议取得成功的评价标准：

第一，这次会议的主题具有鲜明的时代性、创新性，丰富的学术性和积极的参与性。社会变革、法治改革是一个非常前沿的问题，具有时代性。创新主要体现在会议主题的讨论，必将推动我国法学研究的学术创新、理论创新和法治建设的实践创新。说它具有丰富的学术性，就是因为这个主题具有强烈的问题意识和问题导向，主题的学术含量很深厚、很丰富，它的学术价值经过一段时间我们会看得更深。积极参与性表现在这个论题是参与性论题，它致力于参与区域法治发展，通过参与区域法治发展，推动法治中国建设，所以体现了理论探索的意义。

第二，这次会议的过程体现了鲜明的学术自由与学术民主。学术自由体现在这次会议，无论是撰稿人、论文的作者、会议的学术报告人，还是评论人以及自由发言人，都在独立思考的基础上，畅所欲言，没有调子，没有框子。学术民主体现在，虽然会议邀请

* 本文系作者2013年10月26日在南京举办的“变革时代的区域法治发展”学术研讨会上所作的学术总结，发表于《法制现代化研究》(2013年卷)。

的老师和应邀参加的同学人数并不多,但参会者来自全国各地,有经济发达地区的代表,有经济相对落后地区的代表,还有正在崛起地区的代表,大家带着不同地区的经验,带着不同地区的呼声与追求来参加会议,对于区域法治发展、地方法治建设问题比较有研究的学者几乎都到场了。有36位作者提交了30篇论文,其中有的是双作者,16位学者作了精彩的主题报告,20多位学者参与了评论和自由讨论。同时学术民主还体现在充分的学术对话,对话的过程是平等的、对话的结果是多种思想的交流,从而深化了认识,产生了新的观点,对话的各方都受到了启发,都很有收获。

第三,这次会议的设计、策划具有鲜明的科学性与规范性。首先,会议只设计两个专题:一是区域法治发展的理论与历史,二是区域法治发展的实践探索。作为区域法治发展这一主题的首次全国性研讨会,这两个专题的设计为与会者围绕主题开展研究找到了逻辑起点,无论是从理论、历史还是从实践等角度切入,都给大家找到了一种思路和路径。其次,这两个专题都有很强的包容性、涵盖性,为与会者提供了广阔的思考空间与自由的话语空间。再次,每个单元安排1位主持人、4位报告人、2位评议人,以及若干自由发言人,时间90分钟。我推算了一下,这种设计非常合理,其合理性在于:一是与会议代表的规模相适应;二是与表达内容的含金量相适应,如果给大家20分钟,就得拖泥带水了,但如果只给大家5分钟,很多内容又难以表达清楚。最后,学术活动程序性的设计既有计划的一面,体现了程序性,同时也体现了市场性,可以说是计划性与市场性相结合,原则性与灵活性相结合,提高时间效率,保证学术平等,也方便了学术对话与交流,特别是为年轻学者提供了自由讨论的机会。

作为首次区域法治发展的全国性研讨会,本次会议的实质性学术收获很多。最重要的收获,概言之,就是与会同仁达成了变革时代区域法治发展的基本共识,因这次会议在南京召开,亦可称为

“南京共识”,共有八点:

一是“区域法治发展”的概念是成立的,可以证成的,也是经过证成的。大家在发言交流中使用“区域法治发展”这一概念都是经过理论证明的。“区域法治发展”的概念在理论与实践两个层面都是科学的,可以名正言顺地进入中国特色社会主义法治话语体系,也当然属于中国法学的概念体系。

二是区域法治发展理论是在全面推进法治中国建设、全面建成小康社会的历史条件下形成的。可以说,区域法治发展理论是中国法学与法律界在21世纪初期的原创性理论,这一理论将对区域法治发展发挥积极的指导作用和理论规范作用,将丰富中国特色社会主义法学理论体系和法治理论体系。

三是区域法治是国家法治在一定区域内的展开,是根据区域不同的自然环境、经济基础、历史传统、民族习惯等因素实施法治治理,形成具有区域特色的法治运行模式。也可以说,区域法治是治国理政的区域性模式,是国家法治统一性基础上的区域法治的多样性和国家法治整体性基础上的区域法治发展的个别性。

四是区域法治发展对于调整、保障、引导和服务区域内的五大建设,协调法治区域内的利益关系,促进区域内经济、社会可持续发展,提升法治区域内的核心竞争力,具有重大意义。把区域法治发展纳入中国特色社会主义法治建设的总体布局中,是十分必要的。

五是在当代中国,区域不仅意味着以地理因素为基础的空间结构,更重要的是以经济、政治、社会、文化、历史等因素作为基础的社会结构。区域是包括省域与跨省域、市域与跨市域、县域与跨县域以及经济特区、自由贸易区等在内的概念。区域法治发展是一种多重的法治发展经验,多样性的区域法治发展的丰富经验为依法治国、建设法治中国提供了丰富的法治实践资源和理论探索。

六是中国古代的地方自治和近代中国的区域治理,为当代中国的区域法治发展提供了丰富的历史经验,有待于深入总结,加以传承与借鉴。

七是开展法治评估,对于推进区域法治发展、建设法治中国具有重大的理论与实践意义。法治评估指标体系的设计,应立足中国国情和区域实际,同时积极借鉴世界法治评估指数,使其具有科学性、民主性和普适性。法治评估应以相对中立的第三方机构(如大学、专业评估机构等)为主进行,以保证评估的规范性、真实性与公信力。要积极探索区域法治发展评估指标体系,拟可选择若干一级指标对法治政府、司法文明等进行专项法治评估,以积累经验,待条件成熟时,开展区域法治发展的综合评估。

八是将理论模型与实证调研有机结合,开展区域法治发展的现实样本研究十分有必要。就省域、市域、县域以及跨域的法治发展进行实证性的个案研究,借以形成区域法治发展的经验样本。

以上八点共识是这次会议的集体收获,也是集体成果。当然,在形成上述共识的同时,与会者在区域法治发展的理论、历史、实践甚至包括概念等问题上,还存在不同见解,可谓仁者见仁,智者见智。也许正是不同见解、不同观点、不同方法的和而不同,才有学术和谐。这次研讨会提出了很多新的问题、新的议题和深入开展研究工作的新的建议,有待会后进行梳理与研究。

展示社会主义法治示范区法治规律和建设经验*

深圳是我国改革开放的总设计师邓小平同志亲自倡导建立的第一个经济特区。深圳经济特区成立以来，在改革开放的伟大进程中，发挥了窗口和试验田的作用，由昔日贫穷落后的边陲小镇发展成为欣欣向荣的现代化城市，向世界昭示了中国特色社会主义的勃勃生机和光明前景。2010 年，在深圳特区成立 30 年之际，国务院批准了《前海深港现代服务业合作区总体发展规划》，位于深圳西部、珠江口东岸、毗邻港澳特别行政区的前海，在改革的春风中再次扬帆起航。

2012 年 12 月，习近平总书记视察前海时特别指出，要把握好中央赋予前海的定位，依托香港、服务内地、面向世界，发扬特区“敢为天下先”的精神，落实比特区还要“特”的先行先试政策，继续探索经验向全国推广。发挥深、港比较优势，在前海发展现代服务业，是新时期改革开放的重大举措，体现了党中央、国务院决心把经济特区办得更好，一如既往支持经济特区大胆探索、先行先试、发挥引领作用。前海的探索不仅是为前海服务，而且是为全省乃

---

* 本文系作者 2014 年 5 月 21 日在前海社会主义法治示范区研究会成立仪式上的致辞。

至全国的改革探路，因此，前海改革开放新实验具有重大意义。

在前海新区的改革开放实验中，法治改革探索是其重要组成部分，甚至可以说是具有推动和引领作用的探索。法治进步是社会文明的重要标志，深圳的发展离不开法治的社会环境，前海的创新必须要依托法治的创新。为了贯彻落实党的十八大和十八届三中全会关于推进法治中国建设的精神，深圳市委、市政府明确要求前海以促进现代服务经济发展为核心，实施法制创新，营造公正、透明、高效、诚信、廉洁的法治化国际化营商环境，切实打造成为中国特色社会主义法治示范区。

法治是规则之治，更是良法善治。不仅要将国家权力的运行和国家机关的活动纳入法治的轨道，使之服从法律的基本原则，防止其越权滥用；而且要切实保护公民的人权和其他自由与权利，维护社会公平正义，维护市场经济和民主政治秩序，促进社会和谐稳定。法治的这些核心价值决定着经济、政治、文化、社会和生态建设必须高度重视发挥法治的重要作用，必须把法治作为治国理政的根本方式。前海的建设和发展也不例外。谋划和推进前海深港合作区的各个方面和各个环节，应当优先推进法治化、国际化营商环境的建设，为此要研究借鉴国际通行规则，加快构建适应现代服务业发展的法规体系，形成符合国际商事规则的多元化国际化纠纷解决机制，创新法定机构管理体制机制和运作模式，健全廉政监督体制机制。

改革开放以来，深圳特区创造了中国法治建设的深圳经验；面对前海深港合作区法治建设的新形势、新情况，深圳特区必将创造出新的经验、新的理论、新的模式。法治创新是一个长期的过程。在这个过程中，一方面，需要汇聚法学研究资源、推动法学理论创新和方法创新，提供法学论证和智力支持；另一方面，需要不断总结法治建设的经验，使之体系化、制度化。同时，作为法治的示范区和先导区，要积极宣传和推广法治建设的实际成果，不断扩大示范区先导区效应，为法治中国建设积累区域性经验和前瞻性制度设计。

前海社会主义法治示范区研究会是适应前海合作区建设及其法治建设而专门组建的新型研究会，是在深圳市委和市法学会领导的大力推动下成立的地区性学术团体。为建设前海社会主义法治示范区成立专门的研究会，是非常具有战略眼光的，是深圳市法学会创新工作思路、促进法学研究服务社会建设的重要举措。对前海社会主义法治示范区的法治理念、法规体系、建设路径和方法措施开展理论研究，对于深化对特区发展规律和社会主义法治建设规律认识、促进法学理论创新、推进法治中国建设，具有十分重要的意义。我衷心希望，前海社会主义法治示范区研究会要立足前海，面向全国，以前海产业发展和开发开放为导向，积极参与前海经济社会发展和法治社会建设，通过开展法学理论研究和实践探索，为示范区的法治建设和开发开放献计献策。同时，要积极研究示范区的功能和作用，研究示范区的外溢效应，促进前海社会主义法治示范区法学研究成果转化和推广应用。

党的十八大以来，以习近平同志为核心的党中央高度重视法治建设，十分鲜明地提出要推进法治中国建设，今年下半年将专题研究法治建设问题，将就全面推进依法治国、加快建设社会主义法治中国作出重大决定。法治中国建设的重大任务包括依法执政、依法治国、依法行政共同推进，法治国家、法治政府、法治社会一体建设，国家法治、地方法治、行业法治协调发展。探索和建设前海社会主义法治示范区，是在全面推进依法治国、加快建设法治中国的大背景下提出来的。我相信，通过研究会的组织、动员、协调和全体会员的共同努力，前海社会主义法治示范区研究会必将取得丰硕的研究成果，为法治前海、法治深圳、法治广东和法治中国建设提供有益探索和智力支持。

区域治理与法治发展研究的“十大获得”*

时下，我们中国的媒体上，无论是官方还是民间的媒体上，有一个非常流行的词，叫“获得感”。“获得感”这个词源自习近平总书记最近几年反复讲到的，“要使全体人民在共建共享发展中有更多的获得感”。我想，评价一个国家的改革、开放、发展，最重要的标准就在这里。评价一个学术会议是否成功以及成功的程度，也主要是看与会者有没有“获得感”，或者说有多大的“获得感”。我想，这次参加会议的各位专家、学者和国内外朋友还是有“获得感”的。“获得感”表现在两个方面。从程序上讲，有近40位来自国内外的专家在大会上进行交流、互动和评议。学术交流的机会本身就是一种“获得”，而且是在这样一个重要的国际会议上进行交流，更是一个值得记忆的“获得”。最重要的，从实体上讲，我们每个人都有“获得”。我们收获了来自国内外各个方面的知识、理论和经验，收获了专家学者们的学术风采，我们每个人有启发，有提升，思想也有进一步的开拓、深化和丰富。我本人也深深地感觉到，这次会议没有白来，在自己的书房里两周、两个月甚至一年也难以获得

---

* 本文系作者2016年4月23日在南京“区域治理与法治发展”国际学术研讨会闭幕式上所作的学术总结，发表于公丕祥主编的《区域治理与法治发展》一书（法律出版社2017年版）。

如此丰富的、高水平、高质量的收获。下面我就以“获得”为关键词,来概括一下这次会议的“十大获得”。过去我们讲过区域法治发展研究南京“八点共识”,我们今天讲讲区域法治发展研究的“十大获得”。

第一,深化了区域法治、区域治理和区域发展的理论共识。我们过去已经有一些这方面的共识,这次会议深化和扩大了这方面的共识。这个与我们所处的大背景有关。因为中国的最高国家权力机关全国人大前不久刚刚通过了《中华人民共和国国民经济和社会发展第十三个五年规划(纲要)》。该纲要设立了专篇布局区域协调发展,把区域协调发展作为“十三五”期间的重大发展规划,提出了区域发展的总体规划。按照时间顺序来讲,除了以前已经有的西部开发、东北振兴、中部崛起、东部率先等一些区域总体发展战略,又进一步提出了以“一带一路”建设,京津冀协同发展、长江经济带发展为指引的新的区域发展战略。另外,最近几年,中国中央政府先后批准了50多个区域性发展规划,批准了4个自由贸易区(试验区),包括上海、广东、福建、天津等。当区域发展成为国家战略,区域经济社会发展必然会提出与区域发展相关的制度建设、机制创新和法治建设,以及政策完备。现在,关于区域发展的政策问题、机制问题、制度问题都已经提出来了,而且上升到了党中央国务院的文件中,上升到了“十三五”规划中。但是,关于“区域法治建设”的提法还没见到,还差一步,还需要一定的法治觉醒与觉悟。在这次会议开幕式上,公丕祥教授围绕着区域法治发展、区域治理与法治发展进行了一系列的理论阐述,我认为他的主旨报告是这次会议深化和拓展理论共识的一个标本和集大成者。葛洪义教授、文正邦教授等学术名家也都在发言中进一步深化和拓展了理论共识。

第二,延伸了区域法治发展新的重大理论共识。在区域发展进程中,在全面推进依法治国、全面建设法治中国的新的背景下,有关区域法治的理论有许多新的延伸。这个和我刚才说的区域法治本身的理论深化略有不同。我们都知道,党的十八大提出了全面依法治国"十六字方针",就是科学立法、严格执法、公正司法、全民守法。党的十八届四中全会进一步部署了全面推进依法治国,会议《决定》实际上增加了两条:一个是中国共产党作为执政党"依法执政";另一个就是人民群众作为全面依法治国的主体的人民民主扩大,也就是"民主治国"有所扩大。也就是中国共产党依法执政,广大人民群众民主治国。当然,也是依法有序的民主治国。大家已经注意到,党的十八届五中全会通过的"十三五"规划建议有了新提法,这个新提法是对十八届三中全会提出的"推进法治中国建设"的进一步发展。"十三五"规划纲要做了很多方面的部署,其中第十八篇是专门谈"加强社会主义民主法治建设"的,其中第七十五章还专门谈了"全面推进法治中国建设"。从"全面依法治国"到"全面推进法治中国建设",中央提法的发展丰富了法治发展的内涵。"全面推进法治中国建设"实际上强调了依法治国、依法执政、依法行政共同推进,法治国家、法治政府、法治社会一体建设,另外加上了国家法治、地方法治、社会法治协调发展。虽然文件里面没有直接这样说,但是从习近平总书记关于四中全会决定的说明和后来的一系列讲话中,我们是可以合乎逻辑地推导出来要国家法治、地方法治、社会法治协调发展的。这里的"地方法治"也可以理解成一个包含地区法治、区域法治的概念,所以这里的"地方"不是行政区划的严格意义上的省、市、县,而是一个"区域"。有行政区划的区域,也有跨行政区划的区域。这是中国法治进入"新常态"所必然包含的内容。也就是说,"十三五"规划使我们进一步看到了中国法治的"新常态"。还有非常重要的内容,就是中国法治的发展被列为"十三五"规划的重要目标和重要任务。关于中国法治怎么样发展,怎么样提升质量,怎么样使中国法治更有生命力,使其在经济社会发展、国家治理、社会治理当中发挥更大的作用,

“十三五”规划也提出了根本的思路。这就是“创新、协调、绿色、开放、共享”发展，这“五大发展理念”对法治发展也是完全适用的。如果说，“五大发展理念”是关乎我国发展全局的深刻变革，那么它也必将引发法治领域的时代变革。我们要拥抱这个深刻变革，要以实际的理论探索、制度设计和实践行动来推进这样一个深刻变革。在这样一个法治变革过程当中，区域法治的发展也将迎来重大变革。

第三，进一步夯实了区域法治正当性的学理基础。本次会议上，南京市社会科学院的朱未易教授讨论了区域法治何以可能和何以正当的问题，并进行了很深入的论述。特别是西南政法大学的文正邦教授所撰写的有关区域法治建设和研究的场域问题的论文，他在精华版的会议主题发言中，对这个问题说得很清楚、透彻。我想，“区域法治”这个概念经过这次会议的研讨交流，必将在中国法学界得到更为广泛的接受，也会逐步得到官方的肯定。对此，我还是有信心的。历史将会证明，“区域法治”这一变革性的概念，对中国的区域经济社会发展、中国特色社会主义法治体系建设，都将产生深远的、积极的意义。也许现在人们还有疑问，对这个概念的科学内涵可能还有一些不清楚；但随着我们的研究和传播，“区域法治”这个概念必将名正言顺地进入党和国家的文件，进入教科书。现在写这样的论文当然没问题，但教科书是要把成熟的、公认的观点写进去。我想，将来法理学界共同努力，争取把“区域法治”概念写进法理学教材。

第四，积极探讨了区域法治、区域立法的制度建构问题。在我们已经提出“区域法治”的概念和理论而且区域执法、区域司法已经存在并不断发展的前提下，怎么样去推进区域立法，这是个问题。刚才董保城教授在发言中提到，中国东三省的人民政府已经草拟了“东北三省政府立法协作框架协议”，这是区域立法的一个大胆探索。我想，有政府法治这方面的协作框架，也必然会发展到地方人大立法当中的协作,进而会形成区域法治协作、区域法治一体化的格局。文正邦教授还提到了区域法治入宪问题、区域立法先行先试问题,甚至还对“区域法治”这个概念如何入宪提出了具体的条文建议。这样一种在理论论证基础上的制度设计,是很有意义的。有很多事情,咱们不要想着是不是不可能。在 2004 年“国家尊重和保障人权”入宪之前,谁能想到人权能够入宪。大家也注意到,“十三五”规划里面讲到,“人权得到切实保障”,“产权得到有效保护”。在这之前,谁能想到,人权、物权或者叫产权作为现代法律体系的两大支柱,一个进入了宪法,一个进入了党的最高文献和最高国家权力机关的决定中。所以,我觉得很多事情都是可能的。只要是发展进步的事情,在中国都有可能成为现实。我们要坚持不懈地努力。

第五,对区域治理中的政府法治问题进行了深入的讨论。这里既有理论的思考,也有实践的反思,还有经验的总结。我注意到,像东南大学的李煜兴教授、广东外语外贸大学的朱最新教授,还有浙江大学的钱弘道教授,都谈到了这样的问题,也研究了区域行政法治问题、区域政府之间的府际合作治理问题等。我觉得,无论是国家治理还是社会治理,主体都是政府。因为我们国家和社会治理的格局是党委领导、政府负责、公众参与、法治保障,所以政府是治理的主体。区域社会治理、区域公共事务的治理,包括区域的经济治理、文化治理,政府都是主体。因此,政府是不是依法治理,是不是推进治理的法治化,还是说停留在治理的行政化层面,这是对法治政府的考量,也涉及对法治中国的评价。本次与会学者介绍了这方面的很多案例,也有很多专家就区域治理当中的法治政府建设提出了指标体系和考核标准,这也是非常大的收获。

第六,在区域治理与国家治理的关系上有了新的认识。这个新的认识来自俄罗斯学者、美国学者、英国学者、澳大利亚学者,他们给我们带来了域外的经验。国家治理和社会区域治理之间有一种紧张关系,但也可能成为一种和谐关系。在中国,原本中央和地方的关系就很复杂。这里的地方主要是指省、市、县这样一种行政区划。如果说中央和区域的关系,那就更加复杂了。在这方面我国还没有明确的法律规范,所以说处理区域治理和国家治理的关系,我们还需要进行制度探索。除了我们讲的立法权、行政权问题上的中央和地方关系问题,还有司法权上的问题。还有美国西北大学的本内特教授对美国区域治理的介绍,以及一些学者在刑事司法、民事纠纷解决方面都提供了很多的区域性治理经验,都是很值得去思考的。区域治理与国家治理的关系在中国是个“老大难”的问题,在全世界范围内也是个不断完善的过程。本次会议在这个方面提出了问题,也有了一些初步的看法。

第七,关注到区域治理中的法律与科技问题。譬如说,来自澳大利亚的霍博恩教授就讲到了智慧城市问题,有的学者谈到了透明中国问题,还有杨力教授讲到互联网、物联网、云计算、大数据、卫星定位等问题。这些现代信息技术的运用,肯定会使区域治理更加科学化、精准化。但另外,科技成果的运用是把“双刃剑”。它会使我们的隐私权、信息安全甚至生存感,都受到一种挑战,进而发生信息安全危机乃至人权危机。这就成为区域治理、国家治理、政府治理面临的新问题,并成为国家尊重和保障人权的新话题。所以,怎么处理好科技手段运用于社会治理、国家治理、区域治理时所不可避免出现的负面问题,这是一个悖论。一方面要利用科技的手段,使治理科学化、精准化;另一方面又要把它限制在信息安全、人权保障的范围之内。我觉得,在人权问题上,技术永远应当处于第二位。不能让科技主宰人类,甚至突破人权底线。

第八,从中国近代租界法制研究引申出了区域法治的历史话题。区域法治不是在当代中国刚刚出现的,而是在中国法制现代化初期就有的。甚至可以说,中国法制现代化发端于租界。王立民教授的这一观点,对我们是一个很大的深刻启发。从这样一个历史话题引出了现代话题,使我们进一步思考中国曾经有过的法治特区的历史经验,以及打造完全主权条件下的法治特区有没有可能和必要。我们都知道,国务院在批准前海深港现代服务业合作区的时候,明确提出要把前海建设成为中国社会主义法治示范区。习近平总书记非常支持社会主义法治示范区,他在视察深圳的时候还强调,要充分利用好社会主义法治示范区的政策,在一些改革开放问题上实行法律上的先行先试。江苏省委省政府提出,要把江苏建成中国社会主义法治的先导区,还有其他一些地方也有类似的提法。特别是中央批准的四个自贸区,全国人大和国务院明确规定暂停或者变通某些法律法规在自贸区的实施,这就赋予了自贸区某种意义上的“法治特区”地位。所以说,法治特区是一种崭新的区域法治模式。这种区域法治模式之所以率先自上海产生,和近代租界法制肯定有必然的联系,这是一种历史的启示。所以我们也期待王立民教授对这个方面有更多的研究,把历史经验转化为对当代可以有所启发和借鉴的研究成果。

第九,区域发展和治理要有全球思维,要注重国家之间区域法治、区域治理的经验互鉴。我们处在全球化的时代;中国是一个主权国家,但相对于世界来讲,也是一个区域。我们国内的任何一个区域,也都是一个全球的空间。区域内的物流,知识产权保护,环境、气候等,都具有全球性,都跨越了区域和国界而成为全球问题的一部分。我们在思考区域发展的时候,不能关起门来。习近平总书记强调,不能关起门来搞发展,要学习和借鉴国外的好经验。美国、俄罗斯、英国、澳大利亚、德国的同行带来了他们各自所在国家区域治理与法治的好经验、好理念。像我们现在讲的区域治理一体化,分成发达地区、落后地区,虽然相对来讲,西部都是欠发达的,但是西部的重庆与青海能是一个发展水平吗?应该用什么标准去推进西部开发?这都是我们的研究工作面临的问题。

第十,关于法治指数的科学化。张乐宁教授提到的法治指数的方法论问题，我认为这是个大问题。我们搞法治指数，搞法治的评估，主要是去引导法治建设，引导法治的健康可持续发展，而不是去奖惩。这就是一个真正的思路问题、理念问题。那么这里面，从概念、理论到经验，从思想、制度到实践，都存在评估指数、指标体系怎样变得科学、有效的问题。但是，我们不能陷入一种理想主义，还得管用。我觉得，怎样体现出问题意识、问题导向，这也是方法论上需要面对的问题。

何谓“未来法治”*

自从中国人民大学法学院2017年成立未来法治研究院以来，“未来法治”已经成为法学领域的一个时尚词语，也成为法学家们的日常话语，未来法治研究院也成为中国法治与科技研究的一张金名片。但是，对于什么是“未来法治”，或者说，如何理解和表征“未来法治”，我们还没有达成理论共识，更没有法哲学（法理学）层面的智识贡献。同时，对于如何规划和建构“未来法治”，我们也没有形成系统化、科学化的理论和方略。基于以上理论和实践两个方面的考虑，我选择了“何谓‘未来法治’”这个题目。

下面，我围绕这个主题，谈两个问题、两点认识：

第一个问题：如何理解和表征“未来法治”？

“未来法治”既是一个新概念，也是一个新命题，更代表了一种新思维。我认为，“未来法治”有三层依次递进的含义。

---

* 本文系作者2018年11月25日在中国人民大学法学院和京东集团联合主办，中国人民大学未来法治研究院和京东法律研究院承办的首届“数字经济与未来法治”高峰论坛上的演讲，以《何谓“未来法治”》为题发表于《法制日报》2018年12月5日。

首先，未来法治是“面向未来”的法治。就是说，我们从事法治建设、法治改革，要有未来意识、未来眼光，要把握科技、经济、社会发展的规律和趋势，把握国家治理体系的现代化方向。着眼于未来，才能有战略思维。邓小平同志早在20世纪80年代就提出了三个面向，即面向现代化、面向世界、面向未来。习近平总书记也多次讲过，哲学社会科学要不忘本来，学习外来，面向未来。2018年4月10日，他在博鳌论坛上发表了题为《开放共创繁荣 创新引领未来》的主旨演讲，连续用了5个“面向未来”。这么做，正是为了表明，只有面向未来，才能赢得主动。法治建设也是如此，只有着眼于未来，顺应科技、经济、社会发展的历史潮流，才能使我们的法治体系具有预测性和前瞻性，才能科学有效地应对未来的社会问题，满足未来的社会需求。

其次，未来法治是“走向未来”的法治。我们今天提出“未来法治”，这个“未来”并不是纯粹的“将来时”概念，并不是遥望或预设将来某个时期某个时段的法治，比如说10年、20年、50年以后的法治，而是把当下正在做的和将要做的联结起来，把握法治在时间上的开放性、在实践中的动态性，以及过去、现在与未来的历时连续性，把现代性与未来性统一起来。事实上，我们全面依法治国、建设法治中国，就是从现在做起，从现在走向未来。正如习近平总书记所言，“提出全面依法治国，坚定不移厉行法治，一个重要意图就是为子孙万代计、为长远发展谋”。

最后，未来法治是“引领未来”的法治，即以法治点亮未来、引航未来。法治的功能不限于规范现有的行为，调整现有的关系，而且在于引领科技经济社会发展和人们的思想行为。例如，我国民法的作用不限于规范现有的民事主体行为，调整现有的民事法律关系，而且要以生命无价、人身自由、人格尊严、性别平等、财产神圣、契约自由、诚实信用、公平正义、公序良俗、权利救济、定分止争等民法法理及其原则和规则引导民事行为，建构共建共治共享新时代的人身财产关系,引领社会新风尚。

如果上述理解符合未来法治规律的话,我们就要从面向未来、走向未来、引领未来的战略高度,来研究、规划、构建"未来法治",创立和发展与之相应的未来法学。

第二个问题:"未来法治"与未来社会的关系

"未来法治"是建立在未来社会之上的,研究"未来法治"必须以把握未来社会为前提。那么,如何来理解、表征或定义未来社会呢?学术界使用了不同的词语来指征未来社会。这里,我用三个最关键的也是最具有共识性的概念来表征和描述未来社会,即"智能社会""共享社会""风险社会"。

首先,未来社会是智能(化)社会。以互联网、物联网、云计算、大数据、人工智能、区块链为代表的现代信息科学技术,牵引人类社会跨入了智能社会。万物互联、自动化智能系统与人类在社会中共同存在,将是未来人类社会的图景。人类在经历了原始社会、农业社会、工业社会、信息社会后,迎来了一个智能社会的崭新时代。人类社会的生活方式、生产方式、组织方式、思维方式都发生着深刻的变革。与此同时,法治和国家治理、社会治理也迅速呈现出智能化的发展趋势。例如,互联网立法,即通过互联网体察民意、集中民智、凝聚共识,推进良法善治。再如,互联网执法和司法,利用基于云计算和大数据的人工智能与行政管理、行政执法和司法审判的深度融合,做到了高效执法司法、公正执法司法、精准管理服务。

其次,未来社会是共享社会。进入21世纪以来,现代信息科技创造了数字经济,数字经济是典型的共享经济。以往资本是独占的,在数字经济中,资本往往带有公共服务的色彩,人们不太在意物品的占有权,而在意其使用权,不求所有,但求所用;数字经济也是最有效率的经济,各种 App 通过时间、地点、技能的匹配将物品的使用权分配到最需要它的地方,使资源的利用率最大化。同时,新的信息科技也助推了数字自由和数字民主的发展,使公民基本权利和人权的实现有了新的可能和保障,例如,通过互联网,人民能够独立自由地选择职业,更加精准地投资和经营,人们自由地发展言论,自由度和获得感明显增强。共享经济和共享社会正在成为现实。

最后,未来社会也必然是风险社会。风险丛生、风险叠加、风险度高是未来社会的显著特征。所以,乌尔里希·贝克等西方学者认为 21 世纪的社会是“风险社会”。这个概念也被我国学术界广泛认可。人类面临的风险,首先是大自然带来的风险,例如,地震、飓风、辐射、气候变化等,这些风险中固然可能有个别人为的因素,但主要是大自然的不可抗力造成的。人类面临的风险,其次是人类自身制造的各种风险,这是真正意义上的社会风险,像我们已经熟悉的战争、饥饿、恐怖、暴政等。在社会风险当中,最大的风险当属科技风险,例如,原子能技术的开发利用形成了核战争的风险;基因技术的泛滥使人类面临异化、变异的困境以致生存的危机;互联网、人工智能等信息科技的发明运用,很可能使芯片代替肉体成为承载人类灵魂的物质,那将导致人类精神世界的空虚,并颠覆主体与客体的关系;更可怕的是,大数据、区块链技术的使用正在悄悄地甚至公然地侵袭公民的信息权利,个人的隐私、尊严、安宁面临不复存在的危机;人工智能算法天然的封闭性、暗箱性、选择性本质很可能造成有违公平正义、有悖公序良俗的歧视性后果。除了上述技术风险,公共风险和管理风险也是很大的。又如,在传统社会,很多风险属于个别性、局部性,而在信息社会和智能社会,大多数风险具有广泛性、快速蔓延性、急剧增强性,而个人甚至群体对于风险的识别能力、预防能力、控制能力严重不足,这就很容易演变为大规模公共风险;人工智能数据管理方面的安全风险越来越大，研发和企业内部人员违规使用数据、外包人员数据泄露、互联网数据导入和导出缺乏有效监管等。仅以上述例举，就足以说明预防和控制风险将成为未来社会的根本任务。

如果说人类社会还将有一场巨大的社会革命的话，那将不是打碎旧的国家机器的暴力革命，而是规制数字帝国的法治革命。面对科学技术的“双刃剑”及由信息技术引发的风险社会，必须把互联网、大数据、人工智能等的开发运用置于法治的规制之中，使之在法治的轨道上运行，将其对人类有利的一面发挥到极限，而将其对人类有害的另一面及时拦截于外。这是法学界、科技界和信息科技企业的共同使命和责任。希望我们法学界主动地与科技界和企业界协同，以人类利益为目标，以人的主体性为本位，以构建智能时代的伦理道德秩序和法律秩序为己任，加强对大数据、互联网、人工智能、基因技术等的创新发展及风险挑战的前瞻性研究和约束性引导，确保新技术更加公正、安全、诚信地运用，更加有效地预防风险、控制风险、应对风险。总之，要以法治的理性、德性和力量引领和规制新一轮科技革命，使之成为促进社会普惠发展的生产力基础，让科技发展和运用符合伦理，让智能化系统更加安全可控，让人们在网络泛在的数字时代对自己的隐私保护、生活安宁、身心自由充分信任；让人们在算法决策、机器决策中真正获得规则公平、权利公平、机会公平；让各种智能在线教育、智能远程医疗、智能无障碍设施、远程法律服务、互联网法院等充分发挥释放正能量，发挥积极的社会作用，助力缩小人与人之间的差距，弥补各类优质资源供给不足、分享不均的现状，更好地实现教育公平、医疗公平、司法可及、残障人等社会弱势群体权益保障，使全体人民共享科技成果，共同拥抱更加美好的未来社会。

数字中国和法治中国的三个共享概念*

“数字中国”和“法治中国”这两个概念都是习近平总书记提出的具有原创意义的概念。2000 年，时任福建省省长的习近平同志就提出了“数字福建”的概念，并作出了建设数字福建的部署。党的十八大之后，习近平总书记合乎逻辑地提出了建设“数字中国”的部署。党的十九大对建设网络强国、数字中国、智慧社会作出战略部署。习近平总书记指出，“加快数字中国建设，就是要适应我国发展新的历史方位，全面贯彻新发展理念，以信息化培育新动能，用新动能推动新发展，以新发展创造新辉煌”。[1]2005 年，时任浙江省委书记的习近平同志提出建设“法治浙江”；党的十八大之后，习近平总书记进一步提出建设法治中国。他指出，建设法治中国，就是要“坚持依法治国、依法执政、依法行政共同推进，坚持法治国家、法治政府、法治社会一体建设”。[2]

“数字中国”和“法治中国”两个概念相继提出并不是偶然的，而是必然的，其必然性就在于二者是相辅相成、相得益彰的。一方面，数字中国建设需要法治的引领和保障，必须在法治的轨道上健康发展，以确保数字中国建设造福人民、让人民生活更美好。另一

---

* 本文系作者 2021 年 10 月 16 日在中国法学会网络与信息法学研究会年会上的讲话。

方面,现代数字科技已经成为法治现代化的重要引擎,只有把大数据、云计算、人工智能、互联网、物联网、即时通讯技术等数字科技运用于法治中国建设,提升国家治理和社会治理数字化智能化水平,借助数字科技的智能优势,才能实现法治中国建设跨越式发展进步,把中国建设成为高质量、高水平法治中国。由于这种必然性,我们必须统筹推进数字中国和法治中国建设,推动数字法治化、法治数字化,更好地把法治中国的制度优势与数字中国的科技优势有机地结合起来,加快建设富强民主文明和谐美丽的社会主义现代化国家。

数字中国和法治中国二者的必然联系还表现为它们在理论上和实践中有一系列共享概念。共享概念是沟通不同学科的思想工具,是联结不同社会领域的桥梁,也是引领新兴学科发展的旗帜。数字中国和法治中国的共享概念中,数字权利、数字法理、数字治理是三个最通用的共享概念。这三个共享概念是我们统筹推进数字中国和法治中国建设的思想依据。

一、数字权利

数字权利是一个概括性概念、系统性概念,也是一个开放性概念。数字权利包括了数据权利、信息权利、数字知识产权等与数字生活生产相关联的所有权利。在数字中国和法治中国建设中,我们应该明确确立数字权利的概念。要认真对待数字权利,正确行使数字权利,合理救济数字权利。确认和保护数字权利,是数字中国建设的第一要务,也是法治中国建设的重要任务。我们要善于把人民群众在数字生活中的利益主张和权利需要,及时上升为权利范畴,进而转化为满足人民美好生活必备的法律规范。

作为一个概括的、一般性的权利,数字权利是一个体系化的权利。在数字权利体系当中,数字人权具有基础性和新兴性。2020

年 5 月,我在一次学术演讲中提出了“数字人权”概念和“不数字,无人权”命题。我提出这个概念的现实依据是中国正在加速建设成为“数字中国”,数字科技与人民生活深度融合,数字科技的广泛使用已经成为人民生存、生活和发展不可或缺的一部分。人类生活和生存对数字科技高度依赖,越来越多的平民百姓通过互联网生产生活、买进卖出、结识好友、交流情感、表达自我、学习娱乐,开启了人类在信息空间中的数字化生存方式;人类对数字科技的依赖性越来越大,中国网民接近 10 亿。在这样的背景下,“数字人权”脱颖而出,把对数字科技的掌握和运用奉为“权利”并将其归属于“人权”,提炼出“数字人权”概念,普及“数字人权”理念,既十分必要、甚为迫切,也顺理成章、水到渠成。

实际上,人民群众早就深深地感受到并逐渐理性地认识到“不数字,无人权”。我提出“数字人权”的动因和理由在于:第一,在价值上申言数字科技必须以人为本,必须把人的权利及尊严作为其最高目的,并以人权作为其根本的划界尺度和评价标准;要在制度上强调科技企业尊重和保障人权的责任,以及政府尊重、保障和实现“数字人权”的义务。这种责任和义务,一方面表现为对公民(用户)数字化生活中隐私权、数据权、表达权、人格尊严权等权利和自由的尊重与保护;另一方面也表现为对互联网基础设施及其他数字化设备的提供。第二,以人权的力量和权威强化对数字科技开发及其运用的伦理约束和法律规制。第三,以数字人权引领新一代人权的战略需要。世界范围内人权形态发生了三次历史性转型,先后出现过第一代人权、第二代人权、第三代人权,目前正在迎来第四代人权。引领第四代人权的正是“数字人权”。第四,提升中国法治和法学在国际社会的话语权。中国目前经济的硬实力显著增强,但面临着严重的话语缺失和“话语逆差”问题。话语与话语权的基础在于真正的理论创新和话语质量。因此,建构自己的学术话语体系和思想体系,对于争夺话语权是至关重要的。话语权的基础在于我们能否提炼出标识性概念，打造出易于为国际社会所理解和接受的新概念、新范畴、新表述，设计出引导国际学术界展开研究和讨论的新议题。

经过反复论证和讨论，我认为“数字人权”概念很有可能成为一个可以产生出具有世界影响力的标识性概念。“数字人权”的内涵十分丰富，既包括“通过数字科技实现人权”“数字生活或数字空间中的人权”，也包括“数字科技的人权标准”“数字人权的法理依据”等。我们应该抓住这个有利时机和学术空档，以对“数字人权”的科学阐释和制度构建来引领新一代人权，引领国际社会的“数字人权”研究，并以此牵引知识产权的理论、制度和实践创新。

总之，数字人权是基础性的权利；没有基础性的数字人权，没有数字人权的概念范畴，隐私权、数据权、信息权等具体的数字权利是经不起风吹浪打的。

二、数字法理

在我们的法学研究当中，大家关注到了数字伦理问题，却没有明确地提出“数字法理”，也没有给予深度关注。我们习惯于照搬科技工作者提出的“数字伦理”概念，并将自己的思维局限于“数字伦理”。这也是我提出“数字法理”的直接面向。

实际上，从学理上来讲，数字伦理是包括在数字法理之中的。让我们一起分析一下《新一代人工智能伦理规范》。这个规范一共有6条，即增进人类福祉、促进公平公正、保护隐私安全、确保可控可信、强化责任担当、提升伦理素养。

一是增进人类福祉。坚持以人为本，遵循人类共同价值观，尊重人权和人类根本利益诉求，遵守国家或地区伦理道德。坚持公共利益优先，促进人机和谐友好，改善民生，增强获得感幸福感，推动经济、社会及生态可持续发展，共建人类命运共同体。

二是促进公平公正。坚持普惠性和包容性，切实保护各相关主体合法权益，推动全社会公平共享人工智能带来的益处，促进社会公平正义和机会均等。在提供人工智能产品和服务时，应充分尊重和帮助弱势群体、特殊群体，并根据需要提供相应替代方案。

三是保护隐私安全。充分尊重个人信息知情、同意等权利，依照合法、正当、必要和诚信原则处理个人信息，保障个人隐私与数据安全，不得损害个人合法数据权益，不得以窃取、篡改、泄露等方式非法收集利用个人信息，不得侵害个人隐私权。

四是确保可控可信。保障人类拥有充分自主决策权，有权选择是否接受人工智能提供的服务，有权随时退出与人工智能的交互，有权随时中止人工智能系统的运行，确保人工智能始终处于人类控制之下。

五是强化责任担当。坚持人类是最终责任主体，明确利益相关者的责任，全面增强责任意识，在人工智能全生命周期各环节自省自律，建立人工智能问责机制，不回避责任审查，不逃避应负责任。

六是提升伦理素养。积极学习和普及人工智能伦理知识，客观认识伦理问题，不低估不夸大伦理风险。主动开展或参与人工智能伦理问题讨论，深入推动人工智能伦理治理实践，提升应对能力。

我发现，"数字法理"这个概念还没有进入网络信息法学之中。自从"法理"进入法学的概念体系中，有无数学者为其定义，具体意见分歧较大；但就法理的核心要义而言，大家还是有共识的，即法理的核心要义之一是公平正义。古人说，"法者，正也"；西方也有"法律是公平正义的艺术"的格言。习近平总书记对这个法理问题讲得最多最透彻，他指出，"公正是法治的生命线""公平正义是我们党追求的一个非常崇高的价值，全心全意为人民服务的宗旨决定了我们必须追求公平正义，保护人民权益、伸张正义。全面依法治国,必须紧紧围绕保障和促进社会公平正义来进行”“全面深化改革必须着眼创造更加公平正义的社会环境,不断克服各种有违公平正义的现象,使改革发展成果更多更公平惠及全体人民”“必须牢牢把握社会公平正义这一法治价值追求,努力让人民群众在每一项法律制度、每一个执法决定、每一宗司法案件中都感受到公平正义”。[3]公平正义的法律价值在立法层面主要体现为权利平等、机会平等、规则平等,在法律实施层面集中体现为法律面前人人平等。

在全面建成小康社会、历史性地解决了绝对贫困问题、民生和社会保障相对充分的时代背景下,社会不公问题越来越聚焦和集中在数字生活领域。在当下的数字生活、数字社会中,数字资源的配置严重不公,特权与无权的反差日益显现,算法歧视、暗箱操作等问题,都形成了一种社会趋势、社会不公。尤其是对弱势群体所面临的“数字鸿沟”,推进“互联网 + 教育”“互联网 + 医疗”“互联网 + 文化”等距离均等化、普惠化、便捷化还有相当大的距离。所以,习近平总书记强调,要坚持问题导向,抓住民生领域的突出矛盾和问题,强化民生服务,弥补民生短板,推进教育、就业、社保、医药卫生、住房、交通等领域大数据普及应用,深度开发各类便民应用。要加强精准扶贫、生态环境领域的大数据运用,让亿万人民在共享互联网、大数据、云计算的发展成果上有更多获得感。

我们如何概括出数字法理?这应当成为网络信息法学的任务。能不能发布一个“数字法理宣言”?这 6 条规范,从话语来讲,恰恰是法理问题。当然,从法理上看,这 6 条规范还应该加上 2 条:促进价值平衡,诸如安全与发展、自由与秩序、他律与自律等;推动权权合作,即权利与权力、公民与政府合作,共同实行善治。

在数字科技面前,我们必须警惕和防范数字科技的滥用,杜绝数字科技对人权的侵害。当下,数字科技被广泛运用于国家治理和社会治理当中,如何确保作为国家和社会治理之重器的数字科技是善用善治,如何把数字科技成果的使用限制在自由、正义、安全、秩序的底线之内,就需要选择或构造一个盾牌,这个盾牌毫无疑问就是崇高的“数字人权”。任何一种数字科技侵犯人权,都必须被认定为非法,并以保护人权的盾牌将其抵挡回去。针对数字科技的研发、产业化生产以及社会应用,国家和相关行业应对其人权意涵进行审慎的评估、审查和规制。国家将数字科技用作社会治理的工具或手段时,应秉持尊重和保障人权的理念,将其局限于社会利益所必须的限度内,并严格遵从法律规定的范围和程序。在以数字科技驱动数字经济和数字社会的语境中,对科技研发公司的知识产权保护应恪守尊重公民隐私权、数据权、知识利益均享权等人权的原则和底线;数字科技和数字经济发展中知识产权与人权的冲突与协调也是我们应予关注的重要议题。

三、数字治理

数字治理,广义讲,包括算法治理、人工智能治理。数字治理是国家治理体系和社会治理体系的重要组成部分,而且越来越重要。在某种意义上来讲,现代国家治理体系的中枢是数字治理。

我们已经进入数字社会,数字社会是一个典型的风险社会,而我们还没有找到一套数字社会治理的好办法。因此,数字治理赤字、数字治理鸿沟问题还比较突出。数字科技是一把“双刃剑”:数字化不仅带来权利的福音,还伴随着权利的危机。人们在享受大数据技术、人工智能技术等数字科技所带来的个性解放、生活便利、经济增长、民主进步、文化多元、社会安全等福祉时,也在面临因个人数据被过度采集和不当使用而招致的隐私泄露、不平等对待(歧视)、非法监管等风险。数字社会的风险主要表现为算法失控、网络失序、竞争无序等。所以,数字社会治理或者说数字治理问题,越来越成为数字中国建设的重要任务,同时也是法治中国建设的重要任务。

这项重要任务的重合性,使数字治理成为一个共享概念。数字社会治理具有特殊性,但也具有普遍性,所以国家治理和社会治理当中的一些理念、一些方式方法,也可以被运用到数字社会治理。我们通常讲共建、共治、共享,这是社会治理的基本理念;我们也讲实行自治、法治、德治相结合,这是新时代"枫桥经验"的生动体现。三治结合在一般的社会治理当中取得了非常好的成效。数字社会治理,我们还要加上一个智治,就是智慧治理、智能治理。数字治理要遵循法治、德治、自治、智治相结合的方式方法。这样,我们传统上所说的三治结合或者三治融合,就转型为四治结合或者四治融合,即法治、德治、自治、智治相结合。共建、共治、共享,加上法治、德治、自治、智治,就进入一个善治的阶段,达到善治的状态。

注 释

1 《习近平致首届数字中国建设峰会的贺信》,载《人民日报》2018 年 4 月 23 日,第 1 版。

2 中共中央宣传部、中央全面依法治国委员会办公室编:《习近平法治思想学习纲要》,人民出版社、学习出版社 2021 年版,第 100 页。

3 习近平:《加强党对全面依法治国的领导》,载《求是》2019 年第 4 期。

构建智能社会的法律秩序*

智能社会的到来极为迅速,我们几乎没有做好准备。智能社会充满生机和希望,也充斥着风险和挑战。在各种风险之中,最突出的是法律规制失灵;在各种挑战当中,最严峻的是法律秩序失调。规制失灵、秩序失调集中表现为"治理赤字",即现行的治理体系、治理规则、治理能力、治理技术已不能有效应对现代智能科技的全方位挑战,以致出现失控失序甚至危及公民权利、社会福祉、公共秩序、国家安全、全球和平的严重态势。面对风险和挑战,我们无路可退,唯有勇于面对,以人类智慧破解治理难题。构建以科学、人本、公正、包容、共治为核心要素和鲜明标识的法理型秩序,是破解智能社会"治理赤字"的当务之急,也是智能社会行稳致远的根本保障。

一、秩序与人类社会法律秩序形态

(一)秩序和法律秩序的概念

对于任何社会而言,建立和维护安定的社会秩序,都是首要的治理目的和价值目标。秩序是人类社会生活中的一个基础性概

---

* 本文发表于《东方法学》2020 年第 5 期,《新华文摘》2021 年第 3 期、中国人民大学复印报刊资料《法理学、法史学》2021 年第 1 期转载。

念，在法律价值体系中居首位。从相对抽象层面理解，秩序意味着某种程度的关系的稳定性、结构的一致性、行为的规范性、进程的连续性、未来的可预测性；从具体层面理解，意味着人身权、财产权的安全性。英国社会学家科恩将“秩序”的主要意义和规定性概括为：第一，“秩序”与社会生活中存在一定的限制、禁止、控制有关；第二，它表明在社会生活中存在一种相互性，即每个人的行为不是偶然的和杂乱的，而是相互回答或补充他人行为的；第三，它在社会生活中捕捉预言的和重复的因素，即人们只有在他们知道彼此期待的情况下，才能在社会上进行活动；第四，它能够表示社会生活各组成部分的某种一致性和不矛盾性；第五，它表示社会生活的某种稳定性，即在某种程度上长期保持它的形式。[1]马斯洛认为秩序的核心是安全：“在我们的社会中，成年人一般都倾向于安全的、有序的、可预见的、合法的、有组织的世界；这个世界是他所能依赖的，而且在他所倾向的这个世界上，出乎意料的、难以控制的、混乱的以及其他诸如此类的危险事情都不会发生。”[2]美国法学家博登海默认为秩序概念“意指在自然进程和社会进程中都存在着某种程度的一致性、连续性和确定性”。[3]马克思在《资本论》中指出，秩序是一定的物质的、精神的生产方式和生活方式的社会固定形式，因而它们相对摆脱了单纯偶然性和任意性的形式。[4]

秩序是与无序、脱序、失序等相对的概念。无序、脱序、失序，意味着关系的稳定性和结构的一致性变得模糊以致消失了，行为的规则性和进程的连续性被打破或断裂了，社会生活遭到偶然的、不可预测因素的侵入，人们失去了合理预期和安全感。为避免或制止无序、脱序、失序引发的各种社会危机和灾难，人类必须采取措施。而法律就是防范无序、制止脱序、补救失序的首要的、常规的手段。法律是秩序的象征，又是建立和维护秩序的手段，用法律建构和维护的社会秩序就是法律秩序。

在法理学范畴体系中，法律秩序有两个基本含义：其一，由法律建构起来的社会秩序,即依据法律对社会实施有效治理所形成的社会秩序。其二,法律运行的秩序,即立法、执法、司法、守法过程中所形成的法治秩序。笔者所论的“法律秩序”聚焦于第一种意义的法律秩序,且兼顾第二种意义的法律秩序。

(二)人类社会法律秩序的既有形态

进入文明社会以后,人类法律秩序形态几经演进或变革。对此,许多思想家都有研究和概括。例如,德国思想家、社会学家韦伯根据社会秩序的合法性(正当性)基础把人类有史以来的政治社会秩序划分为三种类型,即“传统支配型”“卡理斯玛支配型”“法制支配型”。传统支配型是以传统为其合法性(正当性)基础,人们确信渊源悠久的传统之神圣性以及根据传统习俗支配的合法性(正当性),对支配者的服从是基于传统所认可的支配地位。卡理斯玛支配型是以“卡理斯玛”(超凡人格魅力)为合法性(正当性)基础,人们对支配者个人及他所启示或制定的道德规范或社会秩序之超凡性、神圣性、其英雄气概或非凡特质的献身和效忠精神表示认同、确信和崇拜。法制支配型是以理性为其合法性(正当性)基础,人们确信法令、规章必须合于法律,以及行使支配者在这些规定之下有发号施令之权力。在法制型支配中,一个人之所以服从是由于其服膺依法制定的客观的、非人格化的秩序,其也因此服从因正式法律而占据某项职权、行使支配的人,但服从范围仅限于该职位的管辖权。支配者自身也得服从于一套无私的法令和程序。而人们普遍服从的法律和秩序又是以目的合理性(价值合理性)为目标制定和形成的。[5]在韦伯看来,法制型支配秩序是现代国家的标本。

美国法社会学家诺内特和塞尔茨尼克以法律与社会的关系为参照,把法律秩序划分为压制型法、自治型法、回应型法三种类型。压制型法律秩序以封建专制国家的法、独裁政权的法、警察国家的法制为典型,法律被视为国家、权力、政治的工具,是用来压制社会的。自治型法律秩序以资本主义法为典型,法律被视为自洽自足的,完备的法律规则(如法国民法典、德国民法典等)、法律程序(各种各样的程序法律)可以保证法律自主有效地规范社会行为和调整社会关系。回应型法律秩序则体现为社会变革时期的法律秩序,法律不是消极、被动地因应社会,而是积极地、能动地回应社会,法律既保持自主的稳定性又具有能动的开放性,法律的实施机关更是顺应社会变革潮流而富有弹性地解释和适用法律。[6]

对人类社会发展规律和国家与法的本质规律把握最透彻的当属马克思和恩格斯。他们认为:"法的关系正像国家的形式一样,既不能从它们本身来理解,也不能从所谓人类精神的一般发展来理解,相反,它们根源于物质的生活关系。"[7]对于法律制度和法律秩序,"只有理解了每一个与之相应的时代的物质生活条件,并且从这些物质条件中被引申出来的时候,才能理解"。[8]运用马克思主义的历史唯物论,把生产力、生产关系、经济基础和社会形态作为观察法律秩序演进和变革的标准,人类社会既有的法律秩序可以划分为以下几种:

一是以土地为中心的农业社会法律秩序。作为劳动对象——土地的出现是人类文明的重要标志。在农业社会时代,土地几乎是唯一的生产资料,加上生产能力和效率低下,人们只能在狭隘的、孤立的范围内生存和发展,社会生产方式集中表现为自然经济。人们直接从土地耕作中获得生活资料并直接满足劳动者本人及其亲属的需要,那时,比较典型的生产关系是一家一户、男耕女织、自给自足。与这种生产关系相适应,人际关系表现为长幼等差、男女有别的宗法关系,表现为人身依附和服从,父系家长、族长在生产和消费中处于绝对支配地位,其他成员则是作为附庸或被支配的对象而存在,即子从父、妻从夫、家从族。自然经济是一种封闭经济。在自然经济条件下,人们做着差不多同样的事情,产品几乎不离开他们的手,他们既是生产者,又是消费者,生产者之间互相隔离,而不是互相依赖和互相交往,不能形成一股有组织的正式力量。“他们不能代表自己,一定要别人来代表他们。他们的代表一定要同时是他们的主宰,是高高站在他们上面的权威,是不受限制的政府权力,这种权力保护他们不受其他阶级侵犯,并从上面赐给他们雨水和阳光。所以,归根结底,小农的政治影响表现为行政权力支配社会。”[9]而法律秩序则以维护家庭和宗法等级制度为核心价值和主要功能。

二是以市场为中心的工业社会法律秩序。工业革命后,新的生产部门和行业不断涌现,工业、农业、商业内部的分工迅速发展,生产力获得空前提高,市场经济取代自然经济成为社会经济的基本形式,并覆盖社会经济生活的一切领域。在这种生产方式之下,生产是为了交换,产品需要转化为商品,商业成了社会财富的源泉。由此,形成了“普遍的社会物质变换,全面的联系,多方面的需求以及全面能力的体系”,即形成了以劳动分工和专业化为基础、以商品和劳务市场为中介的社会成员之间的相互依存关系,市场成为人们赖以生产和生活的生命线。与这种经济关系和社会关系相联系,形成了以所有权为核心的财产权利体系,社会成员成为权利主体,连一贫如洗的工人也成了自己劳动力的所有者。商品经济、市场经济的发展从社会关系上否定了血缘、门第、种族、民族、宗教、语言等差别所造成的权利不平等,促进了以自由、平等、产权为化身的市场秩序和以市场秩序为核心的现代法律秩序。

三是以网络为中心的信息社会法律秩序。信息革命让人类进入了信息社会,其主要标志就是互联网的出现及其快速普及使用,因此也被称为“网络社会”。由于互联网中信息的载体是数据,信息的交互依靠数字技术,因而也有“数字社会”的称谓。进入 21 世纪以来,信息技术日新月异,从以网站到用户的单向信息分享为主的 Web 1.0 阶段发展到以用户贡献内容为主、以协同创作为代表的 Web 2.0 阶段,并开始探索更为智能化的 Web 3.0 技术,[10]信息网络也从桌面互联网发展到移动互联网,人类生活和生存对互联网特别是移动互联网高度依赖,越来越多的平民百姓通过互联网生产生活、买进卖出、结识好友、交流情感、表达自我、学习娱乐,开启了人类在信息空间中的网络化生存方式。互联网信息交流、移动通信、社交媒体、网络支付等已经成为人们的生存条件和生存能力,人类对信息网络的依赖性越来越大。特别是随着“互联网+教育”“互联网+医疗”“互联网+文化”“互联网+法治”等的融合,人类已经进入一个崭新的秩序领域,即由法律和技术构建的以互联网为中心的法律秩序。在这种新的秩序形态之中,物理世界的社会分散化,电子世界的社会紧密化,社会关系日益简约,社会结构得以重组,法律关系形式转换,法律运行方式发生革命性变革,信息共享和信息保护成为这一秩序的价值重心。

(三)正在形成的以算法为中心的智能社会法律秩序

进入21世纪以来,人类社会的发展呈现出加速变革的态势,大多数人还没有完全适应信息社会,甚至一些人还没有适应工业社会,就被迅速地推入智能社会。大数据、互联网、云计算、人工智能等智能科技的融合发展、广泛运用,物联网、区块链脱颖而出,空前地改变着人类社会的生产、生活、生存、学习、行为等方式,甚至改变着国家的治理体系、治理体制和治理能力,改变着政府的决策程序和实施机制,改变着法律体系及其运行方式,塑造着一个全新的智能社会。欧洲专利局首席经济学家梅尼埃(Yann Ménière)指出,在大数据、云计算、区块链、互联网、物联网、人工智能等前沿技术的综合发展融会运用之下,第四次产业革命正朝向“超级软件”发展。[11]这种超级软件的核心就是算法,是各种信息技术有机结合、广泛运用和创造丰富多彩的无限价值的关键。虽然智能社会是借用“智能”来命名,但驱动人工智能的却是“算法”,而“算法”的来源、输入、对象和价值则是数据。随着信息技术的发展,万事万物、社会运行的每一个部分都可互通互联,并提供海量多样化的数据供智能算法分析处理;智能算法的预测和决策则可以直接控制物理设备,亦可为个人决策、群体决策乃至国家决策提供辅助支撑,带来了智慧家居、智慧交通、智慧医疗、智慧工厂、智慧农业、智慧城市等诸多领域的发展,为我们描绘出智能社会的景象,深刻地影响着人们认识世界和改造世界的能力,勾勒着人们生活和社会组织形态的可能边界。决定智能社会性质特征的是以算法为中心、以数据为先导、以区块链和人工智能为集成、以互联网和物联网为链接的当代科学技术。由此,智能社会本质上是一个"算法泛在"并由算法主导的社会。

把算法作为主导智能社会及其法律秩序的核心,其科学逻辑和法理依据在于算法在智能社会是最具影响力和标志性的先进生产力,是对智能社会具有全方位决定性意义的超级力量。

首先,算法是智能产品的灵魂与创造者。我们身边已经日益涌现各类智能产品,例如,个人手机上的智能助理、智能翻译,安防领域的智能门禁、智能监控,交通领域的导航软件、自动驾驶汽车,健康领域的智能诊断,电商领域的智能导购、机器人客服,等等。在诸如此类形形色色的智能产品中,算法是其灵魂,是创造者。如果说智能产品是社会生产力的一种标志,那么,算法则是先进生产力的代表者。

其次,算法是智能社会最重要的生产工具。一方面,在当前人工智能的发展阶段中,在数据和算力的支撑之下,深度学习等机器学习算法取得了卓越的成果。上述包含算法的智能产品中,相当多的算法并不完全是由人手工编写及确定参数的,而是人类编写的机器学习算法,在经过海量数据训练之后,确定了最终在产品中运行的算法的形态和参数。机器学习是一种可以产生算法的算法。可以说,如果离开作为重要生产工具的机器学习等算法,具有高度准确率的图像识别等算法产品至今也无人能制造出来。以著名人工智能科学家李飞飞公布的一个深度神经网络模型为例,该模型算法约有 1.4 亿个参数、150 亿个连结。只有依靠对机器学习算法的运用,才能完成对这样参数庞大的图像识别算法的开发。另一方面,许多生产经营活动中已经普遍运用算法来进行高效的数据分析、实时的资源匹配、多样的个性化服务。一些传统上由人类完成的基础工作也开始采用智能算法来辅助完成。例如,Uber、滴滴等企业都开始布局自动驾驶的接送服务。又如,腾讯的新闻写作机器人 Dreamwriter 可以在股市结束后两分钟内发布对股市情况的分析文章。再如,今日头条运用算法推荐新闻。生产工具是生产力发展水平的标志。马克思曾指出:"各种经济时代的区别不在于生产什么,而在于怎样生产,用什么劳动资料生产。劳动资料不仅是人类劳动力发展的测量器,而且是劳动借以进行的社会关系的指示器。"[12]

再次,算法深刻影响智能社会的生产关系、社会关系和法律关系,人类正在悄然进入"算法社会"。越来越多的实例表明算法对生产关系、社会关系和法律关系正产生着巨大影响。例如,自动驾驶汽车、智能机器人的发展引起的主体地位、责任分配等问题的讨论直接体现了智能算法对社会关系的影响。再如,近年来共享经济、新零工经济的兴起,智能算法起着重要的信息、资源实时动态匹配作用,引起了劳动关系的大幅变化,也引起了新型的公平竞争问题。智能算法的发展,使得在著作权等领域法律的算法辅助实施成为可能,[13]我国司法解释和多项法院判决中表明是否采用了适当的算法是决定平台应否承担共同侵权责任的一项重要考虑因素,这在国际上也形成了比较明显的趋势,[14]并由此引发对平台法律地位的重新探讨,以及对"算法权力"的规制问题的讨论,[15]等等。

算法的运用产生了一系列法律和社会治理问题,有力地推动法律制度和治理体系变革。作为风险制造者的一方(主要是企业)

具有强大的谈判能力，作为主要的风险承受者的社会公众缺乏风险识别能力、谈判能力和自我防控能力、救济能力，对自己行为带来的影响缺乏认识，由此引发社会公正治理问题。高度的信息不对称导致意思自治的基石被动摇，算法在市场资源分配中的作用越来越明显、影响越来越深刻，致使对工业时代确立起来的市场经济的制度基石需要重新审视。这些正反两个方面的实例都表明算法已经渗透到智能社会的各个方面，正在广泛而深刻地影响社会关系及其法律关系。

最后，算法广泛运用于国家治理和社会治理当中。在宏观经济决策、民生保障体系建设、舆情分析、平安数据分析、世界局势研判等方面，算法功不可没。算法原理不仅适用于科技工程领域，也完全适用于政治社会领域，算法作为一种特殊程序、指令和逻辑，正在从科技之“法”转化为社会之“法”，从“软法”发展为“硬法”。随着算法理论和方法向治理领域的延伸，国家和社会治理的科学化、程序化、智能化日渐显现，现代化的算法思维方式正在与法律思维和法治思维融合而形成治国理政的程序思维、智能思维、法理思维。随着社会信息化、数字化变革，算法在创新国家制度体系、助力国家治理现代化中将发挥巨大作用。

综上所述，算法是智能社会重要的生产要素，是生产力发展水平的重要标志，对生产关系、社会关系和国家治理产生显著影响。智能社会的法治建设，既要促进生产力的发展，保障算法的创新发展和融合运用；也要关注其对于生产关系和社会关系的变革作用，予以必要的调整。同时，当前算法对公众具有的神秘性、不透明性、歧视危险性、运算结果难解释性以及算法软件和平台的易受攻击性，致使算法的数据收集、集成、识别、分类、传输、运用、预测和决策充满变数甚至冲击道德伦理底线。鉴于此，我们也必须加强对算法的法律规制，特别是要加强对算法规则的合法性审查，以生成合理的法权关系，让算法合乎法理、用法理引导算法、以法律规范算法,构建促进和保障人民美好生活的法律秩序。

二、构建科学、人本、公正、包容、共治的法律秩序

由于智能社会来得突然,我们还没有做好迎接它的准备,致使社会的很多领域出现失序和无序问题,国家治理和社会治理出现“治理赤字”,构建智能社会法律秩序就显得十分必要、十分紧迫。那么,我们如何把算法主导的智能科技及其社会影响纳入法律调控之中,构建智能社会法律秩序呢?笔者认为,智能社会的法律秩序包含五个核心要素,即科学、人本、公正、包容、共治,五个要素交融形成法理型社会秩序。

(一)科学

科学是智能社会法律秩序的第一要义,是法治现代化的题中应有之义。与以往的法律秩序不同,当下的立法是为智能科技、智能社会立法,以调整科技关系、规范科学行为、引导技术进步、促进科技与经济社会协调发展,实现“科技让生活更美好”的目标。智能社会是科学带来的,我们确立法律秩序更要“讲科学”,坚持“科学立法”,尊重科学技术创新、顺应科技发展规律、探索智能化社会的经济社会发展规律,把法律秩序建立在科学认知和规律真知的基础之上。毛泽东同志在主持制定《中华人民共和国宪法》的时候指出,“搞宪法是搞科学”,强调以科学的态度和科学方法起草宪法文本。近年来,习近平总书记也指出,推进科学立法、民主立法、依法立法,是提高立法质量的根本途径,“科学立法的核心在于尊重和体现客观规律”。[16]

智能社会的客观规律和基本特征有以下几个方面:

第一,智能社会是科技赋能型社会。智能社会的活力和生机在于科技创新,科技不仅成为第一生产力,而且成为人民福祉的重

要来源,是社会发展和文明进步的第一推动力。2017 年我国国务院发布的《新一代人工智能发展规划》作出科学判断,指出:“人工智能成为国际竞争的新焦点。人工智能是引领未来的战略性技术,世界主要发达国家把发展人工智能作为提升国家竞争力、维护国家安全的重大战略。”[17]是故,法律要以激励和保护大数据、云计算、区块链、互联网、物联网、人工智能创新发展为首要原则,推进中国智能科技占领世界科技的制高点。在智能科技的规律还没有完全展现出来、智能科技对经济政治文化生态的影响尚无法作出科学评估的情况下,不要过分担忧智能科技的负面影响,而误用规则阻碍了它的发展进步。在这个问题上,必须始终解放思想,牢固树立发展是硬道理的理念,秉持“包容审慎”的态度。

第二,智能社会是易于流变的社会。其可谓日新月异,一切都在快速改变中。既往的社会形态,例如农业社会,上千年没有显著变化;工业社会上百年、数十年没有根本性变化,所以《法国民法典》有效实施了两百多年,《德国民法典》有效实施了一百多年;而信息社会、智能社会,则是十几年、几年就变一个样。例如,作为智能社会支柱之一的移动通信,在过去 50 年间已经发生了从 1G 到 2G、3G、4G 的革命,目前已经开启了 5G 时代,一些国家和企业已经开展面向 6G 的研发和布局。再如,从信息技术融合应用角度来看,以相对传统的司法系统为例,我国法院系统在 20 世纪 90 年代后半期才开始信息化建设,[18]而近几年已建立起汇集了 9000 多万篇文书的中国裁判文书网,[19]建设了互联网法院,开展了智慧法院建设。2019 年全国 97.8% 的法院支持网上立案,其中高级人民法院达到 100%。[20]新冠疫情期间,许多法院开展了在线庭审。[21]面对异常迅猛的科技发展和社会变化,法律应接不暇,刚刚制定或修改的法律马上就跟不上变化了,法律的稳定性优势难以维持。应对智能社会的易变特征,立法必须具有一定的前瞻性、适度的超前性,立法和修法要提高效率。更重要的是法律模式要创新,法律要更加开放和兼容,给其他规则的出现和使用留下更充分、更方便的接口,让司法通过法律解释、自由裁量等能动方式承担一定的应对社会变化的“造法”功能。

第三,智能社会是风险变数最大的社会。风险丛生、风险叠加、风险度高是智能社会的显著特征。智能科技在带给人类巨大进步与福利的同时,也带来了不可忽视的风险,诸如科技异化风险、网络暴力风险、算法歧视风险、非法移动跟踪风险等,这是人人都可感知并时常遭遇的普遍风险。在传统社会,很多风险是个别性、局部性、偶然性的,而在信息社会和智能社会,大多数风险具有快速蔓延性、急剧增强性。而同时,个人甚至群体对于风险的识别能力、预防能力、控制能力严重不足,这就很容易演变为大规模公共风险。科学家们早就提醒人类对科技的严重风险要有清醒的认识。例如,英国科学家贝尔纳在《科学的社会功能》中指出:“科学技术的发展本身既为我们揭开了改善人类生活的前景,也为我们开辟了毁灭人类的可能性。”[22]美国科学家霍金甚至断言:“人工智能的成功有可能是人类文明史上最大的事件。但是,人工智能也有可能是人类文明史的终结。除非我们学会如何避免危险。”[23]著名企业家马斯克也指出,当前对人工智能的学习速度可能有所低估,需要密切监管以防止其成为“严重的公共危险”,需要建立起监督机构,人工智能之危险尤甚于核武器。[24]习近平总书记更是多次提醒我们:“要加强人工智能发展的潜在风险研判和防范,维护人民利益和国家安全,确保人工智能安全、可靠、可控。要整合多学科力量,加强人工智能相关法律、伦理、社会问题研究,建立健全保障人工智能健康发展的法律法规、制度体系、伦理道德。”[25]应对智能科技带来的风险,法律必须挺身而出。

第四,智能社会是全球化时代的社会形态。全球化与信息化、智能化属于同一个时空,20 世纪 60 年代互联网的诞生既开启了全球互联的信息化时代,也开启了信息交互的全球化时代。进入 21

世纪之后，全球化的速度进一步加快，正在有力地改变乃至颠覆人类的生产方式、生活样式、文化形态、思维方式和行为方式，也深刻地影响着人类社会的经济制度、政治制度、法律制度、治理体系。全球化深入发展，把世界各国利益和命运更加紧密地联系在一起，形成了你中有我、我中有你的利益共同体，尤其是在智能科技领域全球化早已成为新常态。智能科技的很多问题不再局限于一国内部，很多挑战也不再是一国之力所能应对，全球性挑战需要各国通力合作。网络安全、数据安全、人工智能安全、区块链陷阱等方面的法律规制均需要国际思维和国际协调。全球化必然把科技竞争从国内带向国际、从区域带向全球，这就必然引起世界范围内数字鸿沟、两极分化、“治理赤字”、秩序危机等问题，使发达国家和发展中国家都感受到压力和冲击。因此，国际上出现了“反全球化”“逆全球化”的舆论和思潮，一些守成大国甚至动用政策和法律打压我国智能科技企业和研究机构，遏制我国在5G、人工智能等高科技领域的发展。在这种情况下，我们必须以辩证思维和全球思维分析利与弊、机遇与挑战，坚决维护公平竞争的国际规则体系和市场秩序，并以法律反制对我国智能科技的打压。同时，我们也应当以诚信和自信进一步加强知识产权保护，提高科技研发和运用的原创性、透明度、开放度，接受技术评估、产权识别和安全审查的国际合作，努力使国内治理与国际治理有效衔接、相辅相成。

（二）人本

以人为本是法治的灵魂。以人为本，其核心要义在于一切从人出发、以人为中心，把人作为观念、行为、制度的主体，把人的独立、人的尊严、人的自由、人的感受、人的全面发展作为智能社会法治建构的终极关怀。以人为本是一个西方哲学命题，也是根植于中华传统文化和当代中国实践的社会理念。习近平总书记将其转化为具有时代性、现实性和感召力的政治法律命题，提出“人民至上”“以人民为中心”“以人民为主体”，强调法治建设“为了人民、造福人民、保护人民、依靠人民”，从而阐明了这一命题的法理精义和时代内涵。以人为本是法治文明的灵魂，智能社会的法治建构更要以人为本。智能技术把人的社会划分为现实社会与虚拟社会，将人的世界从物理世界延伸至数字世界，人脸识别、智能家居、自动驾驶、智慧医疗等新技术发展便利了人的生活，甚至代替了人的部分劳动。在这种情况下，我们必须要更深刻系统地认识到人的价值，认识到人始终是发展的目的，由算法支撑的智能社会依然是“人的”社会而不是“物的”社会。具体而言，构建以人为本的智能社会法律秩序，就是以人的权利为本，把权利保护和人权保障作为智能社会法律秩序的核心要义。

一是个人信息（信息权）保护。“个人信息”，是指以电子或者其他方式记录的能够单独或者与其他信息结合识别特定自然人身份或者反映特定自然人活动情况的各种信息，包括姓名、身份证件号码、通信通讯联系方式、住址、账号密码、财产状况、健康信息、行踪轨迹、手机短信、微信聊天记录等。滥采个人信息、窃取个人信息、非法倒卖个人信息，已经成为智能社会的公害。我国已经注意到互联网企业、平台公司等侵犯个人信息的严重情况，并采取立法加以规制和惩罚，加强保护公民个人信息安全。《民法典》第 111 条规定：“自然人的个人信息受法律保护。任何组织或者个人需要获取他人个人信息的，应当依法取得并确保信息安全，不得非法收集、使用、加工、传输他人个人信息，不得非法买卖、提供或者公开他人个人信息。”《网络安全法》第 44 条规定：“任何个人和组织不得窃取或者以其他非法方式获取个人信息，不得非法出售或者非法向他人提供个人信息。”第 43 条规定：“个人发现网络运营者违反法律、行政法规的规定或者双方的约定收集、使用其个人信息的，有权要求网络运营者删除其个人信息；……网络运营者应当采取措施予以删除或者更正。”但是，当下个人信息被滥采滥用的情况仍没有得到遏制,个人信息保护的局势依然严峻,立法机关正在总结现有立法实施情况和司法经验,针对互联网、大数据、人工智能的新特点、新情况,研究如何进一步完善个人信息保护的法律制度,调整后的2020年度全国人大常委会立法工作计划已经将《个人信息保护法》纳入规划,并将在2020年进行一审。我们期待着新的立法能够在确保公民个人信息安全和生活尊严方面有更严格的刚性规定和更有效的实施。必须认识到,个人信息保护客体既是个人利益,也是公共利益,是社会运行的底线,是国家文明的硬核,对公民个人信息的采集和使用,必须秉持善意、得到许可、有限取得、合理使用,防止擅自过度采集和滥用,严禁盗取和非法利用他人信用数据。

值得注意的是,尽管个人信息保护的必要性已取得了社会共识,但民法典中并未明确规定"个人信息权",这在一定程度上体现了对于个人信息保护的性质、范围及路径的争议和持续探索。[26]个人信息保护与隐私权保护息息相关,但个人信息却又不完全等价于隐私。一方面,需要从体系化的角度考虑有效保护个人信息的最佳路径;另一方面,要重视信息流通的社会公共价值,在保护个人信息的同时,要注意对信息流通不必要的阻碍问题。例如,对个人信息进行高标准法律保护的欧盟亦高度重视数据的流通,在《通用数据保护条例》(GDPR)生效之后,于2018年10月通过了《非个人数据自由流动条例》,[27]与《通用数据保护条例》相互补充,以促进欧盟境内的数据流通,保障欧盟数字经济的发展。

二是公民人格权保护。人格权是公民的基本人权,也是重要的民事权利。我国《宪法》以崇高的人权精神把人格权作为公民基本权利加以规定,第37条规定:"中华人民共和国公民的人身自由不受侵犯。任何公民,非经人民检察院批准或者决定或者人民法院决定,并由公安机关执行,不受逮捕。禁止非法拘禁和以其他方法非法剥夺或者限制公民的人身自由,禁止非法搜查公民的身体。”第 38 条规定：“中华人民共和国公民的人格尊严不受侵犯。禁止用任何方法对公民进行侮辱、诽谤和诬告陷害。”第 39 条规定：“中华人民共和国公民的住宅不受侵犯。禁止非法搜查或者非法侵入公民的住宅。”第 40 条规定：“中华人民共和国公民的通信自由和通信秘密受法律的保护。除因国家安全或者追查刑事犯罪的需要，由公安机关或者检察机关依照法律规定的程序对通信进行检查外，任何组织或者个人不得以任何理由侵犯公民的通信自由和通信秘密。”《民法典》专设一编加强对人格权的法律保护。《民法典》第 990 条从民事立法的角度对人格权进行了法律界定，这也是我国法律首次明确界定人格权，规定“人格权是民事主体享有的生命权、身体权、健康权、姓名权、名称权、肖像权、名誉权、荣誉权、隐私权等权利”以及“自然人享有基于人身自由、人格尊严产生的其他人格权益”，并详细规定了各项人格权利的内容。针对利用信息技术手段“深度伪造”他人的肖像或声音、侵害他人人格权益，甚至危害社会公共利益等问题，民法典也作出了相关权利保护的规定。

保护个人隐私权在智能社会中无疑是最受人们普遍关注的。因为在智能社会中，依据个人行动等数据可以高精度推断其政治立场、经济状况、兴趣爱好、生活习惯、交往范围、生理缺陷等，这就很容易触及个人隐私。因此，美国、欧盟、日本等人工智能发达国家和地区相继出台了相关法律、政令和伦理指导意见。例如，日本政府发布《以人类为中心的人工智能社会原则》，明确规定要谨慎对待个人数据：(1)对个人数据的使用，包括政府使用行为在内，不得侵犯个人自由、尊严和平等；(2)对个人数据中涉及隐私的部分，确保使用行为的正确性、正当性，以及本人能够实质性地参与，并从中得到适当益处；(3)个人数据必须根据其重要性和需求性得到妥善保护，基于文化背景和社会共同理念，把握使用和保护之间的平衡。我国《民法典》首次以法律形式界定“隐私权”，第 1032 条规定："隐私是自然人的私人生活安宁和不愿为他人知晓的私密空间、私密活动、私密信息"，规定"自然人享有隐私权。任何组织或者个人不得以刺探、侵扰、泄露、公开等方式侵害他人的隐私权"。第1033条规定："除法律另有规定或者权利人明确同意外，任何组织或者个人不得实施下列行为：(一)以电话、短信、即时通讯工具、电子邮件、传单等方式侵扰他人的私人生活安宁；(二)进入、拍摄、窥视他人的住宅、宾馆房间等私密空间；(三)拍摄、窥视、窃听、公开他人的私密活动；(四)拍摄、窥视他人身体的私密部位；(五)处理他人的私密信息；(六)以其他方式侵害他人的隐私权。"《民法典》关于"隐私"的界定和对隐私权保护的规定对每一个自然人授予了保护个人隐私、捍卫隐私权的法律盾牌。

三是数字人权保护。当今世界已经进入数字时代，中国正在加速建设成为"数字中国"。数字科技与社会生产和人民生活深度融合，数字科技的广泛使用已经成为人民生活、生存和发展须臾不可或缺的一部分。人类生活和生存对数字科技高度依赖，"数字化""网络化""智能化"成为新的生存方式和生活方式。在这种背景下，把对数字科技的掌握和运用奉为"权利"并将其归属于"人权"，提炼出"数字人权"概念，普及"数字人权"理念，既十分必要、甚为迫切，也顺理成章、水到渠成。

首先，在制度上强调科技企业尊重和保障人权的责任，以及政府尊重、保障和实现"数字人权"的义务。这种责任和义务，一方面表现为对公民(用户)数字化生活中隐私权、信息权、数据权、表达权、人格尊严等权利和自由的尊重与保护；另一方面也表现为对互联网基础设施及其他数字化设备的提供，尤其是对弱势群体所面临"数字鸿沟"的填补，以公共资源和集体行动确保社会成员平等、充分地享有接入互联网世界、过上数字化生活的条件和机会，进而真正实现其联网权和数字化生活权。

其次，以人权的规范性强化对数字科技开发及其运用的伦理约束和法律规制。针对数字科技的研发、运用和产品生产可能导致的人权风险,国家和相关行业应对其进行人权评估、审查和规制。国家机关将数字科技用作社会治理的手段时,应秉持尊重和保障人权的理念,将其局限于社会利益和公共安全所必需的限度内,并严格遵从法律所规定的范围和程序。在以数字科技驱动数字经济和数字社会的语境中,对科技研发公司的知识产权保护应恪守尊重公民隐私权、数据权、知识利益均享权等人权的原则和底线。

最后,推进人权和法治理论创新发展。进入21世纪以来,尽管有许多国家、国际组织、学术机构把与互联网相关的人权问题列入重要议程(如2017年6月27日联合国人权理事会通过《互联网上人权的促进、保护与享有》决议),但迄今尚未明确地提炼出“数字人权”概念,更没有赋予“数字人权”自主性的科学内涵。中国的数字科技水平位于世界前列,中国的数字科技运用能力更是领先于其他国家和地区。我们应该比其他国家或地区更加重视数字人权,也有能力以对“数字人权”的科学阐释和制度构建来引领新一代人权,引领国际社会的“数字人权”研究。

(三)公正

公正是法治的生命线。智能社会的法律秩序理应是最公正的秩序,公正在实践中体现为普惠、共享和制度正义。因而,公正的秩序也就是普惠性秩序、共享性秩序和正义性秩序。

人人平等、人人享有是智能社会建设和治理的基本原则。我国多个科技智库已经注意到人工智能等智能科技的普惠福利和普惠正义问题。2017年,中国科学院科技战略咨询研究院与腾讯研究院联合举办“2017人工智能:技术、伦理与法律研讨会”,会上明确提出要推进人工智能朝着普惠和有益的方向发展,确保算法设定公平、合理、无歧视;人工智能决策如果影响个人权益,应该提供救济途径;推动人工智能的效益公平分配,缩小数字鸿沟。

应当看到,以人工智能为代表的科技发展如不加以正确引导和有效规制,在创造财富和价值的同时,极有可能加剧贫富不均和社会分化。正如创新工场创始人李开复所说:“现有的人工智能产品正以超出大多数人想象的速度得到改进,很有可能让我们的世界发生根本性改变——不一定就是变得更好。它们只是工具,而非某种与人类竞争的智慧形式。但它们将重塑工作的含义和财富的创造方式,引发前所未有的经济不平等,甚至改变全球力量均势……人工智能正拓展至成千上万个领域,在此过程中,它会让很多工作岗位消失……这种转变将为开发人工智能以及运用人工智能的企业带来大量利润……人工智能给我们提供一个在全球范围内重新思考经济不平等的机会。”[28]

目前,我们已经面临智能化发展不充分、智能科技运用不平衡的问题,这是我国社会主要矛盾在智能化方面的突出表现。例如,近期互联网、微信群等热议的一种智能失衡和社会不公现象:一方面是社会越来越数字化、网络化、智能化,人们从智能科技中不断增加幸福感、获得感、悦享感;另一方面越来越多的老年人、残疾人、贫困者却被智能化淘汰,无法像常人一样衣食住行,不能乘坐公共交通,不能在超市购物,因为他们不会使用微信二维码,不会上网购物买票,不会网上预约医院就诊,尤其是因不能获得健康码连自己的小区都不能进出。还有,新冠疫情期间大中小学校普遍开设网课,集中优质教学资源开展教学,但是相当一部分地区网络质量差甚至没有网络,致使贫困落后地区的学生处在事实上的“失学”状态。我国智能科技领域一些领军企业和企业家已经注意到这些问题,纷纷提出了“普惠人工智能(普惠 AI)AI 战略计划”“友好型人工智能环境规划”,把人工智能作为人类的公共财富,把普惠、共享、公平等原则作为发展智能科技的价值目标,把智能科技更广泛地应用于教育、医疗、社保、交通、就业、养老等民生领域,使全体人民尤其是让贫困地区、贫困人口搭上互联网、人工智能发展和公共服务普惠化的快车,迎接智能生活新时代。

智能社会必然走向共享社会。生产力的大幅度提高、社会财富持续增加以及人口规模的相对稳定,使人们共享资源和收益有了物质前提。而大数据、互联网、物联网、人工智能等,也为共享社会创造了关键的技术前提。进入21世纪以来,现代信息科技创造了数字经济,数字经济是典型的共享经济。以往资本是独占的,在数字经济中,资本往往带有公共服务的色彩,人们不必在意物品的占有权,而是在意其使用权。数字经济也是最有效率的经济,各种应用程序(App)通过时间、地点、技能的匹配将物品的使用权分配到最需要它的地方,使资源的利用率最大化。同时,新的信息科技也助推了数字自由和数字民主的发展,使公民基本权利和人权的实现有了新的技术保障。例如,通过互联网,人们能够独立自由地选择职业,更加精准地投资和经营。公民可以自由而负责地发表言论、传播新闻、沟通对话,自由度和获得感明显增强,共享经济、共享社会、智能民主正在成为现实。

公正与法律同根同源,公正是法律的本质,法律是公正的外化。“法是善良与公正的艺术。”[29]“以公正的逻辑代替武力的逻辑是法律本质的全部所在。”[30]“正义是社会制度的首要价值。”[31]这些法理命题都揭示出公正与法律的内在联系。在中国特色社会主义新时代,在全面依法治国总体制度体系内,构建智能社会法律秩序,也必然以公正作为其核心价值。习近平总书记指出:“公平正义是我们党追求的一个非常崇高的价值,全心全意为人民服务的宗旨决定了我们必须追求公平正义,保护人民权益、伸张正义。全面依法治国,必须紧紧围绕保障和促进社会公平正义来进行。”[32]“必须牢牢把握社会公平正义这一法治价值追求,努力让人民群众在每一项法律制度、每一个执法决定、每一宗司法案件中都感受到公平正义。”[33]党的十八届四中全会、五中全会,中央全面依法治国委员会的三次会议和党的十九大都强调以法治体现和维护社会公平正义，指出“要把公正、公平、公开原则贯穿立法全过程”，[34]“依法保障公民权利，加快完善体现权利公平、机会公平、规则公平的法律制度，保障公民人身权、财产权、基本政治权利等各项权利不受侵犯，保障公民经济、文化、社会等各方面权利得到落实，实现公民权利保障法治化”。[35]习近平总书记的重要论述和党中央作出的公平社会的制度安排，也为构建智能社会法律秩序确立了价值基石，指明了发展方向。以公正为核心价值构建智能社会法律秩序，必须坚持权利平等、机会平等、规则平等的基本原则，坚持算法公正、智能正义、制度公平，加快推进智能进程中的“脱贫攻坚”，消除智能科技享用方面的“贫困人口”。

（四）包容

包容是现代法治的美德。在高度现代化的智能社会，我们所要建立和维护的法律秩序不是一般任一秩序，而是“包容性秩序”。不是任何一种秩序都能够称得上是“包容性秩序”。例如，封建统治阶级及其代言人把封建等级制看作不可侵犯的秩序。韩非宣称“臣事君，子事父，妻事夫，三者顺则天下治，三者逆则天下乱，此天下之常道也”；董仲舒把“君为臣纲，父为子纲，夫为妻纲”宣布为封建社会秩序的根基。这种蔑视人性、维护特权、禁止社会流动的秩序与“包容性秩序”相去甚远。而当今社会，信息的共享性和智能的开放性必然要求智能社会秩序是百花齐放、百家争鸣、尊重差异、包容多样、和而不同的秩序，是一种使自由而平等的竞争和人文主义的生活成为可能的秩序，是各种社会分歧、矛盾和冲突能够在伦理和法理的基础上得以和平解决或缓和的秩序，是由科技理性和法律理性共同支撑的社会秩序。

构建包容性法律秩序，以法治的价值和力量引导和保障社会充满生机活力，让一切有利于社会进步的创造愿望得到尊重、创造活动得到支持、创造才能得到发挥、创造行为得到肯定,全社会的创造能量充分释放、创新成果不断涌现、创业活动蓬勃开展;让每个人在智能社会法律秩序中享有广泛自由,包括但不限于:人身自由,不因性别、出身、血缘、籍贯、财产、受教育程度等因素而受到管制和歧视;思想自由,让想象力和兴趣蓬勃发展,生产出各种各样的精神产品和物质产品;言论自由,每一个人都有权利负责任地以语言、文字、图像、微博、微信、视频及其他方法自由地发表和传播自己的意见,并且拥有听取他人意见和批评的平等权和相对于政府的知情权;创造自由,让聪明才智在理论创新、技术创新、生产创新、文化创新、制度创新等方面“物尽其用”;契约自由,每个人都成为独立的个人和平等的权利主体,每个人都可以依据自己的切身利益和合理预判与他人自由地交往和交易;让尊重劳动、尊重知识、尊重人才、尊重作为劳动结晶的技术和资本蔚然成风,放手让一切劳动、知识、技术、管理、资本等生产要素的活力竞相迸发,呈现“大众创新、万众创业”的时代风采。

构建包容性法律秩序,要以科学思维和法理思维处理好智能社会的各种辩证关系。诸如利益与风险的关系、人工智能的发展与安全的关系、信息保护与信息公益的关系、互联网自由与监管的关系、大数据自主与共享的关系、数据的原始性、真实性与数据脱敏的必要性、强制性的关系、算法的技术秘密与信息公开之间的关系、智能科技的产权保护与增进社会福祉的关系、激励创新和容许出错的关系、信息供给侧与需求侧的关系、建立信用平台与促进社会诚信和对属于隐私范畴的个人信息保护的关系等,类似的辩证关系或价值冲突还有很多,需要我们在法律制定和实施中认真研判、合理规定,避免顾此失彼。

构建包容性秩序,要更开放、更多元,注重对域外智能科技文明的借鉴和吸纳。实事求是地说,智能科技发端于欧洲、美国、日本等发达国家,它们在智能科技管理和智能社会治理方面遇到的问题比我们早、比我们多,进行伦理治理和法律治理也比我们先行一步,它们遇到的问题和教训值得我们反思,它们的立法经验值得我们学习借鉴。例如,在数据保护方面,1995 年欧盟就制定了《数据保护指令》;2016 年欧盟又制定了《通用数据保护条例》,共六章 99 条,2018 年 5 月 25 日正式生效。这是迄今全世界数据保护方面法律规定最系统、权利义务责任最清晰的立法。值得注意的是,该条例对数据主体权利的宣告和保护,要求数据主体的同意必须是具体的、清晰的,而且是在充分知情的前提下自愿作出的。如果是涉及儿童的个人数据,必须获得其父母或者其他监护人的同意。更重要的是,数据主体可以随时撤回同意,数据控制者应为此提供便利。虽然该条例允许数据控制者在特定场合出于其合法利益处理数据,但必须证明其合法利益显著高于个人权利和自由。此外,数据主体还被赋予知情权、反对权、被遗忘权以及数据可携权。为了保护数据主体的权利,该条例还给数据控制者和处理者设定了一系列刚性的义务,包括:数据的假名化;对于高风险的数据处理活动,要进行数据保护影响评估和事先协商;在发生数据泄露时,要及时通知监管机构;等等。该条例还规定了享有调查权和处理权的独立监管机构等。当然,过于严格的数据保护也妨碍了欧盟数据产业的发展。又如,2018 年年底,日本政府发布《以人类为中心的人工智能社会原则》,明确规定了人工智能研究和应用中应当秉持人类尊严、多元包容、可持续的社会理念,提出了应当遵循的一系列原则,如人类中心原则,教育应用原则,保护隐私原则,保障安全原则,公平竞争原则,公平性、说明责任及透明性原则,创新原则等。它借鉴了欧盟的经验,也吸取了欧盟的教训。再如,2017 年 6 月德国联邦议会制定《改进社交网络中法律执行的法案》(2018 年 1 月 1 日实施),对"社交网络平台"作出了法律界定,把 Facebook、Twitter、YouTube 等在德国境内运营并且以营利为目的、向公众和用户分享任意信息的社交网络平台全部纳入法律监管范畴,在此基础上明确规定了互联网平台责任、政府监管职责、社交网络平台内容审查与监管义务等。同年,德国修订了《道路交通法》,针对自动驾驶汽车建立了法律规范,确立了自动驾驶的基本概念、驾驶员的权利义务和责任等重要内容,为自动驾驶的发展奠定了必要的法律基础。上述法律和政令所凝练的概念和命题、提出的理念和价值、规定的原则和规则、构建的制度和机制、制定和实施程序,以及在实践中修改完善的进程,都有值得我们学习、研究、借鉴的价值。

(五)共治

共治是善治的核心要义,良好的法律秩序由共治而形成。智能社会的治理比其他任何形态的社会治理都更加复杂,它既有针对智能科技的极强专业性,又具有面向公众的广泛社会性。实行以法科共治、法德共治、多元共治为核心的法律秩序,是破解"治理赤字"的重要法宝,也是构建智能社会法律秩序的必然选择。

一是法律和科技共治。我们既往的研究基本局限于科技对法律的作用、法律对科技的反作用这样一种线性思维上。而当科技进步逐渐主导我们的生活、主宰我们的世界的时候,这种思维方式和理论模式显然已经失效,代之而起的是法律和科技共治模式。法律和科技共治的目的在于推进制度优势和科技优势的深度融合。当下,我国不仅有中国特色社会主义法律的制度优势,还具有在大数据、云计算、人工智能、区块链、互联网、物联网、电子商务等领域领先全球的科技优势。可以预见,当科技与制度深度融合之时,我国的制度优势和科技优势必将形成新的综合优势,使智能社会治理产生巨大效能。跨部门大数据办案平台的运行,杭州、北京、广州互联网法院的创建,全国各地智慧法院、智慧检务、智慧公安的建设,中国裁判文书网全面运行,都表明中国之治正借助新科技优势而取得无与伦比的治理效能。

以前，我们认为，法律规范和技术规范是二元的，技术规范调整的主要对象是人与自然的关系，它们规定人们如何使用自然力、生产工具等，以有效地利用生产工具，开发自然资源；而法律调整的是人与社会的关系，规范人的涉他涉众行为。但是，随着科学技术的发展，大量的技术规范需要转化为法律规范，或者由法律强制力保障实施。美国三英里岛核电站泄漏事故等严重地危害了人们的健康和生命，给人类敲响了警钟，人们认识到为了预防和及时化解科技运用中的风险和危害，不仅必须有严密的技术规范，而且必须有强制的法律规范保证这些技术规范的实施。例如，机械制造、生产操作、交通安全、环境保护、卫生保健、互联网运行、大数据集成、人工智能等方面的技术规范大量地法律化，既保障了科学技术在生产和生活中的运用，也有效维护了人民群众生命安全和全社会的利益。在智能社会推进法科共治，要充分发挥技术防控的基础性作用和法律防控的保障性作用，把两种防控机制有机结合，使代码规制与法律规则、算法与国法相辅相成，既能提升智能科技风险防控质量和效率，又能以法律的肯定性、强制力和权威性强化科技人员的防控责任，使风险防控责任落实到人、落实到位。我国《民法典》合同编对当事人通过互联网等信息网络订立电子合同以及这些合同的履行设置了专门的法律规则，人格权编规定了大数据背景下个人信息保护问题，侵权责任编对网络侵权作出了比较严格的规定，这些都是法律和科技共治的制度保障。

诚信治理为法律和科技共治提供了一个范例。在传统社会，诚信治理依靠的是法律和道德手段；在智能社会，科技发挥着不可替代的作用。大数据的存储、处理和应用能力的快速发展，云计算和区块链技术的不断成熟，都为维护社会诚信、建设信用社会提供了坚实的技术支持。只要一个人的行为是通过电子途径完成的，就会留痕，被完整记录并保存下来。每个人关乎他人和社会利益的活动信息，尤其是缺失诚信、违约侵权的不良行为和活动等都会被记录在案，无法涂改、遗忘不了、删除不能，这就倒逼人们在智能技术的监督下诚实守信、谨言慎行、远离邪恶。特别是区块链技术广泛应用后，各种信息永恒保存，就更迫使人们自觉规范行为、树立诚信形象、建立个人良好信用记录。可见，许多法律和道德禁止不住的失信言行却被智能科技管起来了，科技让生活更美好的同时，也使社会更文明。

推进法律和科技共治，不仅是法律手段与科技手段的结合，也需要法律科学和自然科学交叉结合，科学家和法学家互相学习，合力引导科技朝着普惠向善的方向发展。正如英国原最高法院院长戴维·埃德蒙德·纽伯格在一次演讲中所说："法治是文明社会的基石，由于科学在诸多领域内不断发展，深远探索，科学家们应当了解相关法律规则，指导自己工作的适当法律界限。此外，同样重要的是，法律人要熟悉科学的发展情况，法律需要跟上技术发展的步伐。"[36]当下，有必要建立法学家、科学家、企业家、教育家和政府官员治理联盟，共同编写智能科技伦理章程、共同起草有关法律法规，为人工智能研发、应用活动提供道德指引和法律规制。

二是法律和道德共治。法安天下、德润人心。法律是成文的道德，道德是内心的法律。国家和社会治理既要重视发挥法律的规范作用，又应重视发挥道德的教化作用，实现法律和道德相辅相成、法治和德治相得益彰，这是中华民族治国理政的优秀传统，是中国特色国家和社会治理的鲜明特色和显著优势，对于智能社会治理而言更有着特殊意义。我国作为率先进入智能社会的东方大国，特别重视人工智能等智能科技的伦理和法律问题。习近平总书记多次强调要加强对人工智能等前沿科技的伦理和法律研究，提高道德约束和法律应对的能力。如今，高科技进展飞速，普通公民对高新科技陌生疏离、科技异化和公共风险滋生，尤其需要在伦理和法理的结合上，对新科技背景下的人伦关系、社会秩序进行审视和反思。主要包括两个方面：一是对社会主体的重新审视。例如,对“机器人”的社会属性如何界定?人工智能体是否发展到某种程度就可以视为或拟制为法律关系主体,享有权利、承担责任?二是对科技带来的社会风险、社会结构重塑等问题的应对。致力于建构新技术条件下理想的人伦关系和社会秩序,确立科技研发、运用过程中相关主体应遵循的伦理规范和法理原则,始终从人的价值出发,促进科技向善。

科技伦理治理和法理引导有两条主要路径,即推进人类主体权利的保护和推进责任体系的创建。前者强调明晰所要保护的人类利益,后者则强调对整体责任的认识和内部责任的划分。由此,我国智能科技的研究和应用应遵循两项基本原则,即人类根本利益原则和责任原则。人类根本利益原则,即科学技术应以实现人类根本利益为最终目标,体现出对人的尊重、对人权的保护、对科技风险的消解、对科技运用的负面影响的防范和制止。责任原则,即在科技研发和应用两方面都建立明确的责任体系。一方面,在科技研发上应遵循透明度原则,确保人类能够了解必要信息,可以对科学技术进行验证,并对其应用结果、风险进行预测;另一方面,在科技应用上应当遵循权责一致原则,建立必要的公共审查制度,要求有关主体留存必要信息,以保障问责的可操作性。

近年来,各国都在对人工智能进行伦理和法理研究方面的探索。例如,欧洲机器人研究网络(EURON)发布《机器人伦理学路线图》,韩国工商能源部颁布《机器人伦理宪章》,日本组织专家团队起草了《下一代机器人安全问题指引方针》,美国国家科学基金会和美国航天局设立专项基金开展机器人伦理学研究。此外,诸多行业组织、公司企业也在伦理规范方面强化了人工智能专家的专业责任。例如,日本人工智能学会内部设置了伦理委员会,谷歌设立了人工智能研究伦理委员会,中国的人工智能技术企业同样强化了人工智能专家的伦理职责并对人工智能技术的社会影响进行全面评估。一些人工智能专家更是呼吁在人工智能产品中预设道德准则进行伦理指引，甚至建议为人工智能体安装“道德黑匣子”以记录其自主决定与行为，及时发现和纠正其“越轨行为”。[37]在加强伦理引导和约束的同时，要善于运用法治思维和法治方式，完善法律规范体系，建立人工智能开发、使用和产业发展的法律约束与惩戒机制，确保人工智能科技在法治的轨道上健康发展。

三是多元共治。智能社会的治理是一项复杂的系统工程，需要国家、行业、组织、公民个人等主体的共同参与，实现党委统一领导下人大、政府、政协、监察机关、司法机关、社会组织、企事业单位、公民个人等多元主体协同共治局面。

第一，要坚持人民主体原则，始终为了人民、依靠人民。人民不仅是社会治理的目的，也是社会治理的主体，是社会治理现代化的根本力量。智能社会的治理必须紧紧依靠群众，不断塑造和培养治理的内生动力，真正让人民群众成为治理的主体力量。例如，在互联网治理中，仅仅依靠网信管理部门监管是远远不够的，只有充分发挥公众参与在网络治理中的作用，方可收到维护网络空间秩序的效果。因此，网络安全法明确了公民对危害网络安全行为的举报权利，强化了政府部门受理、处置公民举报的责任，保障了公民通过网络举报参与网络空间治理的即时性和有效性。一些网络平台也自发建立起依靠用户运行的治理机制，例如淘宝网在纠纷解决机制中引入的“大众评审”实践，微信公众平台建立的“洗稿投诉合议机制”等。依靠人民来治理，还要激励和支持社会自治，充分发挥群众自我教育、自我管理、自我约束的自治作用，共同应对智能社会的复杂问题。

第二，要着力打造“人人有责、人人尽责、人人享有”的“智能社会治理共同体”。“社会治理共同体”是一个具有中国特色的科学概念，党的十九届四中全会通过的《中共中央关于坚持和完善中国特色社会主义制度、推进国家治理体系和治理能力现代化若干重大问题的决定》提出，“建设人人有责、人人尽责、人人享有的社会治理共同体”,深刻诠释了“社会治理共同体”的共治内涵和时代精神。人人有责、人人尽责,表明社会治理共同体首先是实践共同体、责任共同体,人人享有则表明这一共同体还是利益共同体、价值共同体、权利共同体、命运共同体。这与共建、共治、共享逻辑一致,人人有责是本质、人人尽责是前提、人人享有是结果。“社会治理共同体”的精髓是“共建共治共享”,共建共治必然指向共享,评价智能社会治理成效的根本标准就是共同体成员能否公平合理地参与智能社会治理、能否公正合理地分享智能科技带来的成果、能否切实感受到智能社会中的各种便利和权益。

第三,实行多主体协同共治。《中共中央关于坚持和完善中国特色社会主义制度、推进国家治理体系和治理能力现代化若干重大问题的决定》提出,“必须加强和创新社会治理,完善党委领导、政府负责、民主协商、社会协同、公众参与、法治保障、科技支撑的社会治理体系”。把党的全面领导贯穿于社会治理的各方面各环节,发挥党委总揽全局、协调各方的领导核心作用和政治优势。人大民主集中、立法决策作用;政府行政主导、严格执法作用;政协民主协商、参政议政作用;监察机关监督制约、依法反腐作用;司法机关定分止争、惩恶扬善作用;人民团体和各种社会组织联系群众、自治互律作用,发挥科学技术信息集成、精准服务作用。以此构建科学化社会化法治化智能化的治理体系,形成智能社会科学的治理格局和强大的治理合力。

智能社会治理特别需要政府和企业合作共治。智能科技企业和平台公司在智能社会治理方面有其不可替代的内生动力和天然优势,所以,要让它们拥有一定的、既是自治又是他治的规则制定权、审查管理权、责任追究权。比如,我国网络安全法、反恐法、电信和互联网用户个人信息保护规定等法律规章就赋予互联网企业和平台强制用户“实名认证”、依法进行“信息审查”等监管权,支持它们在法律、法规和规章范围内制定平台规则、处罚违规行为、解决平台纠纷。政企合治的优势在于：一方面，政府充分利用互联网和大数据平台，综合分析各种风险因素，提高对风险因素的感知、预测、防范能力；另一方面，通过政企合作、多方参与，促进公共服务领域数据的集中和共享，使政府掌握的相关数据同企业积累的相关数据进行有效对接，形成智能社会治理的合力。在防控新冠疫情的人民战争中，党中央提出依法科学有序的总方针，腾讯、百度、三大移动运营商和诸多人工智能企业向各级政府提供了强大的智能科技支撑，彰显了政企合作共治的制度优势和治理效能。

结　语

智能社会已经到来，提出“构建智能社会法律秩序”这一科学命题、时代主题和研究课题，既迫在眉睫，又顺理成章。我们要以法治的理性、德性和力量引领和规制智能科技革命，让智能化系统更加安全可控、科技运用更合乎伦理法理，使之成为促进社会有序发展、共享发展、公平发展、开放发展、和谐发展的生产力基础。唯有这样，人们才能在网络泛在的数字时代对自己的隐私保护、生活安宁、身心自由有充分的合理预期，才能在算法决策、机器决策中真正获得规则公平、权利公平、机会公平。只有在以科学、人本、公正、包容、共治为核心要素的法理型秩序中，智能在线教育、智能远程医疗、智能无障碍设施、远程法律服务、智能社会治理、互联网司法等才能积极发挥有益作用，充分释放正能量，助力缩小人与人之间的差距、减少区域之间的不平衡，弥补各类优质资源供给不足、分享不均的现状，更好地实现数字公正、教育公平、医疗公平、司法公平、公共服务均等，更好地实现重病者、老年人、残障人、受害者、贫困者等社会弱势群体权益保障，使全体人民在智能社会法律秩序的呵护之下，共享科技发展成果，实现人的全面发展、社会全面进步。

注　释

1 P. S. Cohen, *The Modern Social Theory*, London, 1968, p. 18 – 19.

2 H. Maslow, *Motivation and Personality*, 2nd ed., New York, 1970, p. 40.

3 ［美］E. 博登海默:《法理学:法律哲学与法律方法》,邓正来译,中国政法大学出版社 1999 年版,第 219 页。

4 《马克思恩格斯全集》(第 25 卷),人民出版社 1974 年版,第 894 页。

5 ［德］马克斯·韦伯:《韦伯作品集》(Ⅱ经济与历史;支配的类型),康乐等译,广西师范大学出版社 2004 年版,第 303 – 308 页;［英］弗兰克·帕金:《马克斯·韦伯》,刘东、谢维和译,四川人民出版社 1987 年版,第 111 – 112 页。

6 ［美］诺内特、塞尔兹尼克:《转变中的法律与社会:迈向回应型法》,张志铭译,中国政法大学出版社 2004 年版,第 85、87 页。

7 《马克思恩格斯选集》(第 2 卷),人民出版社 1995 年版,第 32 页。

8 《马克思恩格斯选集》(第 2 卷),人民出版社 1995 年版,第 38 页。

9 《马克思恩格斯选集》(第 1 卷),人民出版社 1995 年版,第 678 页。

10 对 Web3.0 的界定尚未形成统一认识,对互联网的发展阶段亦有一些不同理解,甚至有人提出 Web4.0、5.0、6.0 的概念。比较典型的观点认为,Web3.0 是以语义网、人工智能为标志的,机器可以更智能地分析网络中的数据,担当“智能代理”。See Rajarshi Mitra, *What is Web3.0? The Evolution of the Internet*, in https://blockgeeks.com/guides/web – 3 – 0/. 2020 年 4 月 26 日访问。

11 See Yann Meniere, *AI Inventions and the Fourth Industrial Revolution, presented in* “Patenting AI Conference”, May 30 2018.

12 《马克思恩格斯全集》(第 23 卷),人民出版社 1972 年版,第 204 页。

13 参见崔国斌:《论网络服务商版权内容过滤义务》,载《中国法学》2017 年第 2 期;万勇:《人工智能时代的版权法通知—移除制度》,载《中外法学》2019 年第 5 期;张吉豫:《智能社会法律的算法实施及其规制的法理基础——以著作权领域在线内容分享平台的自动侵权检测为例》,载《法制与社会发展》2019 年第 6 期。

14 See Giancarlo Frosio and Sunimal Mendis, *Monitoring and Filtering: European Reform or Global Trend?*, Center for International Intellectual Property Studies Research Paper, No. 5(2019), p. 6 – 16, in https://ssrn.com/abstract = 3411615.

15 Maayan Perel and Niva Elkin – Koren, *Accountability in Algorithmic Copyright En-*

forcement, Stanford Technology Law Review, Vol. 19, 2016, p. 478 – 480.

16 《〈中共中央关于全面推进依法治国若干重大问题的决定〉辅导读本》,人民出版社 2014 年版,第 54 页。

17 国务院:《新一代人工智能发展规划》,载中国政府网, http://www.gov.cn/zhengce/content/2017 – 07/20/content_5211996.htm。

18 参见芦露:《中国的法院信息化:数据、技术与管理》,载《法律和社会科学》2016 年第 2 期;郭烁:《法院信息化建设二十二年:实践、问题与展望》,载《浙江工商大学学报》2019 年第 1 期。

19 截至 2020 年 7 月 9 日,裁判文书网已收录裁判文书 96785267 篇,载中国裁判文书网, http://wenshu.court.gov.cn/。

20 参见陈甦、田禾主编:《法治蓝皮书:中国法院信息化发展报告 No.4(2020)》,社会科学文献出版社 2020 年版。

21 参见《北京法院:疫情期线上开庭 11 万余件,可同时开 800 个云庭》,载搜狐网, https://www.sohu.com/a/403976081_260616? _trans_ = 000014_bdss_dklzxbpcgP3p: CP = 。疫情期间,最高人民法院印发了《关于新冠肺炎疫情防控期间加强和规范在线诉讼工作的通知》,对全国法院推进在线诉讼作出动员并明确规范。

22 [英]J. D. 贝尔纳:《科学的社会功能》,陈体芳译,商务印书馆 1982 年版,第 317 页。

23 [英]斯蒂芬·威廉·霍金:《让人工智能造福人类及其赖以生存的家园》,载《智能机器人》2017 年第 2 期。

24 Elon Musk says AI threat greater than nuclear warheads: "it scares the hell out of me",载 https://www.thedrum.com/news/2018/03/11/elon – musk – says – ai – threat – greater – nuclear – warheads – it – scares – the – hell – out – me, 2020 年 7 月 12 日访问。

25 《加强领导做好规划明确任务夯实基础　推动我国新一代人工智能健康发展》,载《人民日报》2018 年 11 月 1 日,第 1 版。

26 参见高富平:《个人信息保护:从个人控制到社会控制》,载《法学研究》2018 年第 3 期;丁晓东:《个人信息私法保护的困境与出路》,载《法学研究》2018 年第 6 期。

27 "The Regulation on the free flow of non – personal data",载 https://ec.europa.eu/digital – single – market/en/free – flow – non – personal – data, 2020 年 6 月 10 日

访问。

28 Kai－Fu Lee, *The Real Threat of Artificial Intelligence*, The New York Times (June. 24,2017), https://www. nytimes. com/2017/06/24/opinion/sun－day/artificial－intelligence－economic－inequality. html.

29 《学说汇纂》(第1卷),罗智敏译,中国政法大学出版社2008年版,第5页。

30 [斯洛文尼亚]卜思天·儒佩基奇:《从刑事诉讼法治透视反对自证有罪原则》,王铮、降华玮译,载《比较法研究》1999年第2期。

31 [美]约翰·罗尔斯:《正义论》,何怀宏等译,中国社会科学出版社2009年版,第3页。

32 《中共中央关于制定国民经济和社会发展第十三个五年规划的建议》,载《人民日报》2015年11月4日,第1版。

33 习近平:《加强党对全面依法治国的领导》,载《求是》2019年第4期。

34 《〈中共中央关于全面推进依法治国若干重大问题的决定〉辅导读本》,人民出版社2014年版,第8页。

35 《〈中共中央关于全面推进依法治国若干重大问题的决定〉辅导读本》,人民出版社2014年版,第11－12页。

36 [英]纽伯格勋爵:《法官如何借助科学技术判案》,葛峰译,载南方周末,http://www. infzm. com/contents/119170。

37 参见蔡映洁:《人工智能,以法律和伦理为界》,载《人民日报》2017年8月23日,第5版。

“未来法治”与“智能社会法律秩序”*

我之所以提出或者说能够提出“智能社会的法律秩序”这个命题并进行研究，很大程度上是受“未来法治”这个研究范式的影响，也可以说是“未来法治”这个研究范式给我一种思想的启迪。我个人对“未来法治”的认识经历了一个由浅入深过程，即从“新兴交叉研究”到“新概念新命题新思维”再到法学研究“新范式”的深化过程。

2017 年 9 月，中国人民大学未来法治研究院宣告成立时，我写了一个寄语，把未来法治研究作为法学的一个新兴交叉学科，我感觉到这个新兴交叉学科体现了对中国法治发展规律的探索，对中国法治未来基本走向的展望。可以预见：从现在开始到 21 世纪中叶，中国法治发展和法治现代化必然呈现出法治拥抱科技、科技助力法治的新规律和新特征。这也是全球法治发展的总体趋势。

2018 年 11 月 25 日，未来法治研究院与京东法律研究院承办了中国首届“数字经济与未来法治”高峰论坛，我应邀参会做主旨演讲。当时，我在想一个问题：把未来法治研究局限于一个新兴交叉学科是严重低估了它的意义，那么，如何正确把握它的意义呢？

---

* 本文系作者 2020 年 10 月 13 日在中国人民大学未来法治研究院 2020 年秋季系列讲座上的演讲节选。

这要从深刻理解和回答什么是“未来法治”来破题。于是,我选择“什么是未来法治”作为演讲主题。后来我将这篇演讲收入我最近出的一本书时将其改为“何谓‘未来法治’”。在演讲中,我讲了两个问题,一个问题是:如何理解和表征“未来法治”?我认为“未来法治”既是一个新概念,也是一个新命题,更代表了一种新思维。以我的理解,“未来法治”有三层依次递进的含义:第一,未来法治是“面向未来”的法治,我们要树立未来意识,把握科技、经济、社会发展的规律和趋势,把握国家治理体系和社会治理体系的现代化方向;第二,未来法治是“走向未来”的法治,要把握法治在时间上的开放性、在实践中的动态性,以及过去、现在与未来的历时连续性,把现代性与未来性统一起来,在这个意义上,未来法治也是一种现代法治,或者说一种现代化的法治;第三,未来法治是“引领未来”的法治,要以法治点亮未来、引航未来,要以未来法学来支撑未来法治。另一个问题是:未来法治与未来社会的关系。我提出,研究“未来法治”必须以把握未来社会为前提。那么,如何来理解、表征或定义未来社会呢?我当时使用了三个关键词,即“智能社会”“共享社会”“风险社会”,认为未来社会是一个“智能社会”“共享社会”“风险社会”。这里,我个人首次正式使用了“智能社会”这个概念。当时,我讲到,未来社会是智能社会。以互联网、物联网、云计算、大数据、人工智能、区块链为代表的现代信息科学技术,牵引人类社会跨入了智能社会。万物互联、自动化智能系统与人类在社会中共同存在,将是未来人类社会的图景。人类在经历了原始社会、农业社会、工业社会、信息社会之后,迎来了一个智能社会的崭新时代。人类社会的生活方式、生产方式、组织方式、思维方式都发生着深刻的变革。与此同时,法治和国家治理、社会治理也迅速呈现出智能化的发展趋势。但是,这个时候,我对未来法治的理解还是直觉的、感性的和表象的。

2020 年 7 月 10 日,世界人工智能大会法治论坛组委会邀请我围绕论坛主题做个演讲。这次论坛的主题将人工智能的发展与法治的发展、法律秩序的建构联系起来。我就选择了智能社会的法治问题进行研究。在研究过程中,我深刻认识到,"未来法治"作为一个研究范式已经可以说是确定的;我也认为,只有以"未来法治"作为科学范式才能说清楚智能社会的法律秩序问题。我在2018年"数字经济与未来法治"高峰论坛上所说的"未来法治"既是一个新概念,也是一个新命题,更代表了一种新思维。作为一个概念,它涵盖着丰富而深刻的思想,作为一个命题,它凝结着科学认知和概念联结,作为一种思维,它提供了观察法治与社会的新方法。这种说法接近于把未来法治作为一种研究范式,但仅仅是接近。这次准备上海论坛演讲过程中,我比较清晰地把"未来法治"作为研究范式,并以这个范式来解读"智能社会"、把脉智能社会的法律秩序。

"未来法治"何以成为中国法学甚至可以说是世界法学的一个新的研究范式呢? 这要从"范式"概念的提出和界定开始。

"范式"(paradigm)是20世纪70年代由美国哲学家托马斯·库恩提出来的一个科学哲学概念。根据库恩和其他哲学家的解释,一个"新范式"的提出,意味着一种全新的理解系统,即有关对象本质与规律的本体论解释系统、一种"理论预设"、一种科学的"合理性标准";也意味着一种全新的理论框架,即构成某学术群体的研究基础、概念系统、基石范畴、核心理论以及话语体系;意味着一种全新的理论背景,即学术共同体开展学术活动的平台、论坛、舞台;意味着一套新颖的基本方法及其方法论;意味着一种新的学术传统,即学术共同体成员所必须遵守的公共规则。在科学研究中,"新范式"具有设置新论域和新议题、引导科学家聚焦发力、催生新概念新命题新理论、引领新科学革命的强大功能。在科学研究中,没有研究范式的支配和指引,对于一个人来说,不仅六神无主、东一榔头西一棒子,没有学术定力,而且缺乏共同体归属感;对于一群人来说,则无法形成相对稳定的学术共同体。从"旧范式"向"新范式"的转换,是科学自我超越、更新换代、转型升级的显著标识,是科学持续发展、不断进步、生生不息的内在需要。根据这些标准,通过三年来的学术实践,由中国人民大学正式提出的"未来法治"已经形成法学研究中的一个新的研究范式,正引领着有关法治与科技、法治与未来社会、中国法治发展等问题的研究,并在国内外产生日益广泛的影响。人大未来法治研究院成立后,这几年,一大批高校相继成立类似的研究机构、研究团队,吸纳大批法律学人开展互联网法治、数据法学、人工智能法律、计算法学研究等,都与未来法治作为新研究范式的引领和组织作用息息相关。

我顺便再谈一下,我也进行过思考,如果不用"未来法治",而是用其他概念作为研究范式,可能缺少科学性、系统性。对中国未来法治的研究,如果没有一个足够新的、成熟的研究范式来指引,如果是用旧的研究范式来观察新的问题,那就可能因为研究范式过低,缺乏足够的洞察力、概括力、解释力,因而也必然缺乏丰富而深刻的思想,而无法进行有效的理论创新和理论构建。当然,如果想使未来法治能够像马克思讲的"剩余价值"、制度经济学中的"交易费用"、自然科学家提出的"基因"等概念一样具有引领作用、对学术领域的革命性推动作用,那么还要对未来法治作为一个研究范式进行理论阐述、学术研究,构建起未来法治的理论和方法论的体系,建立起未来法治学。

下面,我就智能社会的法律秩序这个主题讲几个关键问题。

一、关于智能社会的概念

在第三届世界百所著名大学法学院院长论坛暨"文明转型与法学教育"研讨会上,我讲到:数字文明出现和智能社会到来给人类带来无限福祉的同时,也打破了许多思想家关于人类社会规律的结论和关于未来社会的想象,深刻改变了人类社会文明的发展方向和道路。如何描述和刻画正在到来或者说部分已经到来的这个“未来社会”? 我使用的是“智能社会”概念。我之所以提出使用“智能社会”的概念,是基于智能科技已经成为当下和未来先进生产力的代表和标志。根据唯物史观,社会形态的划分是以生产力为标准。从生产工具变革和生产力发展的角度看,人类社会迄今经历了石器时代、铜器时代、机器时代、信息时代,当前正在跨入智能时代;就经济形态而言,人类先后经历了原始社会、农业社会、工业社会、信息社会,当前正在进入智能社会。智能社会的生产力代表是智能科技亦即数字技术,智能科技是一个综合概念、集成概念,几乎涵盖了现代科技的方方面面,互联网、物联网、大数据、云计算、区块链、人工智能等,甚至包括了基于智能科技的现代生物技术(纳米机器人)等。也许,人们习惯使用“信息社会”概念,习惯于把现代智能科技都归于“信息技术”词语之内。但我觉得“智能社会”“智能科技”可以更科学、更精准地描述以智能科技为主导的新社会新时代,而无论是互联网、大数据、区块链、人工智能等单体,还是信息技术集体,都无法科学精准地描述刻画以智能科技为主导的、我们正在走向的新社会新时代。

二、智能社会与信息社会的区别

如果用一句话来讲,智能社会是以算法为中心,而信息社会是以网络为中心。信息社会源于“信息论”(20 世纪 80 年代讨论较多的“老三论”——信息论、控制论、系统论,对法学界也产生了很大影响),其主要标志是互联网的出现和快速普及使用,因此也被称为“网络社会”。进入 21 世纪以来,信息技术日新月异,从以网站到用户的单向信息分享为主的 Web 1.0 阶段发展到以用户贡献内容为主、以协同创作为代表的 Web 2.0 阶段,并开始探索更为智能化的 Web 3.0 技术,信息网络也从桌面互联网发展到移动互联网,人类生活和生存对互联网特别是移动互联网高度依赖,越来越多的平民百姓通过互联网生产生活、买进卖出、结识好友、交流情感、表达自我、学习娱乐,开启了人类在信息空间中的网络化生存方式。互联网信息交流、移动通信、社交媒体、网络支付等已经成为人们生存的条件和生存能力,人类对信息网络的依赖性越来越大。

进入 21 世纪以来,人类社会的发展呈现加速变革的态势,大多数人还没有完全适应信息社会,甚至一些人还没有适应工业社会,就被迅速地推入智能社会。大数据、互联网、云计算、人工智能等智能科技融合发展、广泛运用,物联网、区块链脱颖而出,空前地改变着人类社会的生产方式、生活方式、生存方式、学习方式、行为方式,甚至改变着国家的治理体系和治理能力,改变着国家的决策程序和实施机制,改变着法律体系及其运行方式,塑造着一个全新的智能社会。

智能社会与信息社会最大的区别就是以算法为中心,由算法所驱动。欧洲专利局首席经济学家梅尼埃指出,在大数据、云计算、区块链、互联网、物联网、人工智能等前沿技术的综合发展融会运用之下,第四次产业革命正朝向“超级软件”技术发展。这种超级软件的核心就是算法,算法是各种信息技术有机结合、广泛运用和创造丰富多彩的无限价值的关键。虽然智能社会是借用“智能”(Intelligence)来命名,但是,驱动智能科技的却是“算法”,而“算法”的来源、输入、对象和价值则是数据。随着信息技术的发展,万事万物、社会运行的每一个部分都可互通互联,并提供海量的多样化的数据供智能算法分析处理;智能算法的预测和决策则可以直接控制物理设备,亦可对个人决策、群体决策乃至国家决策提供辅助支撑,带来了智慧家居、智慧交通、智慧医疗、智慧工厂、智慧农业、智慧城市等诸多领域的发展,为我们描绘出智能社会的景象,深刻影响着人们认识世界和改造世界的能力,勾勒着人们生活和社会组织形态的可能边界。决定智能社会性质特征的是以算法为中心、以数据为先导、以区块链和人工智能为集成、以互联网和物联网为链接的当代科学技术。智能社会作为一个综合概念,它所涵盖的内容在算法的驱动下有序地整合整个社会各类资源、人们的思想、人们的行为。

三、秩序与智能社会秩序

对于任何社会而言,建立和维护安定有序、充满活力的社会秩序,都是首要的、第一位的治理目的和价值目标。秩序(order)是人类社会生活中一个基础性概念,是法律价值体系中位居首位的价值。从相对抽象层面理解,秩序意味着某种程度的关系的稳定性、结构的一致性、行为的规范性、进程的连续性、未来的可预测性;从具体层面来理解,意味着人身权、人格权、财产权、信息权等权利的安全性;意味着权利与权力、发展与安全的和谐。

秩序是与无序、脱序、失序等相对的概念。无序、脱序、失序,意味着人们失去了合理预期和安全感。为避免或制止无序、脱序、失序引发的各种社会危机和灾难,人类必须采取各种措施。而法律就是防范无序、制止脱序、补救失序的首要的、常规的手段。法律是秩序的象征,又是建立和维护秩序的手段,用法律建构和维护的社会秩序就是法律秩序。社会秩序是体,法律秩序是形。

在法理学范畴体系当中,法律秩序有两个基本含义:其一,由法律建构起来的社会秩序,即依据法律对社会实施有效治理所形成的社会秩序。其二,法律运行的秩序,即立法、执法、司法、守法过程中所形成法治秩序。

最近 20 年,由于智能科技爆发式创新,而不是有序进步,导致人类社会秩序遭遇前所未有的挑战。既往的社会形态,例如农业社会,上千年没有显著变化;工业社会上百年、至少也是数十年没有根本性变化,所以法律秩序、社会秩序都比较稳定,《法国民法典》有效实施了二百年,《德国民法典》有效实施了一百多年。那些社会的秩序是稳定或相对稳定的。而信息社会、智能社会,则是十几年、几年就变一个样。例如,作为智能社会支柱之一的移动通信,在过去50年间已经发生了从1G到2G、3G、4G的革命,目前已经开启了5G时代,一些国家和企业已经开展面向6G的研发和布局。面对异常迅猛的科技发展,社会难以适应,法律应接不暇,刚刚制定或修改的法律马上就跟不上变化了,法律的稳定性优势和社会秩序的常态化难以维持。

生产关系适应生产力、上层建筑适应经济基础有一个过程,遵循着客观规律。以往,由于市场规则的作用,新技术的运用是有序的,在新技术创造足够的利润之后,再推出更新的技术。像日本、德国、以色列等都有十年、二十年的技术储备,即有了新的技术往往不是立即使用,而是等既有技术充分发挥了作用和价值,人们也有了充分的适应,再推出新的技术。但是,进入21世纪以来,由于各个国家都想占领科学技术的制高点,特别是由于新兴国家的崛起,打破了市场秩序,新技术层出不穷、新产品齐头涌进,这不仅造成生产资源、人力资源的巨大浪费和环境污染,而且引发经济秩序和社会秩序不稳定。例如,我们每个人几乎换了几代手机,甚至一两年就换一部手机。很多其他领域也是如此。所以,我说智能社会是易于流变的社会,一切都在快速改变中,日新月异。经济和社会剧变,必然导致规制失灵、秩序失调,导致"治理赤字",即现行的治理体系、治理规则、治理能力、治理技术已不能有效应对现代智能科技的全方位挑战,严重缺少制度供给,以致出现失控失序甚至危及公民权利、社会福祉、公共秩序、国家安全、全球和平的严重态势局面。面对风险和挑战,我们无法阻挡科技发展,只能跟上智能科技创新发展,加快构建智能社会的法律秩序,破解智能社会日益严重的"治理赤字",保障智能社会行稳致远、保障人民群众幸福安康。

四、认真对待算法

智能社会本质上是一个“算法泛在”并由算法主导的社会。算法不仅是智能科技的灵魂和智能产品的“创造者”，而且作为先进生产力的代表，对生产关系、社会关系和法律关系正产生着巨大影响。例如，自动驾驶汽车、智能机器人的发展引起的主体地位、责任分配等问题的讨论直接体现了智能算法对社会关系的影响。再如，近年来共享经济、新零工经济的兴起，智能算法起着重要的信息、资源实时动态匹配作用，极大地提高了劳动效率和生产力。

当今，算法广泛运用于国家治理和社会治理当中。在宏观经济决策、民生保障体系建设、舆情分析、平安数据分析、世界局势研判等方面，算法功不可没。算法原理不仅适用于科技工程领域，也完全适用于政治社会领域，算法作为一种特殊程序、指令和逻辑，正在从科技之“法”转化为社会之“法”、从“软法”发展为“硬法”。随着算法理论和方法向治理领域的延伸，国家和社会治理的科学化、程序化、智能化日渐显现，现代化的算法思维方式正在与法律思维和法治思维融合而形成治国理政的程序思维、智能思维、法理思维。随着社会信息化、数字化变革，算法在创新国家制度体系、助力国家治理现代化中将发挥日益重要的作用。

算法的运用在提升治理水平的同时，也产生了一系列法律和社会问题，作为风险制造者的一方（主要是企业）具有强大的谈判能力，作为主要的风险承受者的社会公众，缺乏风险识别能力、谈判能力和自我防控能力、救济能力，对自己行为带来的影响缺乏认识，由此引发社会公正治理问题。高度的信息不对称导致意思自治的基石被动摇，算法在市场资源分配中的作用越来越明显、影响越来越深刻，致使工业时代确立起来的市场经济的制度基石需要重新审视。算法运用于经济和人力资源管理,引起了新型的公平竞争问题,甚至引发人权问题。例如,前一个时期网民讨论一个热门话题,即外卖骑手的风险,交通部门讲伤亡率最高的是外卖骑手。外卖骑手死亡率高的直接原因是算法。一些外卖企业用一种过于精准的算法,骑手们必须在算法规定的时间内到达客户那里,否则就会受到各种各样的处罚,遇到风雨、雨雪天气、交通管制或者交通拥堵事故,骑手们为了准时送达,更为了避免受到平台处罚,只能超速或违章,风险自然就增加了。这就要考虑对“算法权力”的规制问题了。

此外,算法对公众来说,具有的固有的神秘性、不透明性、歧视危险性、运算结果难解释性,以及算法软件和平台的易受攻击性,致使算法的数据收集、集成、识别、分类、传输、运用、预测和决策充满变数甚至冲击道德伦理底线。更有甚者,是各种“算法暴力”,一种看不见的暴力,比看得见的暴力更可怕、更恐怖。鉴于此,我们也必须加强对算法的法律规制,特别是要加强对算法规则的合法性审查,以生成合理的法权关系,让算法合乎法理、用法理引导算法、以法律规范算法,构建促进和保障人民美好生活的法律秩序。

五、构建以科学、人本、包容、普惠、共治为元素的智能社会法律秩序

如何把智能社会纳入法治轨道?构建一个什么样的法律秩序?我提出以科学、人本、包容、普惠、共治为核心要素来构建智能社会法律秩序。

(一)科学

科学治理是智能社会治理的第一要义。智能社会是科技赋能型社会。智能社会的活力和生机在于科技创新,科技不仅成为第

一生产力，而且成为人民福祉和幸福的重要来源，是社会发展和文明进步的第一推动力。法律要以激励和保护数字技术和数字经济的创新发展为首要原则。但智能社会也面临不可忽视的风险，诸如科技异化风险、网络暴力风险、算法歧视风险、非法移动跟踪风险等，这是人人都可感知的普遍风险。防范和应对这些风险也要坚持科学立法、科学治理，要认真探索智能社会当中这样一些问题，尊重、遵循客观规律，把智能社会立法建立在科学认知和规律真知的基础上。

（二）人本

以人为本是智能社会的核心价值。其要义在于一切从人出发、以人为中心，把人作为观念、行为、制度的主体，把人的独立、人的尊严、人的自由、人的全面发展作为智能社会法律秩序的终极关怀。以人的权利为本，就是把权利保护和人权保障作为智能社会法律秩序的核心要义。

一是个人信息（信息权）保护。滥采个人信息、非法倒卖个人信息、非法窃取个人信息，已经成为智能社会的“公害”。为此，要采取立法加以规制和惩罚，加强保护公民个人信息安全。《民法典》《网络安全法》都作出了规定，《个人信息保护法》也已经发布草案，征求各界意见。

二是公民人格权保护。人格权是公民个人的基本人权，也是重要的民事权利。要加强对人格权的法律保护，尤其是对个人隐私权的保护。

三是数字人权保护。当今世界已经进入数字时代，中国也正在加速建设成为“数字中国”。数字科技与社会生产和人民生活深度融合，数字科技的广泛使用已经成为人民生活、生存和发展须臾不可或缺的一部分。人类生活和生存对数字科技高度依赖，“数字化”“网络化”“智能化”成为新的生存方式和生活方式。在这种背景下,提出“数字人权”概念,普及“数字人权”理念,既十分必要、甚为迫切,也顺理成章、水到渠成。数字人权是数字时代最重要的人权。

（三）公正

人人平等,人人享有,是智能社会建设和治理的基本原则。把普惠、共享、公平等原则作为发展智能科技的价值目标,把智能科技更广泛地应用于教育、医疗、社保、交通、就业、养老等民生领域,使全体人民尤其是让贫困地区、贫困人口、残障人士以及 2 亿多老年人都搭上互联网、人工智能发展和公共服务普惠化的快车,迎接智能生活新时代,使智能社会成为名副其实的共享社会。

（四）包容

包容是现代法治的美德。构建包容性法律秩序,要以辩证思维处理各种社会关系。诸如利益与风险的关系、人工智能的发展与安全的关系、个人信息权利与信息公益的关系、互联网自由与监管的关系、大数据自主与共享的关系、数据的原始性真实性与数据脱敏的必要性强制性的关系、智能科技的产权保护与增进社会福祉的关系、算法的技术秘密与信息公开之间的关系、激励创新和容许出错的关系、信息供给侧与需求侧的关系等。辩证思维与包容思维是内在一致的,以辩证思维和包容思维处理这些关系,就能促进社会和谐发展、公平发展、可持续发展。

（五）共治

共治是善治的核心要义,良好的法律秩序由共治而形成。善治被提出时的本意指向公共治理,即政府和民众共同治理。智能社会的法律秩序应建立在共治的基础上,实行以法律和科技共治、法律与道德共治、多元主体协同共治为核心的法律秩序。共治是破解“治理赤字”的重要法宝，也是智能社会法律秩序的必然选择。

科学治理是智能社会治理的第一要义。智能社会是科技赋能型社会。智能社会的活力和生机在于科技创新，科技不仅成为第一生产力，而且成为人民福祉和幸福的重要来源，是社会发展和文明进步的第一推动力。法律要以激励和保护数字技术和数字经济的创新发展为首要原则。但智能社会也面临不可忽视的风险，诸如科技异化风险、网络暴力风险、算法歧视风险、非法移动跟踪风险等，这是人人都可感知的普遍风险。防范和应对这些风险也要坚持科学立法、科学治理，要认真探索智能社会当中这样一些问题，尊重、遵循客观规律，把智能社会立法建立在科学认知和规律真知的基础上。

在第三届世界百所著名大学法学院论坛暨“文明转型与法学教育”研讨会上，我讲到：数字文明出现和智能社会到来给人类带来无限福祉的同时，也打破了许多思想家关于人类社会规律的结论和关于未来社会的想象，深刻改变了人类社会文明的发展方向和道路，给人类社会带来许多不确定的因素，导致人类社会风险叠加，人类社会面临秩序重构、文明重建、治理体系大变革的挑战。我认为，这些归结起来都是对法学家们的挑战。我呼吁世界各国的法学家以法律人独特的智慧和勇气直面挑战，为构建和平发展、民主自由、公平正义的人类文明价值体系、构建人类命运共同体而奋斗。

推动依法治国和以数治国相结合*

国家治理现代化是中国式现代化的重要组成部分。人们曾经把法治化作为国家治理现代化最鲜明的标志。但是,在全面依法治国、建设法治中国的背景下,依法治国基本方略和依法执政基本方式有机统一,依法治国和以德治国相结合、依法治国和依规治党相结合,成为国家治理现代化的综合标志。随着数字中国建设的超前推进,我国快速进入数字化、智能化时代,中国社会日益成为智慧社会。在数字强国、智慧社会的时代背景下,我们必须解放思想、守正创新,积极探索优化国家治理格局的新方式、新路径。推动依法治国和以数治国相结合,可能是一种必然的选择。

一、推动依法治国和以数治国相结合是国家治理现代化的必然要求

我国是一个历史悠久、地域辽阔、人口众多、统一的多民族国家。如何实现有效的国家治理?这是中华民族世世代代都不懈探索的根本问题。在五千多年的文明演进中,我们的祖先经过实践和论辩,不断总结经验、反思教训,创造了德法共治、德主刑辅的治

---

* 本文发表于《数字法治》2023 年第 1 期(创刊号)。

国方略，总体上有效维系了中华文明、有效保障了国家统一、有效促进了民族融合、有效保障了经济社会发展。中华人民共和国成立以后，中国共产党人在社会主义大国治理的“赶考”路上不断探索，形成了政策和法律共治、以政策优先的治理模式。在社会主义革命和建设时期，我们党领导人民制定了宪法和国家机构组织法、选举法、婚姻法等一系列重要法律法规，建立起社会主义法制框架体系，确立了社会主义司法制度，同时形成了治国理政和促进经济社会发展的政策体系与党内法规制度体系。这个时期，尽管存在这样或那样的问题、经历这样或那样的曲折，但巩固了中国共产党的领导地位和执政基础，维护了中华人民共和国的大国地位、国家统一和民族尊严，增强了各民族大团结大融合，保障了经济社会发展，在战争废墟上建立起完整的工业体系和经济体系，总体实现了国家有效治理。

改革开放以来，我们党实事求是地总结国家治理的历史经验，反思曾经出现的弯路、失误和教训，提出发展社会主义民主、健全社会主义法制，对“七八宪法”进行全面修改，通过“八二宪法”。我们走上依靠民主法制治理国家、依靠宪法治国安邦的法治化轨道。在实践基础上，我们党把依法治国确立为党领导人民治理国家的基本方略，把建设社会主义法治国家作为中国特色社会主义事业的重要方面。其后，我们党又提出“实行依法治国和以德治国相结合”，“把坚持党的领导、人民当家作主和依法治国有机统一起来”，开辟了国家治理新境界。

党的十八大以来，以习近平同志为核心的党中央站在中国特色社会主义新时代的历史方位和战略高度，提出坚持和发展中国特色社会主义制度、推进国家治理体系和治理能力现代化，强调全面推进依法治国、发展全过程人民民主，强调坚持依法治国基本方略和依法执政基本方式相统一、依法治国和以德治国相结合、依法治国和依规治党有机结合，创造了国家治理现代化新道路、新形态。

实践在发展、历史在前进、时代在变革。以党的二十大为起点，我国开启了全面建设社会主义现代化国家新征程，新征程的主要目标任务之一，就是“基本实现国家治理体系和治理能力现代化”。为此，就要根据新的时代特征探索国家治理新方式、国家治理现代化新路径。在法治化、数字化、智能化的新时代，推动依法治国和以数治国相结合，毫无疑问是一种顺应时代发展的新方式，是国家治理现代化的必然选择。

二、推动依法治国和以数治国相结合是破解国家“治理赤字”的必由之路

当今社会是一个“赤字社会”。“赤字”原本是一个经济学概念，指经济活动中支出多于收入的差额数字，如国家财政赤字、企业经营赤字等。管理学将“赤字”这个概念移植到社会治理、国家治理、全球治理领域，意指社会、国家、全球治理无法应对社会问题上升、矛盾频发的状态，突出表现为现有治理体系、治理体制、治理能力脱节和滞后于社会变化，导致治理水平下降、治理效能减弱，社会失序甚至出现危及公民权利、社会福祉、公共秩序、国家安全、全球和平的严重态势。就国家治理而言，在某些领域“治理赤字”现象愈加突出。治理赤字既表现在传统治理领域，更表现在新兴治理领域。破解这两类治理赤字，都需要依法治理与以数治理相结合。例如，诚信是形成市场经济秩序、构建和谐社会的基石。然而，古往今来诚信治理都是一大难题。推动依法治理和以数治理相结合，实现法律和科技共治，比较有效地破解了诚信治理问题。在既往社会，诚信治理依靠的是法律和道德手段，而在当今社会，数字科技发挥着不可替代的作用。大数据的存储、处理和应用能力的快速发展，云计算和区块链技术的不断成熟，都为维护社会诚

信、建设信用社会提供了坚实的技术支持。只要一个人的行为是通过电子途径完成的或者在网络环境中进行,就会被完整记录并保存下来。每个人关乎他人和社会利益的活动信息,尤其是缺失诚信、违约侵权的不良行为和活动等都会被记录在案,无法涂改、遗忘不了、删除不易,这就使人们在数字技术的监督下诚实守信、谨言慎行、远离邪恶。特别是区块链技术广泛应用后,各种信息永恒保存,就更迫使人们自觉规范行为、树立诚信形象、建立个人良好信用记录。可见,许多法律和道德禁止不住的失信言行却被数字技术管起来了,科技让生活更美好的同时,也使社会更文明。

再如,由于数字科技迅猛发展,信息化、数字化、网络泛在、算法泛在已经成为人类生活新常态。以算法为核心的数字科技对人类文明进步发挥着巨大推动作用,人们广泛而充分地享受着互联网技术、大数据技术、人工智能技术、算法程序等数字科技所带来的个性解放、生活便利、经济增长、民主进步、文化多元、社会安全等福祉。同时,数字科技发展不平衡、规则不健全、秩序不合理等问题也日益凸显,数字鸿沟、数字不公、数字歧视、数字异化、算法歧视不断扩大,滥采、窃取、倒卖公民信息,侵害个人隐私、侵犯知识产权有增无减,非法移动跟踪、人脸识别滥用、网络暴力、网络犯罪恶性事件时有发生,网络监听、网络攻击、网络恐怖主义活动等成为全球公害,严重危及公民权利、社会福祉、公共秩序、国家安全、全球和平。诸如此类的问题和挑战越来越引起人们对数字治理体系的关注,数字生活领域的风险治理和公害治理已经成为迫在眉睫的重点任务。应对数字风险挑战、整治数字公害,固然离不开法律这个传统治理工具,但“解铃还须系铃人”,数字领域的治理问题更需要数字科技的支撑,发挥数治的独特作用。推动依法治国和以数治国相结合、法治与智治相融合,是破解国家治理尤其是数字社会“治理赤字”的当务之急,是促进国家治理现代化的重要法宝。

三、推动依法治国和以数治国相结合是数字法治的核心要义

数字法治，就其本质属性而言，是依法治国和以数治国相结合而生成的新概念，是中国式法治现代化的新道路、新形态。

中国式法治现代化和西方法治现代化建立在不同的经济社会基础之上，西方法治现代化起始于工业革命时期，而我国的法治现代化则是进入数字社会后在新科技革命推动下发生的。根据历史唯物主义，社会形态的划分是以生产力为标准，而科学技术是第一生产力。从科技革命、生产工具变革和生产力发展的角度看，人类社会迄今经历了石器时代、红铜时代、青铜时代、铁器时代、蒸汽时代、电气时代、信息时代，当前正在跨入数字时代。就经济形态而言，人类先后经历了原始社会、农业社会、工业社会、信息社会，当前正在进入数字社会。数字时代、数字社会的生产力代表是数字科技，包括互联网、物联网、大数据、云计算、区块链、人工智能等科技，而且各种数字科技融合发展、广泛运用，空前地改变着人类社会的生产方式、生活方式、生存方式、学习方式、思维方式、行为方式，塑造着一个全新的以数字科技为基础的现代化社会，深刻改变着国家的治理体系、治理模式和治理能力。依法治国和以数治国相结合，就是国家治理体系、治理模式和治理能力深刻变革的产物，也是其显著标志。

与数字时代和数字社会相适应，我国的法治现代化必然是法治与数治深度融合的现代化，必然是法科共治的现代化，必然是依法治国和以数治国相结合的现代化。依法治国和以数治国相结合，在实践中就是，一方面，把科技能量特别是算法融入法治之中，促进法治的数字化、智能化、程序化，充分发挥数字科技对国家治理体系和治理能力的支撑作用；另一方面，把尊重和保障人权、维

护公平正义、弘扬新风正气的法治精神和以人为本、增进福祉、和平利用、保护隐私、公正透明、安全可控、敏捷治理、共担责任的科技伦理和法理嵌入数字科技之中，使之公正向善、缘法循理，在法治轨道上良性运行。

依法治国和以数治国相结合，必将形成国家和社会治理的巨大能量和显著优势。例如，浙江省发起并在全国推开的"最多跑一次"智慧政务改革，充分利用"互联网+"和大数据，史无前例地提高了政府服务质量和效能。许多基层政府试用的"数字网格化治理"，同样是将互联网、大数据与社会治理相融合的创新典范。又如，在抗击新冠疫情的斗争中，"健康码""行程卡"等发挥了精准排查、及时应对的作用，为打赢防控新冠疫情的斗争发挥了不可替代的作用。而跨部门大数据治理平台的运行等制度创新和实践创新，正在书写着中国式国家治理现代化的新篇章。

四、推动依法治国和以数治国相结合的现实条件

在我国推动依法治国和以数治国相结合，具有优越的现实条件。党的十八大以来，以习近平同志为核心的党中央大力推进法治中国建设和数字中国建设，促进法治中国与数字中国协调发展，为推动依法治国和以数治国相结合创造了根本前提和良好条件。

党的十八大之后，习近平总书记深刻把握21世纪全球科学技术发展趋势、竞争态势和我国社会主义现代化强国建设规律，高瞻远瞩地提出"数字中国"概念，发出"建设数字中国"的号召，党的十九大和十九届五中全会对数字中国建设作出相应部署。新时代十年，我国以全面建设社会主义现代化国家为目标，以新一代数字技术和产业创新发展为引领，以数据等信息资源为核心要素，推进经济、政治、文化、社会、生态等各领域信息化建设，加快推进"互联网+"、大数据、云计算、人工智能、区块链、即时通信等数字科技创

新，加快建设网络强国、宽带中国、数字经济、数字政府、智慧司法、智慧社会、智慧城市、数字乡村。习近平总书记精辟阐述了数字中国建设的重大意义，指出“加快数字中国建设，就是要适应我国发展新的历史方位，全面贯彻新发展理念，以信息化培育新动能，用新动能推动新发展，以新发展创造新辉煌”，[1]在满足人民日益增长的美好生活需要的同时，更快提升我国在世界范围的竞争优势。

数字中国建设离不开法治。建设数字中国与建设法治中国是同步的、相辅相成的。新时代十年，以习近平同志为核心的党中央在过去、现在和未来有机贯通的历史经纬中，科学把握人类社会法治现代化的本质、规律和方向，探索中国特色社会主义法治建设的规律性、战略性问题，提出全面推进依法治国、加快建设法治中国。我们党紧紧抓住法治体系建设这个总抓手，坚持党的领导、人民当家作主、依法治国有机统一，坚持依法治国、依法执政、依法行政共同推进，坚持法治国家、法治政府、法治社会一体建设，全面深化法治领域改革，统筹推进法律规范体系、法治实施体系、法治监督体系、法治保障体系和党内法规体系建设，推动中国特色社会主义法治体系建设和中国特色社会主义制度变革取得历史性成就。

数字中国建设和法治中国建设的历史性成就，不仅使我国法治的制度优势更加明显，而且使我国在数字科技领域越来越具有世界领先的优势，也为依法治国和以数治国创造了难得的历史机遇，促进我国制度优势和科技优势融合，形成了推进国家治理现代化的强大合力。当这两种优势深度融合之时，必将进一步提高国家治理能力，聚合起治理优势，创造出中国特色新型治理形态。

五、推动依法治国和以数治国相结合的实践路径

历史和现实告诉我们，在国家治理中，法治是最可靠、最稳定的治理，数治是最有力、最精准的保障，推动二者紧密结合是历史

的必然、现实的需要。那么,如何推动依法治国和以数治国相结合呢?

第一,推动法治数字化、数字法治化。依法治国和以数治国相结合,一个重要前提是法治数字化和数字法治化。这个前提蕴含在“科学技术是第一生产力”“法律是人类最伟大的发明”两个理论命题之中。这两个理论命题表明科技和法律对人类社会具有决定性意义。在全面建设社会主义现代化国家的新征程上,通过推进法治数字化、数字法治化,促进代码规制与法律规则、算法与国法相辅相成,进而促进“第一生产力”和“人类最伟大发明”结缘,让法治如虎添翼,让科技臻于至善,成为国家治理现代化的“车之两轮、鸟之双翼”,在法治和数治亲密构筑的轨道上行稳致远,让中国之治成为全球治理文明的领跑者。

第二,在国家治理体系中注入数治能量。科技是第一生产力,数字科技则是这个第一生产力的第一要素。与科技生产力的其他要素相比,数字科技不仅是第一生产力,也是国家治理现代化的第一推动力和保障力。推动依法治国和以数治国相结合,关键在于将数字科技内涵的治理能量注入国家治理体系。党的十九届四中全会已经把科技支撑纳入国家治理体系。在这个基础上,进一步把数治(智治)贯穿于国家治理体系各方面全过程,使数字科技升华为数治科技。以社会治理体系为例,自治、法治、德治相结合曾经是基层治理的基本经验,新时代在这个经验中融入了“数治科技”,将“三治结合”转型升级为自治、法治、德治、数治相融合。近年来流行的“桐行通”“桐解码”“微嘉园”“善治宝”“云法务”“云享乌镇”等,都充分体现出“数治科技”在新时代基层治理中的独特作用,创新发展了新时代“枫桥经验”。

第三,打造依法治国和以数治国相结合的制度化平台。依法治国和以数治国相结合,已不再是纯粹的理念,而已经成为制度化实践。目前,我国已经建立了一大批法治和数治相结合的平台,如杭州、北京、广州互联网法院，各种形式的智慧法务、智慧检务、智慧公安平台，发挥了法治与数治相结合的示范作用。

第四，推动政府机关与数字企业合作共治。国家治理现代化的重要标志是善治，而善治的核心要义是政府同企业合作共治。在数字中国时代，政企合作共治，主要指政府与互联网、大数据、人工智能等平台企业合作，推动高质量数字化政务服务体系建设。在新时代新征程上，我们应加快建设由平台驱动的数字政府，即构建基于数字基础设施的治理平台，促进国家治理各种数字资源系统整合、有效应用和政企共享，实现治理资源科学整合，由“碎片化”“割据化”转变为“一体化”“系统化”，促进国家治理过程的开放性和治理结果的科学性。

“推动依法治国和以数治国相结合”，是一个全新的理论命题，蕴含着推动国家治理现代化的新理念、新构想。对此，还有许多政理、法理和哲理问题有待深入探究，有许多制度构建和路径方法问题需要实验实践。让我们以习近平新时代中国特色社会主义思想的世界观和方法论为指导，以中国式国家治理现代化为总目标、总格局，解放思想、守正创新，对“推动依法治国和以数治国相结合”作出充分的学理论证和扎实的实践回应。

注 释

1 《以信息化培育新动能 用新动能推动新发展 以新发展创造新辉煌》，载《人民日报》2018 年 4 月 23 日，第 1 版。

人工智能法治现代化的中国进程*

从生产工具变革和生产力发展的角度看,人类社会迄今经历了石器时代、红铜时代、青铜时代、铁器时代、蒸汽时代、电气时代、信息时代,当前正在跨入人工智能时代;就经济形态而言,人类先后经历了原始社会、农业社会、工业社会、信息社会,当前正在进入智能社会。人工智能是当今世界综合科技发展的顶峰,代表着更高级的思维方式、更先进的生产力。正如习近平总书记在给2018世界人工智能大会的致信中所指出的:“新一代人工智能正在全球范围内蓬勃兴起,为经济社会发展注入了新动能,正在深刻改变人们的生产生活方式。”[1]2017年7月,国务院印发的《新一代人工智能发展规划》也指出人工智能已经成为国际竞争的新焦点、经济发展的新引擎,带来社会建设的新机遇。这些判断预示着人类社会又一场波澜壮阔的科技革命和社会变革即将到来。

在人工智能领域,虽然我国起步较晚,但后来居上、发展迅猛。特别是在新一代人工智能的科技创新和运用方面,我们走在前面,在某些方面发挥着引领作用。华为、腾讯、科大讯飞、阿里巴巴等

---

* 本文系作者2018年9月19日在上海市经济和信息化委员会、上海市法学会、上海人民出版社、上海市科学技术协会、上海市科学学研究所、科大讯飞等单位联合主办的2018世界人工智能大会“人工智能与法治”高端研讨会上的致辞。

中国企业是国际公认的人工智能潮流的引领者和主导者。在治理领域，法治与人工智能的结合，助推着国家治理和社会治理现代化。以人工智能在司法领域的运用为例。上海“刑事案件智能辅助办案系统”已上线运行并在全市公、检、法系统全面推广应用，智慧法务、智慧检务、智慧公安已经成为新常态，极大地提高了司法公开和司法效率，提升了司法公信力，在全国乃至全世界都具有示范和引领作用。

与人工智能的科技创新和广泛运用相比，与英国、美国、德国等外国学者的研究相比，我国哲学社会科学对人工智能的研究相对滞后。对人工智能发展的不确定性以及对自然界和人类社会潜在的挑战，缺乏前瞻性研究和哲学层面的反思。如同任何科技成果的出现都是一把“双刃剑”一样，人工智能的出现在造福人类的同时，必将引发法律、伦理、安全、治理、就业等问题甚至风险，必将引发认识论、本体论、价值论的理论变革甚至颠覆性的变化，也必将引起普通民众对人工智能“失控风险”“人机关系异化”等的关注或忧虑。这些都是我们应当认真对待的新问题新课题。最近几年，为了科学有效地应对互联网、大数据、人工智能、生物技术的挑战，引导科学技术在法治的轨道上造福人类社会，中国人民大学法学院、清华大学法学院、西南政法大学、中国社会科学院法学所等单位先后成立了专门研究机构或与国家机关、企业联合组建了研究中心，开展跨学科协同研究，在北京、上海、重庆、成都等地举行了一系列以法治与科技为主题、以未来法治为导向的高端论坛，发表了一系列较高水平的论著，提出了许多有的放矢的对策建议。在若干所高校设置了“人工智能法学”“计算法学”“数据法学”等新兴学科，并在科学研究、人才培养、学科建设、国际对话等方面初见成效。他们的研究在党和政府决策，以及人工智能立法、执法和司法中发挥了积极作用。

作为 2018 世界人工智能大会的专题研讨会，“人工智能与法治研讨会”开启了人工智能法治和人工智能法学的新征程。我希望与会专家、嘉宾充分利用本次研讨会提供的交流和发展机会，遵循人工智能发展的客观规律和趋势，结合中国国情，开展深入探索和务实交流，为人工智能法治发展和人工智能法学的构建贡献出更多实质性成果，同时，向世界展现中国思想、提出中国方案，推动人工智能法治和法学领域的国际合作。

注 释

1 《习近平致 2018 世界人工智能大会的贺信》，载新华网，http://www.xinhuanet.com/politics/leaders/2018-09/17/c_1123441849.htm。

为未来法治研究院点赞*

在全面推进依法治国、建设现代化法治强国的新征程中，中国人民大学法学院未来法治研究院宣告成立。这是一个振奋人心的好消息，对中国法学研究和法治建设来说，无疑具有里程碑意义。借此机会，谨以如下感想和认知作为寄语。

第一，习近平总书记就中国特色法学学科体系建设提出了一系列高屋建瓴的思想，其中，尤其强调要加快发展对中国法学和中国法治具有引领作用的新兴学科和交叉学科。未来法治研究院的成立，可以说是对习近平总书记重要讲话精神的热烈响应和贯彻落实，体现了人大法学院的使命意识和责任担当。

第二，人大法学院将这个新兴的跨学科交叉研究机构取名为“未来法治研究院”，也体现了他们对中国法治发展规律的探索，对中国法治未来基本走向的展望。可以预见，从现在开始到 21 世纪中叶，中国法治发展和法治现代化必然呈现法治拥抱科技、科技助力法治的新规律和新特征。这也是全球法治发展的总体趋势。

第三，当代中国法治建立在中国特色社会主义制度的基础之上，有党的领导、人民当家作主、依法治国有机统一的制度优势。

---

* 本文系作者 2017 年 9 月 8 日在中国人民大学未来法治研究院成立大会上的寄语。

同时,中国法治也适逢互联网、大数据、人工智能、区块链、基因工程等飞速发展,具有独特的科技优势。如何将我们的制度优势与科技优势紧密结合起来,形成强大合力,不断拓展中国法治发展和法治现代化道路,这是运筹成立未来法治研究院的宗旨和目标所在。对此,我对人大法学院的领导和教师们表示敬佩。

第四,未来法治研究院作为一个交叉学科、新兴学科的研究机构,必然要走协同创新之路。从目前的构想看,未来法治研究院的工作模式和发展路径具有协同创新的鲜明特点。当今社会,协同创新是法学以至于整个哲学社会科学兴旺发达的必由之路。愿人大法学院以未来法治研究院的成立为契机,进一步扩大法学体系内部各学科之间的协同,法学与自然科学、管理学、政治学等其他学科之间的协同,中国人民大学与其他院校之间的协同,国内研究与国外研究之间的协同,不断开拓法学的知识空间。

第五,我在中国社科院第六届中国法学博士后论坛上谈到中国法治未来发展时,用了三个关键词:一是“拓展”,拓展法治道路;二是“深化”,深化法治改革;三是“法治强国”,建设法治强国。我认为,未来法治研究院所开展的工作实际上就是在拓展和深化,既拓展和深化了法学研究和法学体系,又拓展和深化了法治发展的目标和路径,将以科技与法治的紧密融合加快推进法治强国建设。

第六,未来法治研究院自身要有美好的未来,必定要在实证研究和对策研究的同时产出伟大的思想。拿破仑曾经说过,世上有两种力量:利剑和思想;从长而论,利剑总是败在思想手下。这正说明产生思想和形成思想体系进而形成话语体系具有重大意义。我期待着未来法治研究院在推进法治与科技融合发展的同时,注重科学主义哲学与人文主义哲学的完美结合,将科学主义的“求真”与人文主义的“尚善”两种思想精华融为一体,创造出一种超越传统法治理论的未来法治哲学,建构21世纪的法治话语体系,以增强人们对中国法治的理论自信、道路自信和未来自信,并为全球法治贡献中国经验和中国思想。

习近平总书记指出:法治强,则国强。在科技改变人类命运的新时代,必然有另一种逻辑相伴,即科技强,则法治强。希望未来法治研究院深刻把握这两种逻辑及其辩证关系,为建设现代化法治强国做出重大贡献。

今天,我们欢呼未来法治研究院的成立;明天,我们庆祝未来法治研究院的成就。

中国法治新征程新坐标*

党的二十大报告是中国共产党人在全党全国各族人民迈向全面建设社会主义现代化国家新征程、向第二个百年奋斗目标进军的关键时刻发出的政治宣言和奋斗纲领，是马克思主义中国化时代化的光辉篇章。该报告对新时代法治建设的历史性成就作出了精准概括，以前所未有的体例和篇幅对未来五年法治建设的主要目标任务和工作重点作出了系统部署，为法治中国建设标注了新的历史坐标。

一、法治中国建设开创新局面

报告从五个方面对过去五年和新时代十年法治建设的重大成就和伟大变革进行了精辟概括，指出“社会主义法治国家建设深入推进，全面依法治国总体格局基本形成，中国特色社会主义法治体系加快推进，司法体制改革取得重大进展，社会公平正义保障更为坚实”，等等。归结起来就是，“法治中国建设开创新局面”，中国法治建设站在了新起点，踏上了新征程。

---

* 本文发表于《民主与法制》周刊2022年第39期。

二、新时代法治中国建设的目标任务

报告分三个阶段、从三个时间节点擘画了法治中国建设的远景目标、总体目标、未来五年的主要目标任务。

远景目标:从2035年到21世纪中叶把我国建成富强民主文明和谐美丽的社会主义现代化强国。从中国式现代化的内涵来看,一个现代化的强国必然是法治强国,社会主义现代化国家全面建成之时,也将是法治现代化实现之日。

总体目标:从2020年到2035年基本实现社会主义现代化,其中包括基本建成法治国家、法治政府、法治社会。

未来五年的主要目标任务:未来五年是全面建设社会主义现代化国家开局起步的关键时期,这一时期法治领域的主要目标任务是:“中国特色社会主义法治体系更加完善”,为实现基本建成法治国家、法治政府、法治社会的总体目标铸就理论、制度和实践基石。

三、坚持全面依法治国,推进法治中国建设

在党的历次全国代表大会报告中,二十大报告首次把法治建设单列为一个重要部分进行重点论述和重要部署,充分体现了全面依法治国的重要地位和重大意义。这一新体例新格局具有划时代里程碑意义。

这一部分设有六段,前两段是总论,后四段是分论。总论第一段强调全面依法治国的重大意义:“全面依法治国是国家治理的一场深刻革命,关系党执政兴国,关系人民幸福安康,关系党和国家长治久安。必须更好发挥法治固根本、稳预期、利长远的保障作用,在法治轨道上全面建设社会主义现代化国家。”

总论第二段提出全面依法治国的根本要求和整体布局:“我们要坚持走中国特色社会主义法治道路,建设中国特色社会主义法治体系、建设社会主义法治国家,围绕保障和促进社会公平正义,坚持依法治国、依法执政、依法行政共同推进,坚持法治国家、法治政府、法治社会一体建设,全面推进科学立法、严格执法、公正司法、全民守法,全面推进国家各方面工作法治化。”

分论包括四段,就坚持全面依法治国、推进法治中国建设的主要任务和重点工作作出部署。一是“完善以宪法为核心的中国特色社会主义法律体系”,二是“扎实推进依法行政”,三是“严格公正司法”,四是“加快建设法治社会”。在这些任务和工作中,突出强调要坚持依宪治国、坚持依宪执政,坚持宪法确定的中国共产党领导地位不动摇,坚持宪法确定的人民民主专政的国体和人民代表大会制度的政体不动摇,要统筹立改废释纂,以良法促进发展、保障善治。

四、在法治轨道上全面建设社会主义现代化国家

报告创造性地提出“在法治轨道上全面建设社会主义现代化国家”的战略命题。其核心要义是把经济建设、政治建设、文化建设、社会建设、生态文明建设、国防军队建设、党的建设,国家治理、政党治理、政府治理、军队治理、社会治理、“一国两制”、对外事务等纳入法治轨道。这就必然要求法治先行,为全面建设社会主义现代化国家修好法治之路、铺好法治之轨、畅通法治之道,以良法善治引领、规范和保障社会主义现代化国家建设行稳致远。

浙江与中国法治现代化*

浙江是中国近代法治现代化的主要发源地之一。以沈家本为代表的浙籍法学家为近代中国的法治变革、现代法律体系的形成做出了彪炳千秋的贡献。以沈钧儒等为代表的浙籍法学家、法律家为新中国的法律体系和司法制度的形成作出了重大贡献。以高铭暄、江平、陈光中、应松年等为代表的浙籍法学家为中国特色社会主义法律体系的形成和完善发展,特别是为中国特色社会主义刑法、民商法、诉讼法、行政法体系的构建做出了杰出贡献(他们都是该学科的主要奠基人)。以吴经熊、潘念之、沈宗灵等为代表的学贯中西的法学理论家和法学教育家为西方法学理论本土化、马克思主义法学理论中国化、中国特色社会主义法学知识体系、理论体系、话语体系的形成做出了具有历史意义、具有原创性的贡献。

浙江是新中国社会主义宪法文本的故乡。我们党历来重视宪法。在推翻三座大山的革命过程中,就有过革命性的立宪实践。1949年9月新中国成立前夕,我们颁布了具有临时宪法作用的《中国人民政治协商会议共同纲领》,并根据共同纲领和《中央人民政府组织法》组建了中央人民政府以及政务院、最高人民法院、最高

---

* 本文系作者2018年2月2日在浙江省委法治建设专家咨询委员会聘任仪式上的发言提纲。

人民检察署，实现了人民当家作主。

新中国成立不久，党中央就部署制定宪法。由于抗美援朝、经济发展和民生等因素，制宪工作直到 1953 年正式启动。毛泽东同志亲自主持制宪工作。1953 年 12 月 24 日，毛泽东同志启程前往杭州之前：我这次去杭州，是带着几个秀才起草宪法，为新中国社会主义制度确立“四梁八柱”。“四梁八柱”这个比喻很形象、很深刻，意味着宪法是法律体系的核心和基石，是国家治理体系和治理体制的支柱。

毛泽东同志在赴杭州的路上，对车上随行人员说，治国，须有一部大法。我们这次去杭州，就是为了能集中精力做好这件立国安邦的大事。这件“大事”，就是起草中国历史上第一部真正意义上的人民宪法——《中华人民共和国宪法》。在杭州近三个月的时间，他对宪法理论进行了深入的研究，对世界上的主要宪法进行了系统分析，在各级领导干部和人民群众中进行深入的立宪调研。他发表的有关宪法的讲话和谈话，到目前为止仍然是宪法学和法学的经典。例如，他说“搞宪法是搞科学”，社会主义宪法要以民主原则和社会主义原则为根本等。1954 年 9 月 20 日，第一届全国人民代表大会第一次会议通过由毛泽东同志主持起草的宪法草案。1954 年宪法是中国历史上第一部社会主义宪法，是世界历史上第一部具有中国特色的社会主义宪法。浙江为新中国社会主义宪法的诞生做出了特殊贡献。

浙江是“法治中国”的思想源头和实践基础。党的十八大选举习近平同志为中央委员会总书记，十八大闭幕不到一个月，习近平总书记就发出“建设法治中国”的号召。法治中国与富强中国、民主中国、文明中国、和谐中国、美丽中国、平安中国、健康中国等元素相辅相成，共同构成中国梦的美好愿景。“法治中国”是习近平同志在浙江省委书记任上提出的“法治浙江”命题的合乎逻辑的放大、延伸和深化。党的十八届三中全会《决定》确认了“法治中国”

这一概念,并将法治改革和法治建设的纲领确定为“推进法治中国建设”。党的十八届四中全会进一步号召全党全国人民“向着建设法治中国不断前进”,“为建设法治中国而奋斗!”

浙江不仅是法治中国的思想渊源,也是法治中国的实践基础。仔细比较分析,就会知道党的十八届四中全会关于全面推进依法治国若干重大问题的决定与2006 年4 月26 日《中共浙江省委关于建设“法治浙江”的决定》,不仅在很多内容上是一致的,而且逻辑上也是连贯的。还有,党的十九大报告提出成立中央全面依法治国领导小组,这也是在总结“法治浙江”建设实践经验的基础上作出的决定。在《中共浙江省委关于建设“法治浙江”的决定》中(该决定第十部分第33 条)就提出“省委成立建设‘法治浙江’领导小组,加强对‘法治浙江’建设的领导,定期研究解决法治建设中的重大问题和突出问题。下设办公室,具体负责指导、协调‘法治浙江’建设各项工作,加强对各地各部门法治建设的督促检查。”时任浙江省委书记的习近平同志亲自担任这个领导小组的组长。

2006 年以来,浙江人民在党中央的统一领导和省委的坚强领导下,与时俱进,不断创造依法治省、建设“法治浙江”的新经验,取得新成就,形成新思想。例如,新时代“枫桥经验”、互联网法治、金融法治、法治评估指标体系等。

以上是举几个方面的例子。在这样一个法治文化底蕴极为深厚、法治实践经验极为丰富、法治思想十分先进、法治人才层出不穷的浙江省担任法治建设咨询委员,我们深感荣幸,也深感责任重大、能力有限。借此机会,我代表专家委员表个态:

第一,切实履职尽责。我们要带着习近平总书记留下的“建设法治浙江”的初心和使命,以高度的政治责任感、严谨负责的精神,紧密跟进法治浙江建设步伐,认真做好咨询服务工作。我们要严格依据宪法、法律、党内法规和党的政策,遵循社会主义法理和法治精神,并从实际出发,提出精准、务实、管用的咨询意见。

第二，认真学习研究，不断提高咨询本领。我们知道，省委委托的咨询事项基本上都是涉及重大法律原则和政策的问题、党内法规与国家法律的对接和协调的问题，涉及法治基本理论问题，涉及国外、国际法律和法治问题。其中必然有一些问题超出我们现有的知识范围和理论深度。这就要求我们带着问题认真学习习近平法治思想，学习党中央和浙江省委文件，深入调查研究，及时作出符合中央文件精神和宪法法律规定、有事实依据、有理论分析、有具体建议的咨询意见。

第三，严格遵守咨询工作纪律，保守咨询工作秘密。我们要不断强化“四个意识”，不断提高政治觉悟和政治敏锐性，在接受委托、进行咨询过程中，严格遵守工作纪律和保密承诺，严守党和国家秘密，不能因为泄密对工作大局造成损害和损失。

论在法治轨道上全面建设社会主义现代化国家*

党的二十大报告提出的“在法治轨道上全面建设社会主义现代化国家”的重大战略思想和科学命题，蕴含着习近平新时代中国特色社会主义思想的“法治轨道论”，揭示了法治与现代化、法治轨道与全面建设社会主义现代化国家的内在逻辑，体现了我们党对社会主义现代化国家建设规律、中国式现代化发展规律、中华民族伟大复兴历史规律的科学把握和正确认识，展现了马克思主义现代化理论中国化时代化新境界。在新时代新征程上，我们要从全面建设社会主义现代化国家这一战略全局和历史高度定位法治、布局法治、厉行法治、完善法治，坚持法治优先、推动法治先行，为全面建设社会主义现代化国家奠法治之基、修法治之路、铺法治之轨、畅法治之道，更好发挥法治轨道对社会主义现代化国家建设的规范、引领、保障作用。

一、“法治轨道”的语义和意义

习近平新时代中国特色社会主义思想的“法治轨道论”是马克

---

* 本文发表于《中国法律评论》2023 年第 1 期。

思主义基本原理同中国具体实际相结合、同中华优秀传统文化相结合的又一典范，汲中华优秀传统文化之精华，寓中国经典哲学之精义，承马克思主义之真理，道中国治理之智慧。“法治轨道”非空中飞来之物，而有源远流长的文明根源和深厚稳固的实践根基，语义深邃、意义深远。

（一）“轨道”的词义

准确来说，“轨道”概念由“轨”和“道”两个字词构成。在中华传统文化和中国经典哲学中，“轨”和“道”可分可合，时分时合，亦分亦合。下文分述之。

“轨，车徹也。”[1]“轨”的本义为车两轮间的距离，[2]“徹”通“辙”，引申为车轮碾过留下的辙迹、路线、道路。例如，“轨，迹也。”[3]“轨，道也。”[4]“车同轨，书同文。”[5]“车不得方轨。”[6]此外，有鉴于轨对车的约束力，“轨”还可被引申为规范人们行动的规则、法则、法度。又如，“田有轨，人有轨，用有轨，乡有轨，人事有轨，币有轨，县有轨，国有轨”，[7]“讲事以度轨量谓之轨”，[8]“东平失轨”，[9]“缘法循理谓之轨”，[10]“轨事之大者也”，[11]等等。带“轨”字的常用古汉语有：轨度、轨范、轨等、轨仪、轨法、轨事、轨模、轨道等。

“道，所行道也。从辵，从首。”[12]道的本义是从首开始行走或供行走的道路，引申为万事万物的运行轨道或轨迹，还可引申出更为抽象的意义，如规律、方法、技艺、学说、道义等。“周道如砥，其直如矢。”[13]“道不同，不相为谋。”[14]“道”，是中华思想体系的核心概念，可指万物的本原和规律。老子在《道德经》中说：“人法地，地法天，天法道，道法自然”，[15]意思是说，“道”是万事万物的运行轨道或事物变化运动的规律。在老子的影响下，韩非子也认为：“道者，万物之始，是非之纪也。是以明君守始以知万物之源。”[16]他把道视为物质世界的普遍规律，天地万物存在与发展的终极原因。先秦思想家也曾用“理”解释“道”，如《管子》有云：“别交正分之谓理，顺理而不失之谓道，道德定而民有轨矣。”[17]《庄子》亦云：“道，理也。……道无不理。”[18]《韩非子》亦云：“道者，万物之所然也，万理之所稽也。理者，成物之文也；道者，万物之所以成也。故曰：‘道，理之者也’。”[19]宋代哲学家程颐、朱熹同样“以道为理”。也有以“法”解释“道”者，《管子》便把“法”与“道”相提并论，如“故法者，天下之至道也”。[20]也有思想家用“道”证成社会生活中的“德”，如“德者，道之功”[21]，意味着“德”即社会生活中的“道”，由此，出现了“道德”的概念。

“轨”与“道”合而为“轨道”，既凝聚了“轨”和“道”各自的词义，又生成了一些新的语义，其要义是缘法循理、遵循法度等。例如，“汉兴至今二十余年，宜定制度，兴礼乐，然后诸侯轨道，百姓素朴，狱讼衰息”，[22]“乐与今同，而加之诸侯轨道，兵革不动，民保首领，匈奴宾服，四荒乡风，百姓素朴，狱讼衰息，大数既得，则天下顺治，海内之气清和咸理，生为明帝，没为明神，名誉之美，垂于无穷”。[23]于此，颜师古特地对“轨道”一词进行释义：“轨道，言遵道，犹车行之依轨辙也。”[24]“轨道，言遵法制也。”[25]

从上述考察可知，“轨”“道”“轨道”概念的形成发展，体现了中国古人对天、地、人之规律的认识。中国古人经长期天文观测，算出日月星辰之“轨”、四季轮回之“道”，据此制定历法、安排农作。古人追求“天人合一”，顺应自然秩序、构建社会秩序，希冀人与自然和顺、和谐、和美。在国家和社会生活中，这种宇宙观衍生为对“秩序”向往的独特“天下观”及与之相应的“礼仪法度”，在历史中表现为度量衡统一、法令统一、缘法循理的王朝帝国制度。秦王朝一统天下，最重要的抓手就是李斯向秦始皇提出的“书同文”“车同轨”“度同制”“人同道”的治国强国理念。在等级有序的社会关系中，轨道意味着每个人都要尊重、遵循不可偏离的道德、法度、礼法、习惯、秩序等。随着生产力进步和社会长期发展，“轨道”逐渐分化出法律、道德、公序良俗、规章制度等不同语词形态，表意规范和约束人们的普遍规则，蕴含经国序民、治国理政的基本法则，而与此同时，“轨道”一词仍然保存着“规律”“规矩”“法度”“义理”等原始的本真意义。

（二）“法治轨道”概念的多种表述表达方式

对于“法治轨道”“在法治轨道上”“纳入法治轨道”等概念和用语，不可能通过定义的方式确定其意义，因为“在科学上，一切定义都只有微小的价值”。[26]我们将用语义分析方法，在党领导人民进行法治建设的历史和现实语境下，梳理“法治轨道”的具体语境和语用，以展开“法治轨道”的丰富内涵。

在党的主要领导人中，最早把法制视为“轨道”的是毛泽东同志。他在领导制定《中华人民共和国宪法》时指出：“一个团体要有一个章程，一个国家也要有一个章程，宪法就是一个总章程，是根本大法。用宪法这样一个根本大法的形式，把人民民主和社会主义原则固定下来，使全国人民有一条清楚的轨道，使全国人民感到有一条清楚的明确的和正确的道路可走，就可以提高全国人民的积极性。”[27]从这些话语中可知，毛泽东同志把宪法作为法制轨道，而这个轨道就是“一条清楚的明确的和正确的道路”。

在党的主要领导人中，明确提出“法治轨道”且反复强调“在法治轨道上……”“纳入法治轨道”“沿着法治轨道”的是习近平总书记。早在地方工作期间，习近平同志就提出“法制轨道”“法治轨道”“法治化轨道”等概念，指导和要求把减轻农民负担工作逐步纳入法制轨道，把污染治理和环境保护纳入法治轨道，把经济、政治、文化和社会生活纳入法治轨道，在法治轨道上运行，推动生态省建设走上法治化轨道等。党的十八大以来，习近平总书记以厉行法治的坚定信念、奉法强国的雄才大略、依规治党的远见卓识，创造性地提出“全面依法治国”“建设法治中国”，要求把党和国家各方面工作纳入法治轨道、在法治轨道上推进。在习近平法治思想的话语体系中,“法治轨道”有以下多种表述表达方式。

其一,在“法治轨道”上“运行”“推进”“推动”“统筹”“深化”“开展”“行使”等,这是出现频率最高的用语。例如,“各级领导干部要提高运用法治思维和法治方式深化改革、推动发展、化解矛盾、维护稳定能力……在法治轨道上推动各项工作”;[28]“纵观人类政治文明史,权力是一把双刃剑,在法治轨道上行使可以造福人民,在法律之外行使则必然祸害国家和人民”;[29]“坚持在法治轨道上推进国家治理体系和治理能力现代化”;[30]“各级政府必须坚持在党的领导下、在法治轨道上开展工作”;[31]“要坚持在法治轨道上统筹社会力量、平衡社会利益、调节社会关系、规范社会行为、化解社会矛盾,以良法促发展、保善治”;[32]“要全面贯彻落实民族区域自治法……确保民族事务治理在法治轨道上运行”;[33]“在整个改革过程中,都要高度重视运用法治思维和法治方式,发挥法治的引领和推动作用,加强对相关立法工作的协调,确保在法治轨道上推进改革”;[34]“实践告诉我们,疫情防控越是到最吃劲的时候,越要坚持依法防控,在法治轨道上统筹推进各项防控工作”;[35]“法治建设需要全社会共同参与,只有全体人民信仰法治、厉行法治,国家和社会生活才能真正实现在法治轨道上运行”;[36]“坚持在法治轨道上积极稳妥推进国防和军队改革”;[37]“要坚持依法治网、依法办网、依法上网,让互联网在法治轨道上健康运行”;[38]“要使全媒体传播在法治轨道上运行,对传统媒体和新兴媒体实行一个标准、一体管理”。[39]

其二,“纳入法治轨道”“全面纳入法治轨道”。例如,“把国家各项事业和各项工作全面纳入法治轨道,把依法治国、依宪治国工作提高到一个新水平”;[40]“加强法治政府建设,依法设定权力、行使权力、制约权力、监督权力,依法调控和治理经济,推行综合执法,实现政府活动全面纳入法治轨道”;[41]“加快建设法治经济和法治社会,把经济社会发展纳入法治轨道”;[42]“把涉法涉诉信访纳入法治轨道解决,建立涉法涉诉信访依法终结制度”。[43]

其三,“纳入……法治轨道”。例如,“要以这次修改宪法为契机,采取更加有力的措施,加强宪法实施和监督,把国家各项事业和各项工作全面纳入依法治国、依宪治国的轨道,把实施宪法提高到新的水平”。[44]

其四,“沿着法治轨道”。例如,“要努力打造勤政、廉洁、高效、公正的法治政府,做到依法决策、依法施政,使特别行政区发展始终沿着法治轨道展开”。[45]

其五,“法治化轨道”。例如,“要通过法律援助将涉及困难群体的矛盾纠纷纳入法治化轨道解决”;[46]“法治是乡村治理的前提和保障,要把政府各项涉农工作纳入法治化轨道”;[47]“我们必须把依法治国摆在更加突出的位置,把党和国家工作纳入法治化轨道”;[48]“把信访纳入法治化轨道,保障合理合法诉求依照法律规定和程序就能得到合理合法的结果”。[49]语义相近的表述还有:“推进党的领导制度化、法治化”;[50]“推进基层治理法治化”;[51]“提高国防和军队建设法治化水平”;[52]“不断提高国家政治和社会生活法治化水平”;[53]“推进反腐败工作法治化”;[54]“推进公权力运行法治化”;[55]“逐步实现国家治理制度化、程序化、规范化、法治化”;[56]“提高疫情防控法治化水平”。[57]

其六,“不偏离法治轨道”。习近平总书记指出:“腐败的本质是权力出轨、越轨,许多腐败问题都与权力配置不科学、使用不规范、监督不到位有关。”[58]他告诫领导干部:“法律是行使权力的依据,只有把这个依据掌握住了,才能正确开展工作。如果一味跟着感觉走,难免偏离法治轨道。”[59]综上所述,“法治轨道”概念让“轨道”的中华文化精华在现代治理领域焕发出新的光彩,是中国古代法理思想与现代法治精神的完美融合。“轨道”的诸多本原语义深深印刻在“法治轨道”的言辞之中,如规律、法则,方向、道路,依托、支撑,规则、规矩,规制、制度,程式、程序,有序、秩序等。“在法治轨道上”“在法治化轨道上”“纳入法治轨道”“把……纳入法治轨道”“沿着法治轨道”“不偏离法治轨道”，这些表述的实质意义在于：第一，把法治基因、法治精神、法治原理、法治要素、法治要求等嵌入治国理政、经济建设、社会发展等事项之中，推动其规范化、制度化、法治化，增强其合法性、合理性、合规律性。第二，充分发挥法治的规范、引导、保障作用，把治国理政、经济建设、社会发展等事项纳入法治轨道，在法治轨道上有力推进、有序展开。第三，坚定不移走宪法、党章、法律、法规确定的中国特色社会主义正确道路，坚持道不变、志不改，绝不走改旗易帜的邪路、封闭僵化的老路、南辕北辙的回头路。

通过法治轨道的话语体系，我们也注意到，就语境和语义而言，这些概念、用语之间有一些细微差别。例如，“法治轨道”多是从外部视角看问题，把法治作为外在的保障力量，重在把治国理政事务、事项纳入法治轨道，在法治轨道上推进，发挥法治的引导和保障作用；而“法治化轨道”则更多是从内部视角看问题，把法治作为经济社会内在的精神和制度构成，着力把法治要素嵌入治国理政实践活动之中，使之具有法治化的品质和能量。

（三）法治轨道的重要地位和重大意义

党的二十大提出“在法治轨道上全面建设社会主义现代化国家”，这一战略思想和科学命题创造性地丰富和发展了习近平新时代中国特色社会主义思想的“法治轨道论”，深刻说明了法治轨道在中国式现代化进程中的重要地位和重大意义。

第一，这是现代化的客观规律和历史经验，是全面建设社会主义现代化国家的必然要求。世界现代化的历史进程表明，现代化与法治存在着密切关系。习近平总书记深刻指出：“法治和人治问题是人类政治文明史上的一个基本问题，也是各国在实现现代化过程中必须面对和解决的一个重大问题。综观世界近现代史，凡是顺利实现现代化的国家，没有一个不是较好解决了法治和人治问题的。相反，一些国家虽然也一度实现快速发展，但并没有顺利迈进现代化的门槛，而是陷入这样或那样的'陷阱'，出现经济社会发展停滞甚至倒退的局面。后一种情况很大程度上与法治不彰有关。"[60]法治与现代化的历史逻辑决定了我们全面建设社会主义现代化国家须臾离不开法治，必然需要构建高质量法治轨道为现代化建设定向领路、保驾护航。

第二，法治轨道有固根本、稳预期、利长远的强大功能。法治既是全面建设社会主义现代化国家的本质要求，也是全面建设社会主义现代化国家的重要保障。我国是一个有 14 亿人口的大国，地域辽阔，民族众多，国情复杂，经济社会发展不充分不平衡，外部环境复杂多变。要在这样一个发展中大国全面建设社会主义现代化国家并向全面建成社会主义现代化强国迈进，必须保持明确的前进方向、坚定的前进定力、强大的前进动力，必须释放宪法法律的鲜活制度生命力和显著治理优势，而法治轨道内在的固根本、稳预期、利长远的强大功能正好发挥着这样的作用。正如习近平总书记所深刻指出的："在统筹推进伟大斗争、伟大工程、伟大事业、伟大梦想的实践中，在全面建设社会主义现代化国家新征程上，我们要更加重视法治、厉行法治，更好发挥法治固根本、稳预期、利长远的保障作用，坚持依法应对重大挑战、抵御重大风险、克服重大阻力、解决重大矛盾。"[61]从法理上，"固根本"，核心是固中国共产党全面领导、长期执政之根本，固人民民主专政的国体和人民代表大会制度的政体之根本，固马克思主义对意识形态指导地位之根本，固社会主义基本经济制度、基本政治制度、各领域重要制度之根本，以确保党执政兴国、人民安居乐业、党和国家长治久安，这是全面建设社会主义现代化国家的根基所在。"稳预期"，核心是把经济、政治、文化、社会、生态建设以及其他方面的建设事业系统化纳入法治轨道，形成和谐稳定、公平正义、民主自由、权威有效的法治秩序，借以稳经济发展、政治清明、文化昌盛、社会和谐、生态良好、网络清朗、国泰民安之预期，稳定实现全体人民共同富裕、人民美好生活、社会公平正义之预期，稳全面建成社会主义现代化强国、实现中华民族伟大复兴中国梦之预期。“利长远”，核心是将坚持和发展中国特色社会主义、全面建设社会主义现代化国家的长远之策、根本之策长期坚持下去，不断拓展中国式现代化新道路、开创现代化国家建设新局面。习近平总书记指出：“我们提出全面推进依法治国，坚定不移厉行法治，一个重要意图就是为子孙万代计、为长远发展谋。”[62]概括而言，利长远，就是利党和国家各项事业之长远，利中国特色社会主义之长远，利中华民族千秋万代之长远，且推至利人类命运与共、和平发展、合作共赢之长远。

第三，法治轨道以其科学高效的治理机制为全面建设社会主义现代化国家铸就良法善治之依托。中国式现代化是包括国家治理体系和治理能力现代化在内的全面现代化，推进国家治理现代化是全面建设社会主义现代化国家的题中之义。对于现代化国家来说，现代化建设和现代化治理是“一体两翼”，互为条件、相互促进。我国社会主义法治凝聚着我们党治国理政的理论成果和实践经验，是国家建设和国家治理最基本、最稳定、最可靠的制度依托，是全面建设社会主义现代化国家的善治载体。尤其是，我国发展已进入战略机遇和风险挑战并存、不确定难预料因素增多的时期，各种“黑天鹅”“灰犀牛”事件随时可能发生，许多躲不开、绕不过的深层次矛盾凸显，遭受外部打压和遏制的风险考验不断升级。在这种情势下，我们更要依靠良法善治，彻底解决治理动力不足、治理能力不够、治理效果不佳的问题，加快推进国家治理体系和治理能力现代化，为全面建设社会主义现代化国家提供最佳制度供给、创造最优治理环境。

第四，法治轨道确保了现代化国家建设始终沿着中国特色社会主义正确方向前进。世界上不存在普遍通行的法治轨道，更不存在定于一尊的法治轨道模式，只有选择适合本国国情和实际的正确轨道,现代化国家建设才能行稳致远。在习近平新时代中国特色社会主义思想体系和当代中国话语体系中,“法治轨道”具有明确的社会主义性质和中国特色,“在法治轨道上”毫无疑问指的是“在中国特色社会主义法治轨道上”,“纳入法治轨道”毫无疑问指的是“纳入中国特色社会主义法治轨道”,“在法治轨道上全面建设社会主义现代化国家”就是要“在中国特色社会主义法治轨道上全面建设社会主义现代化国家”。

全面建设社会主义现代化国家是新时代新征程坚持和发展中国特色社会主义的重要抓手,是以中国式现代化全面推进中华民族伟大复兴的必由之路。方向决定道路,道路决定全面建成社会主义现代化强国、全面推进中华民族伟大复兴的前途命运。只有在中国特色社会主义法治轨道上才能确保“全面建设”顺利推进、行稳致远。中国特色社会主义法治轨道实质上就是中国特色社会主义法治道路。这条“轨道”(道路)的质的规定性就是习近平总书记提出的“三个核心要义”和“五个坚持”。“三个核心要义”,即坚持中国共产党领导、坚持中国特色社会主义制度、贯彻中国特色社会主义法治理论;“五个坚持”,即坚持中国共产党领导、坚持人民主体地位、坚持法律面前人人平等、坚持依法治国和以德治国相结合、坚持从中国实际出发。“三个核心要义”和“五个坚持”既是建设中国特色社会主义法治体系、建设社会主义法治国家的根本遵循,也是构筑中国特色社会主义法治轨道的根本遵循,当然也是全面建设社会主义现代化国家不可偏离的轨道、不能逾越的红线。

二、坚持法治优先、推动法治先行,为全面建设社会主义现代化国家奠基修路铺轨

“在法治轨道上全面建设社会主义现代化国家”这一战略思想必然要求法治先行,为全面建设社会主义现代化国家奠法治之基、

修法治之路、铺法治之轨、畅法治之道。那么,如何构筑法治轨道?构筑什么样的法治轨道呢?

(一)以习近平新时代中国特色社会主义思想为指导

构筑中国特色社会主义法治轨道,离不开正确的思想引领。习近平新时代中国特色社会主义思想是中国化时代化的马克思主义,是新时代新征程上全面建设社会主义现代化国家的根本指导思想。习近平法治思想是习近平新时代中国特色社会主义思想的重要组成部分,其运用马克思主义世界观和方法论,科学阐明了构建中国特色社会主义法治轨道的基本原则。

第一,坚持党的全面领导。构筑中国特色社会主义法治轨道是一个系统工程,涉及科学立法、严格执法、公正司法、全民守法,依法治国、依法执政、依法行政、依法治军,法治国家、法治政府、法治军队、法治社会以及法治经济、法治文化建设,国家治理、政党治理、社会治理、行业治理、网络治理,国内法治(国家治理)、国际法治(全球治理)统筹推进、协调发展,如果没有中国共产党的坚强领导,终将一事无成。所以,必须坚定不移地坚持党的领导,特别是党中央集中统一领导。习近平总书记指出,"中国特色社会主义最本质的特征是中国共产党领导,中国特色社会主义制度的最大优势是中国共产党领导,党是最高政治领导力量"。[63]"全党同志必须牢记,党的领导是我国社会主义法治之魂,是我国法治同西方资本主义国家法治最大的区别。离开了党的领导,全面依法治国就难以有效推进,社会主义法治国家就建不起来。"[64]在构筑法治轨道的系统工程中,坚持党的全面领导是确保法治轨道正确方向的根本政治保证,只有在党的领导下,法治轨道建设才能始终保持社会主义性质和人民本色;坚持党的全面领导是确保法治轨道战略定力的根本思想保证,只有在党的法治思想即马克思主义法治思想、中国特色社会主义法治理论、习近平法治思想的指导下,法治轨道建设才能获得不竭的思想动力和可靠的科学支撑;坚持党的全面领导是确保法治轨道工程实施的根本行动指南,只有坚持党的中国式现代化总布局和全面依法治国的总目标、总抓手,遵循党中央的顶层设计和具体部署,法治轨道建设才能够科学有序推进。坚持党的全面领导之根本性意义和决定性作用,已经被改革开放以来特别是新时代十年中国特色社会主义法治轨道建设的历史性成就以及在法治轨道上取得的经济快速发展和社会长期稳定两大奇迹所证明,为中国共产党带领全体人民创造的中国式现代化新道路和人类文明新形态所验证,成为我们继续推进中国特色社会主义法治轨道建设的信心所在。

第二,坚持把握好习近平新时代中国特色社会主义思想的世界观和方法论,坚持好、运用好贯穿其中的立场观点方法。习近平新时代中国特色社会主义思想的世界观和方法论是马克思主义历史唯物主义和辩证唯物主义在当代中国的生动实践和丰富发展,贯穿在习近平新时代中国特色社会主义思想中的立场观点方法,是马克思主义立场观点方法同中国实际相结合、同中华优秀传统文化相结合的思想结晶。党的二十大报告从六个方面深刻揭示和论述了习近平新时代中国特色社会主义思想的世界观和方法论以及贯穿其中的立场观点方法,即“必须坚持人民至上”“必须坚持自信自立”“必须坚持守正创新”“必须坚持问题导向”“必须坚持系统观念”“必须坚持胸怀天下”。这六个“必须坚持”,既充分体现了习近平新时代中国特色社会主义思想的政治底色、理论品格和鲜明特质,也是构建中国特色社会主义法治轨道的根本立场、指导思想和科学方法。

第三,坚持以中国式现代化为统领。中国式现代化述说着中华民族从“站起来”到“富起来”再到“强起来”的奋斗之路,寄寓着中华儿女救亡图存、立国谋兴、强国富民的复兴之梦,是人类文明发展史上的一座丰碑。新时代以来,以习近平同志为核心的党中央高举中国特色社会主义伟大旗帜,全面贯彻习近平新时代中国特色社会主义思想,在新中国成立特别是改革开放以来长期探索和实践基础上,坚持走中国特色社会主义发展道路,从中国国情和实际出发,确立科学的发展理念、政策、策略,依靠全党和全国各族人民的共同努力,成功走出来一条中国式现代化新道路,创造了在世界上人口规模最大的国家推进现代化的空前奇迹。党的二十大报告深刻阐明了“中国式现代化”的科学内涵、中国特色和本质要求,指出:中国式现代化是中国共产党领导的社会主义现代化,既有各国现代化的共同特征,更有基于自己国情的中国特色;中国式现代化是人口规模巨大的现代化,是全体人民共同富裕的现代化,是物质文明和精神文明相协调的现代化,是人与自然和谐共生的现代化,是走和平发展道路的现代化;中国式现代化的本质要求是坚持中国共产党领导,坚持中国特色社会主义,实现高质量发展,发展全过程人民民主,丰富人民精神世界,实现全体人民共同富裕,促进人与自然和谐共生,推动构建人类命运共同体,创造人类文明新形态。中国式现代化科学回答了中国现代化的历史之问、时代之问、人民之问、世界之问,集成了我们党在理论和实践上的创新突破,为我们提供了理解中国文明、坚持中国道路、推进中国现代化的理论范式和总体框架。中国式现代化同样统领着中国法治的现代化,为我们构筑法治轨道提供了正确道路、正当标准、坚实支撑。

第四,坚持以社会主义法治核心价值体系为根基。社会主义法治核心价值体系是社会主义核心价值体系在法治领域的具体体现,是社会主义核心价值观融入法治建设的重要成果,包含“人民至上”“公平正义”“全人类共同价值”等。新时代以来,推进社会主义核心价值观融入法治体系是实现良法善治的重要路径。中共中央办公厅印发的《关于培育和践行社会主义核心价值观的意见》提出,“要把社会主义核心价值观贯彻到依法治国、依法执政、依法行政实践中，落实到立法、执法、司法、普法和依法治理各个方面，用法律的权威来增强人们培育和践行社会主义核心价值观的自觉性”。[65]习近平总书记指出，“要推动把社会主义核心价值观贯穿立法、执法、司法、守法各环节，使社会主义法治成为良法善治”；[66]“要按照社会主义核心价值观的基本要求，健全各行各业规章制度，完善市民公约、乡规民约、学生守则等行为准则”。[67]党的二十大报告进一步提出：“坚持依法治国和以德治国相结合，把社会主义核心价值观融入法治建设、融入社会发展、融入日常生活。”[68]在这些重要论述和要求的指引下，社会主义核心价值观深层次融入法治建设各环节各领域，并生成了社会主义法治核心价值体系，成为良法善治的法理表征。在构筑法治轨道过程中，把社会主义法治核心价值体系作为其价值根基，有利于增强法治轨道的人文精神，发挥其凝心铸魂、强基固本的能动作用，为全面建设社会主义现代化国家释放出精神和制度双重能量。

第五，坚持中国特色社会主义制度。构筑法治轨道需要坚实而牢固的制度地基，中国共产党领导中国人民在百年奋斗中形成和发展起来的中国特色社会主义制度，正是最先进最可靠的制度。中国共产党自成立之日起就致力于建立人民当家作主的新政权新制度，以马克思主义国家和法的学说为指导提出了关于未来国家制度的主张，并领导中国人民踏上了推翻旧制度、建立新制度的光辉历程。1949 年 9 月制定的具有临时宪法作用的《中国人民政治协商会议共同纲领》，特别是 1954 年制定的《中华人民共和国宪法》，确定工人阶级（经过共产党）领导的、以工农联盟为基础的人民民主专政的国体，以民主集中制为根本原则的人民代表大会制度的政体，以中国共产党领导的广泛的人民民主统一战线，铸就了新中国社会主义制度的“四梁八柱”，实现了从几千年封建专制政治向人民民主的伟大飞跃。其后，在完成社会主义革命和对生产资料私有制的社会主义改造后，我们确立了以公有制为基础的社会主义基本经济制度。社会主义政治制度、经济制度和其他重要制度的确立为新中国的一切发展和进步奠定了前提、创造了条件。进入改革开放和社会主义现代化建设新时期以来,我们党奋力推进经济体制改革、政治体制改革、思想文化领域变革,与时俱进发展了中国特色社会主义制度。党的十八大以来,以习近平同志为核心的党中央以伟大的历史主动精神、巨大的政治勇气、强烈的责任担当,提出全面深化改革总目标是完善和发展中国特色社会主义制度、推进国家治理体系和治理能力现代化,全面深化党的领导制度和建设制度创新,推进经济、政治、文化、社会、生态文明体制的改革,中国特色社会主义制度更加成熟更加定型,国家治理体系和治理能力现代化水平不断提高,党和国家事业焕发出新的生机活力,为经济发展、政治稳定、文化繁荣、民族团结、社会和谐、生态良好、国家善治营造了良好的制度环境,生动证成了“制度稳则国家稳,制度强则国家强”[69]的政理。中国特色社会主义制度的确立、发展、变革、完善,始终沿着社会主义法治轨道展开,诠释着“制度”和“法治”、“制度建设”和“法治轨道”相依为命、相辅相成的内在联系。在为全面建设社会主义现代化国家构筑法治轨道的工程中,我们要科学把握支撑法治轨道的制度体系,坚持和发展中国特色社会主义根本制度、基本制度、重要制度,加快健全全面建设社会主义现代化国家必备的、急需的制度,并努力使各项制度转化为法治轨道的优势和效能。

(二)以中国特色社会主义法治体系为依托

构筑中国特色社会主义法治轨道,离不开坚实的依托。中国特色社会主义法治体系设定法治轨道的形式和内容、规格和参数、机制和机能,其质量高低和完善程度直接决定着法治轨道好不好、行不行、管用不管用,因而构成了中国特色社会主义法治轨道的重要依托。所以,我们必须坚持中国特色社会主义法治道路,走中国式法治现代化新道路、面向人类法治文明新形态,加快完善中国特色社会主义法治体系,以高质量法治体系为依托构筑高质量法治轨道。

"建设中国特色社会主义法治体系"是党的十八届四中全会提出的具有原创性和时代性的概念和理论,是习近平法治思想的核心要义。建设中国特色社会主义法治体系,既是全面依法治国的总目标,又是全面依法治国的总抓手,还是建设社会主义法治国家的必由之路。习近平总书记精辟论述了建设中国特色社会主义法治体系的科学内涵、重大意义和重点任务,指出:"建设中国特色社会主义法治体系、建设社会主义法治国家是实现国家治理体系和治理能力现代化的必然要求,也是全面深化改革的必然要求,有利于在法治轨道上推进国家治理体系和治理能力现代化,有利于在全面深化改革总体框架内全面推进依法治国各项工作,有利于在法治轨道上不断深化改革。"[70]建设中国特色社会主义法治体系,就是"在中国共产党领导下,坚持中国特色社会主义制度,贯彻中国特色社会主义法治理论,形成完备的法律规范体系、高效的法治实施体系、严密的法治监督体系、有力的法治保障体系,形成完善的党内法规体系"。[71]党的二十大把"中国特色社会主义法治体系更加完善"作为未来五年法治建设的主要目标任务,作为到 2035 年基本建成法治国家、法治政府、法治社会的基础工程。

在全面建设社会主义现代化国家新征程上,完善法治体系,要坚持解放思想、实事求是、守正创新,在更高起点、更高水平上统筹推进法律规范体系、法治实施体系、法治监督体系、法治保障体系和党内法规体系建设。同时,要更加重视社会规范在依法治国和社会治理中不可或缺的重要作用,将社会规范纳入法治体系范畴,大力推进社会规范体系建设。在中国特色社会主义新时代新征程,全面依法治国的鲜明特征是统筹推进依法治国和依规治党、依法治国和以德治国、国家治理和社会治理、国内法治和涉外法治,一体推进法治国家、法治政府、法治军队、法治社会、法治经济、法治文化、生态法治、数字法治等的建设。因而,全面依法治国所需要的治理规范已不限于国家法律规范,而是把国家法律、党内法规、社会规范一起纳入法治规范体系,形成由以宪法为核心的国家法律规范体系、以党章为核心的党内法规体系、以公序良俗为核心的社会规范体系。习近平总书记反复强调,要"完善包括市民公约、乡规民约、行业规章、团体章程在内的社会规范体系,为全面推进依法治国提供基本遵循"。[72]《中共中央关于全面推进依法治国若干重大问题的决定》也提出:"深入开展多层次多形式法治创建活动,深化基层组织和部门、行业依法治理,支持各类社会主体自我约束、自我管理。发挥市民公约、乡规民约、行业规章、团体章程等社会规范在社会治理中的积极作用。"[73]中共中央印发的《法治社会建设实施纲要(2020—2025年)》进一步提出:"促进社会规范建设。充分发挥社会规范在协调社会关系、约束社会行为、维护社会秩序等方面的积极作用。加强居民公约、村规民约、行业规章、社会组织章程等社会规范建设,推动社会成员自我约束、自我管理、自我规范。深化行风建设,规范行业行为。加强对社会规范制订和实施情况的监督,制订自律性社会规范的示范文本,使社会规范制订和实施符合法治原则和精神。"[74]

新时代十年全面依法治国、在法治轨道上推进国家治理体系和治理能力现代化的实践表明,依法治理、法治化治理是最稳定、最可靠的社会治理方式,而社会规范体系是推进社会治理法治化不可或缺的重要遵循。所以,在加强国家立法、法律体系已经形成的前提下,我们要着力加强社会规范体系建设。构筑新时代中国特色社会主义法治轨道,应当立足全面建设社会主义现代化国家的时代背景、面向全面依法治国和社会治理现代化的现实需要,统筹国家法律、党内法规、社会规范建设。在不断健全法治规范体系的同时,也要加快推进法治实施体系、法治监督体系、法治保障体系建设，为构筑法治轨道提供更加包容、更加坚实、更高质量的法治体系依托。

（三）以营造良好法治秩序为指向

构筑中国特色社会主义法治轨道，必然要求形成良好的法治秩序。如果说建设法治体系是构筑法治轨道的“硬件”，那么，形成法治秩序则是构筑法治轨道的“软件”，二者都属于构筑法治轨道的“新基建”。构筑法治轨道对全面建设社会主义现代化国家而言，不只是提供现代化所必需的外在设施和手段，而且要让法治营造社会主义现代化所必需的内在气场和环境。

“法治秩序”是习近平法治思想中的一个重要概念。习近平同志早在浙江工作时就提出了这一概念，强调坚持德治与法治并举，建立一种符合农村经济社会发展要求的“法治秩序”。其后多次使用这一概念。法治秩序是法律秩序的升级版。“法律秩序”是通过有法可依、有法必依、执法必严、违法必究，而形成的“法制化”秩序状态；“法治秩序”是通过科学立法、严格执法、公正司法、全民守法，而形成的“法治化”秩序状态。“法制化”秩序严格而论是一种形式法治的秩序形态，以“形式正义”（“形式合法”）为表征；“法治化”秩序属于形式法治与实质法治有机结合的秩序形态，以“良法善治”为表征。

在习近平法治思想体系中，就其实质意义而言，法治秩序与法治环境是等值概念，法治秩序就是由法治所营造出来的一种良好社会环境。在新时代坚持和发展中国特色社会主义、推动中国式现代化的实践中，习近平总书记一以贯之地推动法治秩序、法治环境建设。他强调指出，“努力推动形成办事依法、遇事找法、解决问题用法、化解矛盾靠法的良好法治环境”；[75]“我们必须加强宪法和法律实施，维护社会主义法制的统一、尊严、权威，形成人们不愿违法、不能违法、不敢违法的法治环境”；[76]“要实施好民法典和相关法律法规,依法平等保护国有、民营、外资等各种所有制企业产权和自主经营权,完善各类市场主体公平竞争的法治环境”;[77]“共同营造规范有序的法治环境”;[78]政法机关要“努力创造安全的政治环境、稳定的社会环境、公正的法治环境、优质的服务环境,增强人民群众获得感、幸福感、安全感”;[79]“要加快实现社会治理法治化,依法防范风险、化解矛盾、维护权益,营造公平、透明、可预期的法治环境”;[80]“改革开放四十年的经验告诉我们,改革开放越深入越要强调法治,发展环境越复杂越要强调法治。我们要继续为做好党和国家各项工作营造良好法治环境”;[81]“中国愿同各国一道,营造良好法治环境,构建公正、合理、透明的国际经贸规则体系,推动共建‘一带一路’高质量发展,更好造福各国人民”。[82]

以习近平总书记关于法治秩序和法治环境的重要论述为指导,中国特色社会主义法治轨道所要塑造的法治秩序(法治环境)必然是法理型秩序、包容型秩序、能动型秩序。

第一,法理型法治秩序。“法理”是中华传统法文化中的核心概念,在当今社会演变为一个普遍流行的学术概念和公共话语,其基本语义包括法的原理、法的精神、法律原则、法律通说、法学理论、法律生活和法治实践中的美德和公理,体现了以人为本、公平正义、定分止争、惩恶扬善、治国理政的价值和智慧,体现了人们对法律之所以获得尊重、值得遵守、应当服从的那些内在依据的评价和认同,因而成为法律规范和法治实践的正当性理据。用“法理型”来标识新时代法治秩序和法治环境,目的在于强调我们所塑造的法治秩序(法治环境)是以“良法善治”为特质的。

良好法治秩序以“良法”为前提。正如古希腊哲学家亚里士多德说:“法律就是秩序,有好的法律才有好的秩序”;[83]宋代政治家思想家王安石云:“立善法于天下,则天下治;立善法于一国,则一国治。”[84]习近平总书记深刻指出:“良法是善治之前提。”[85]“不是什么法都能治国,不是什么法都能治好国;越是强调法治,越是要提高立法质量。”[86]“推进科学立法、民主立法、依法立法，以良法促进发展、保障善治。”[87]良法是美好价值在法律规范层面的体现，是良好法治秩序的基础。所谓“良法”，在中国古代社会，是指体现讲仁爱、重民本、守诚信、崇正义、尚和合、求大同、融情理等传统美德的法律；在当代中国社会，是指体现和谐有序、民主自由、公平正义、人格尊严、财产安全等社会主义核心价值、中华传统义理美德和全人类共同价值的法律。概括而言，就是反映人民意志、尊重保障人权、有效约束公权、维护公平正义、促进和谐稳定、保障改革发展、引领社会风尚、得到人民拥护的法律，就是尊重和体现人性、人文、自然、经济、政治、文化、社会、生态的客观规律的法律，就是体现民意民智民利、符合宪法精神和法治原则、维护国家法治统一的法律。除其实质内容外，良法还是制定得良好、简明易行的法律，也就是立法职权法定，法律不强人所难（法律规定的行为规范可遵守、可执行、可适用），权利、义务、责任对等，公开透明、标准统一，普遍适用，连续稳定，非溯及既往，规则与规则、法律与法律、法律部门与法律部门、实体法与程序法之间协调一致，不矛盾、不冲突、不打架，有利于全体人民遵守和国家机关执行与适用。

法理型秩序以“善治”为目的。“善治”包含两个维度：一是价值意义上的“良善治理”，目的在于“形成有效的社会治理、良好的社会秩序，促进社会公平正义，让人民群众安居乐业，获得感、幸福感、安全感更加充实、更有保障、更可持续”。[88]二是方法意义上的“善于治理”，以公共领域的“共治”为鲜明特征，如“多元共治”“协商共治”“法德共治”“法科共治”等。多元共治，即多主体共治、公共治理，强调的是治理主体之“善”。一是最大限度地吸收公众参与，扩大公民和社会组织的发言权、参与权、决策权，更加充分地将民主理念和民主机理融入到国家治理当中；二是最大限度地凝聚共识，通过对话、沟通、论辩，促进不同党派、不同阶层、不同群体、不同社会界别彼此尊重和认同；三是最大可能地促进构建“党委领导、政府负责、民主协商、社会协同、公众参与、法治保障、科技支撑的社会治理体系”和形成“人人有责、人人尽责、人人享有的社会治理共同体”;四是最大范围地开拓自治空间,让每一个主体都能保持个性、自主、独立,以自治激发社会活力。协商共治,即协商民主、民主治理,强调的是治理方式之“善”。习近平总书记高度重视协商民主,指出“在中国社会主义制度下,有事好商量、众人的事情由众人商量,找到全社会意愿和要求的最大公约数,是人民民主的真谛”。[89]“人民通过选举、投票行使权利和人民内部各方面在重大决策之前进行充分协商,尽可能就共同性问题取得一致意见,是中国社会主义民主的两种重要形式,共同构成了中国社会主义民主政治的制度特点和优势。”[90]协商民主是我国民主治理的优势所在,有利于密切联系群众、广泛倾听民意、尊重少数权利,让治理更有人性、更加科学、更显本色。党的十九大以来,我们党更加重视协商民主制度建设,充分发挥人民政协作为社会主义协商民主的制度安排、重要渠道、专门机构的重要作用,协商民主建设呈现渠道多样化、内容丰富化、层次多级化等新特点,与选举民主优势互补、相辅相成、相得益彰,共同构成了中国特色民主治理的标识。法德共治,即法律和道德共治,强调的是治理机制之“善”。法律是成文的道德,道德是不成文的法律,二者均是国家和社会治理不可缺少的规范。既重视发挥法律的规范作用,又重视发挥道德的教化作用,让两种规范和两种治理机制相辅相成、相得益彰,是中华优秀传统文化的精髓所在,也是中国式现代化治理的优势所在。法德共治的实践理性打破了法律帝国的“道德黑匣子”,对形成良好法治秩序、彰显新的法治文明有着特殊意义。法科共治,即法律和科技共治,强调的是治理手段之“善”。在当代中国,数字科技的广泛运用使社会治理越来越智能化,法治秩序的形成越来越依赖于数字科技的支撑与赋能,法科共治已经成为国家和社会治理的客观规律。让法治插上数字的翅膀,让数字运行在法治的轨道上,已成为现代治理的广泛共识和普遍做法。以诚信治理为例,在传统社会,诚信治理依靠的是法律和道德,而在算法主导、网络泛在的数字社会,大数据的存储、处理和应用能力的快速发展,云计算和区块链技术的不断成熟,为维护社会诚信、建设信用社会提供了超强的技术支持。通过电子途径完成的个人言论和行为轨迹,都会留痕并被完整记录、长久保存下来,这就倒逼人们必须诚实守信、谨言慎行、遵纪守法。

以良法善治为表征的法理型秩序实现了法律的道德性与权威性相结合,法律的内在良善性与外在约束力相统一,法治的制度优势与科技的智能优势相联合,党政治理与公共治理相辅相成,自治、法治、德治相融合,创造出“风景这边独好”的东方善治局面。

第二,包容型法治秩序。“包容”是中华民族的美德和中华优秀传统文化的基因。中华文化以兼收并蓄、求同存异的包容性为其鲜明特征,其之所以能够源远流长也得益于它的包容性。正如习近平总书记所指出的:“中华民族是一个兼容并蓄、海纳百川的民族,在漫长的历史进程中,不断学习他人的好东西,把他人的好东西化成自己的东西,这才形成我们的民族特色。”[91]新时代以来,“包容性”愈加广泛地体现在我国经济、政治、文化、国际关系的各个领域。包容性发展是新发展理念的体现,具有权利公平、规则公正,成果共享、共同富裕,利益共容、价值共建等显著特征。党的十八大以来,以习近平同志为核心的党中央反复强调新时代的经济发展必须是遵循经济规律的科学发展,必须是遵循自然规律的可持续发展,必须是遵循社会规律的包容性发展。习近平总书记指出:“提高发展的平衡性、协调性、包容性。要加快完善社会主义市场经济体制,推动发展更平衡、更协调、更包容。”[92]“坚持以人民为中心的发展理念。我们要注重在经济发展中保障民生,照顾弱势群体诉求,解决收入差距问题,培育包容性发展环境。”[93]包容性政治体现为社会主义协商民主,即“做到相互尊重、平等协商而不强加于人,遵循规则、有序协商而不各说各话,体谅包容、真诚协商而不偏激偏执,形成既畅所欲言、各抒己见,又理性有度、合法依章的良好协商氛围”。[94]包容性文化体现为“百花齐放、百家争鸣”,即习近平总书记所强调的“要坚持和发扬学术民主,尊重差异,包容多样,提倡不同学术观点、不同风格学派相互切磋、平等讨论”,[95]特别是“正确处理一致性和多样性的关系。一致性是共同思想政治基础的一致,多样性是利益多元、思想多样的反映,要在尊重多样性中寻求一致性,不要搞成‘清一色’”。[96]包容性国际关系体现为“各国人民同心协力,构建人类命运共同体,建设持久和平、普遍安全、共同繁荣、开放包容、清洁美丽的世界”。[97]可见,包容型秩序正是在习近平新时代中国特色社会主义思想的包容性理念指导下形成的法治秩序。

在人类社会各种秩序形态中,不是任何一种秩序都能够称得上是“包容性秩序”。历史上,封建统治阶级及其代言人把封建等级制看作不可侵犯的秩序。韩非宣称:“臣事君,子事父,妻事夫,三者顺则天下治,三者逆则天下乱,此天下之常道也。”[98]董仲舒更是把以“君为臣纲、父为子纲、夫为妻纲”为核心的“三纲五纪”[99]宣布为社会秩序的铁律。这样的秩序是蔑视人性、维护特权、禁止社会流动的秩序,与现代法治和国家治理所追求的秩序完全不同。就当代中国而言,在社会主义核心价值观引领下的包容型秩序是尊重差异、包容多样、和而不同的秩序,是一种使自由而平等的竞争和人文主义的生活成为可能的秩序,是摆脱了单纯偶然性、任意性、不可预测性的秩序,是各种社会分歧、矛盾和冲突能够在政治包容和法治理性的基础上得以和平解决的秩序,是社会组织健全、社会治理完善、社会安定团结、人民安居乐业的秩序。

包容型秩序为全面建设社会主义现代化国家创造了充满活力的良好环境。充满活力,就是能够使一切有利于社会进步的创造权利得到尊重,创造活动得到支持,创造才能得到发挥,创造价值得到肯定，全社会的创造能量充分释放，创新成果不断涌现，创业活动蓬勃开展。充满活力意味着人们享有广泛的自由，诸如：人身自由，不因性别、出身、血缘、籍贯、财产、受教育程度等因素而受到排挤和歧视；思想自由，让每个人的思想不受禁锢、才华得以挥洒、精神生产得到尊重；言论自由，让每个人都有权利以文字、图画、视频等不同表达符号在报纸、电视、网络等不同媒体平台负责任地发表和传播自己的意见，并且拥有听取他人意见的平等权和对政府等公共信息的知情权；创造自由，让每个人的聪明才智都有机会在理论创新、技术创新、生产创新、文化创新、制度创新等方面尽显其能；契约自由，让每个人都成为独立的个人和平等的权利主体，都可以依据自己的切身利益和合理预判与他人自由地交往和交易。总之，“一个现代化的社会，应该既充满活力又拥有良好秩序，呈现出活力和秩序有机统一”。[100]要达到这样的状态，法治思维和法治方式不可缺少，我们要在法治轨道上统筹社会力量、平衡社会利益、调节社会关系、规范社会行为，依靠法治解决各种社会矛盾和问题，确保我国社会在深刻变革中既生机勃勃又井然有序。这正是“包容型法治秩序”的价值导向和理想图景所在。

第三，能动型法治秩序。新时代的法治秩序不是“消极的秩序”，而是“积极的秩序”，它具有“围绕中心、服务大局、造福人民”的独特功能和运行机制，这是与中国共产党作为“使命型政党”、各级国家机关作为“有为政府”的角色相一致的。习近平总书记强调指出：“要把全面依法治国放到党和国家工作大局中去思考，研究提出战略性、前瞻性的方案。”[101]“各部门各方面一定要增强大局意识，自觉在大局下思考、在大局下行动……”[102]“政法机关在保障人民安居乐业、服务经济社会发展、维护国家安全和社会稳定中具有十分重要的作用。”[103]“努力创造安全的政治环境、稳定的社会环境、公正的法治环境、优质的服务环境，增强人民群众获得感、幸福感、安全感。”[104]

能动型秩序主要体现为两个方面：一是主动服务大局。“大局”集中表现为党和国家的使命任务和中心工作，“服务大局”就要准确把握党和国家在特定时期、特定阶段的使命任务和中心工作，使法治立场与之相适应、法治功能与之相匹配，找准法治工作与党和国家中心工作相对接的结合点和着力点。在新时代新征程上，中国共产党的使命任务（中心任务）就是团结带领全国各族人民全面建成社会主义现代化强国、实现第二个百年奋斗目标，以中国式现代化全面推进中华民族伟大复兴。我们要紧紧围绕全面建设社会主义现代化国家、全面推进中华民族伟大复兴开展立法、执法、司法、普法等法治工作；要坚持立法决策和改革决策、建设任务相统一，主动适应改革和建设的要求，制定新的法律法规，修改和废止不适应改革和建设要求的法律法规；要加强重点领域立法立规工作，加快健全国家法律、党内法规、社会规范，为全面建设社会主义现代化国家营造良好的法治秩序；要从法治各环节主动出击、同向发力、能动作为，通过法治营造最好的建设环境、发展环境、改革环境，高质量推动经济建设、社会发展、深化改革、国家治理。

二是有效应对挑战、化解矛盾、抵御风险、保障安全。在实现中华民族伟大复兴的前进道路上，我们必然会遭遇各种各样的风险挑战。从内部来看，人民日益增长的美好生活需要和不平衡不充分的发展之间的社会主要矛盾将长期存在，在某些地区某一时段可能十分凸显，由此引发的人民群众内部的利益冲突、矛盾纠纷将大量存在，一系列长期积累且尚未破解的深层次矛盾、结构性矛盾与建设和发展中新出现的矛盾互相叠加，新兴科技风险日益加剧，意识形态领域的斗争仍然尖锐，党风廉政建设和反腐败斗争仍面临不少顽瘴痼疾，这些都是我们必须积极应对、有效化解的风险。从外部来看，世界进入动荡变革期，各种可以预见和难以预见的风险因素明显增多，以美国为首的西方国家对我国打压遏制有增无减，国际社会面临更大战争风险。“我国发展进入战略机遇和风险挑战并存、不确定难预料因素增多的时期，各种‘黑天鹅’、‘灰犀牛’事件随时可能发生。”[105]我们必须增强忧患意识，坚持辩证思维、底线思维、法治思维，统筹安全和发展、秩序与活力，有效化解矛盾、维护稳定、应对风险、保障安全，建设更高水平的平安中国和法治中国。

三、把社会主义现代化国家建设全面纳入法治轨道

中国式现代化新道路既超越了“西方式现代化”，又突破了“苏联式现代化”，创造了以人民为中心，以民富国强、政治民主、精神文明、社会和谐、生态美丽、世界和平为内容，既有各国现代化共同特征、更有鲜明中国特色的“全面现代化”。所以，党的二十大报告以“全面建设”“全面推进”来概括新时代新征程的奋斗目标，即“为全面建设社会主义现代化国家、全面推进中华民族伟大复兴而团结奋斗！”[106]

在法治轨道上全面建设社会主义现代化国家，就是要把社会主义现代化国家建设的各项事业、各项工作纳入法治轨道，在法治轨道上推进和展开，这是全面建设社会主义现代化国家的必然要求和根本保证。基于本文对全面依法治国新时代的“法治规范渊源”“法治规范体系”的分析，法治轨道之“法”是一个多元复合、内涵丰富的概念。举凡与国家建设和治理相关联、作为国家建设和治理之规范依据的国家法律、党内法规、政策制度、社会规范、原则性法理、制度性伦理、国际惯例等，皆可归于“法”的范畴。[107]本文正是以这种“法”的新概念来归纳和论述党的二十大报告以及其他重要的党政文件是如何将“全面建设”纳入法治轨道的。我们注意到，党的二十大报告不仅在宏观上强调在法治轨道上全面建设社会主义现代化国家，而且在中观和微观上对社会主义现代化国家

建设各方面的重要事项和工作都提出了法治化、制度化、机制化要求,使之在法治轨道上有序有效推进。

(一)把经济建设纳入法治轨道

“社会主义市场经济是信用经济、法治经济”,[108]“法治是最好的营商环境”,[109]“加快打造市场化、法治化、国际化营商环境”,[110]“加快建设法治经济和法治社会,把经济社会发展纳入法治轨道”,[111]这些理论命题为把经济建设和发展纳入法治轨道作出了深刻论述、提供了科学指引。

把经济建设和发展纳入法治轨道,就是要以法治引领和保障新发展理念的全面贯彻落实,形成有利于创新发展、协调发展、绿色发展、开放发展、共享发展的法治环境,保障我国经济持续高质量发展。一要在完善制度上发力,依法维护和完善社会主义基本经济制度,加快构建高水平社会主义市场经济体制,形成高效规范、公平竞争的国内统一市场。二要在保护权利上用劲,切实加强对产权(含知识产权)的平等保护、全面保护、依法保护。三要在公平正义上聚焦,完善维护公平竞争的法律法规制度,健全维护公平竞争的执法司法体制机制,建立维护公平竞争的法治秩序。

党的二十大围绕提高经济建设和发展的法治化水平,以“构建高水平社会主义市场经济体制”为统领,进一步提出或强调了一系列创新理论和创新制度,例如,“坚持和完善社会主义基本经济制度,毫不动摇巩固和发展公有制经济,毫不动摇鼓励、支持、引导非公有制经济发展,充分发挥市场在资源配置中的决定性作用,更好发挥政府作用”;“完善产权保护、市场准入、公平竞争、社会信用等市场经济基础制度,优化营商环境”;“完善中国特色现代企业制度,弘扬企业家精神,加快建设世界一流企业”;“健全宏观经济治理体系”,“加强财政政策和货币政策协调配合”,“健全现代预算制度”,“建设现代中央银行制度”;“加强反垄断和反不正当竞争,破除地方保护和行政性垄断，依法规范和引导资本健康发展”；“巩固和完善农村基本经营制度”，“深化农村土地制度改革，赋予农民更加充分的财产权益”，“保障进城落户农民合法土地权益，鼓励依法自愿有偿转让”；“健全主体功能区制度，优化国土空间发展格局”[112]等。党的二十大之后召开的第一个中央经济工作会议也明确提出：“坚持推动经济发展在法治轨道上运行，依法保护产权和知识产权，恪守契约精神，营造市场化、法治化、国际化一流营商环境。”“要从制度和法律上把对国企民企平等对待的要求落下来，从政策和舆论上鼓励支持民营经济和民营企业发展壮大。依法保护民营企业产权和企业家权益。”[113]这些重大的创新理论和制度，意在把法治要素全面、系统、有序融入经济建设和经济治理，为推动经济法治轨道建设指明了方向和要点。

（二）把政治建设纳入法治轨道

把政治建设纳入法治轨道，就是要依靠宪法法律及其有效实施来确认和保卫社会主义政治制度，保障公民政治权利和自由，发展全过程人民民主，建立和维护人民民主的政治秩序。一是加强人民当家作主制度保障。“坚持和完善我国根本政治制度、基本政治制度、重要政治制度，拓展民主渠道，丰富民主形式，确保人民依法通过各种途径和形式管理国家事务，管理经济和文化事业，管理社会事务。”二是全面发展协商民主。“完善协商民主体系……健全各种制度化协商平台，推进协商民主广泛多层制度化发展。”“坚持和完善中国共产党领导的多党合作和政治协商制度，坚持党的领导、统一战线、协商民主有机结合，坚持发扬民主和增进团结相互贯通、建言资政和凝聚共识双向发力，发挥人民政协作为专门协商机构作用，加强制度化、规范化、程序化等功能建设，提高深度协商互动、意见充分表达、广泛凝聚共识水平，完善人民政协民主监督和委员联系界别群众制度机制。”三是积极发展基层民主。“健全基层党组织领导的基层群众自治机制,加强基层组织建设,完善基层直接民主制度体系和工作体系,增强城乡社区群众自我管理、自我服务、自我教育、自我监督的实效。”

党的二十大以我国宪法确定的社会主义民主政治发展道路和政治制度为前提,以党的十九届四中全会提出的“坚持和完善人民当家作主制度体系,发展社会主义民主政治”为基础,进一步强调“发展全过程人民民主,保障人民当家作主”,“坚持党的领导、人民当家作主、依法治国有机统一”,“坚持人民主体地位,充分体现人民意志、保障人民权益、激发人民创造活力”,“健全人民当家作主制度体系,扩大人民有序政治参与,保证人民依法实行民主选举、民主协商、民主决策、民主管理、民主监督,发挥人民群众积极性、主动性、创造性,巩固和发展生动活泼、安定团结的政治局面”,“发挥我国社会主义新型政党制度优势”,“坚持和完善民族区域自治制度”等。这些重要论述和工作部署,必将开辟中国特色社会主义民主政治新局面。

(三)把文化建设纳入法治轨道

文化建设内容非常宽泛,包括精神文明、科技创新、教育事业、人才队伍建设等多个方面。把文化建设纳入法治轨道,首先要坚持和完善繁荣发展社会主义先进文化的制度,巩固全体人民团结奋斗的共同思想基础。党的十九届四中全会通过的《中共中央关于坚持和完善中国特色社会主义制度、推进国家治理体系和治理能力现代化若干重大问题的决定》首次提出要“坚持马克思主义在意识形态领域指导地位的根本制度”,“坚持以社会主义核心价值观引领文化建设制度”。党的二十大进一步提出“坚持依法治国和以德治国相结合,把社会主义核心价值观融入法治建设、融入社会发展、融入日常生活”,“推动理想信念教育常态化制度化”,“健全网络综合治理体系,推动形成良好网络生态”,“健全诚信建设长效机制”，“深化文化体制改革，完善文化经济政策”。

其次，要在政策体系基本形成的基础上，加快形成系统完备的教育、科技、人才等方面法律法规体系。当今世界，国家与国家之间的竞争越来越突出体现为教育、科技、人才的竞争。党的二十大报告对教育、科技、人才单列一部分进行重点论述和部署，也体现了教育、科技、人才在全面建设社会主义现代化国家中的关键地位。在新征程上，我们要全面贯彻党的教育方针，继续完善中国特色社会主义教育制度、健全教育法律法规和党内法规，适时启动教育法典编纂工作，把教育事业和教育工作全方位纳入法治轨道。要完善由法律和政策支撑的科技创新体系。为此，党的二十大提出要“完善党中央对科技工作统一领导的体制”，“健全新型举国体制”，“加强知识产权法治保障”，“形成支持全面创新的基础制度”，“实施更加积极、更加开放、更加有效的人才政策”，“深化人才发展体制机制改革”，“把各方面优秀人才集聚到党和人民事业中来”。

相对于其他领域，文化、教育、科技领域的法律化、制度化、法治化程度偏低，许多方面仍处于“规则真空”状态；有许多规则位阶不高，局限于政策、规章、文件层面；在实施中缺乏权威性和可执行力，尤其无法获得执法司法的有效保障。党的二十大提出加强重点领域立法，文化、教育、科技正是急需加强立法的重点领域，我们要认真贯彻落实党的二十大部署，加快推进这几个领域的立法、立规，补齐短板、提高位阶、增强实效。

（四）把社会建设和国家安全纳入法治轨道

社会建设包括民生保障和社会治理两个主要方面。把社会建设纳入法治轨道，首先要建立和完善民生保障制度、社会治理制度，构建相应的法治体系。国泰才能民安，完善国家安全制度和法治体系与民生保障和社会治理法治化是有机衔接、相辅相成的。

关于民生保障制度建设。党的二十大报告在“分配制度是促进共同富裕的基础性制度”的政策定位下，提出“完善分配制度”“坚持按劳分配为主体、多种分配方式并存，构建初次分配、再分配、第三次分配协调配套的制度体系”“完善按要素分配政策制度”“完善个人所得税制度，规范收入分配秩序，规范财富积累机制，保护合法收入，调节过高收入，取缔非法收入”；在“就业是最基本的民生”的科学定位下，提出“强化就业优先政策，健全就业促进机制”“统筹城乡就业政策体系……健全劳动法律法规，完善劳动关系协商协调机制，完善劳动者权益保障制度，加强灵活就业和新就业形态劳动者权益保障”；在“社会保障体系是人民生活的安全网和社会运行的稳定器”的战略定位下，提出“健全覆盖全民、统筹城乡、公平统一、安全规范、可持续的多层次社会保障体系”“完善基本养老保险全国统筹制度，发展多层次、多支柱养老保险体系”“完善大病保险和医疗救助制度”“建立长期护理保险制度”“坚持男女平等基本国策，保障妇女儿童合法权益”“完善残疾人社会保障制度和关爱服务体系，促进残疾人事业全面发展”“加快建立多主体供给、多渠道保障、租购并举的住房制度”“完善人民健康促进政策”“建立生育支持政策体系”“深化医药卫生体制改革，促进医保、医疗、医药协同发展和治理”“强化食品药品安全监管，健全生物安全监管预警防控体系”。面向全面建设社会主义现代化国家，我们要在完善政策体系的同时，加快补齐就业、教育、医疗、托育、养老、住房等方面的法律法规缺项和政策缺口，构建系统完备的政策化、法律化、党规化的制度体系，为中国特色民生保障事业构筑更为坚实的法治轨道。

关于社会治理制度建设。党的二十大报告在“自治、法治、德治相结合”“打造共建共治共享的社会治理格局”“完善党委领导、政府负责、民主协商、社会协同、公众参与、法治保障、科技支撑的社会治理体系”等理论和制度共识的基础上，进一步提出“完善社会治理体系。健全共建共治共享的社会治理制度，提升社会治理效能”，“在社会基层坚持和发展新时代‘枫桥经验’，完善正确处理新形势下人民内部矛盾机制……健全城乡社区治理体系……建设人人有责、人人尽责、人人享有的社会治理共同体”。把社会治理纳入法治轨道，最重要的是在完善社会治理政策法律制度体系的同时，推进多层次多领域依法治理，提升社会治理法治化水平和效能。

关于国家安全法治体系建设。党的十八大以来，在习近平总书记关于总体国家安全观的重要论述指引下，我国制定（或修改）了一系列国家安全法律法规，形成了中国特色国家安全法律体系框架，保卫国家安全的“法律工具箱”越来越充实。在此基础上，党的二十大进一步明确“国家安全是民族复兴的根基，社会稳定是国家强盛的前提”，并提出“坚持党中央对国家安全工作的集中统一领导，完善高效权威的国家安全领导体制”；“强化国家安全工作协调机制”；“完善国家安全法治体系、战略体系、政策体系、风险监测预警体系、国家应急管理体系”；“以新安全格局保障新发展格局”；“推进国家安全体系和能力现代化，坚决维护国家安全和社会稳定”等。

（五）把生态文明建设纳入法治轨道

党的十九大以来，在习近平生态文明思想和习近平法治思想的指引下，我国生态文明建设已经进入了制度化、法治化的轨道，形成了以《宪法》为统领，以《环境保护法》为基础的生态环境法律体系。在此高起点上，党的二十大进一步提出“健全现代环境治理体系”，“建立生态产品价值实现机制，完善生态保护补偿制度”。同时，党的二十大作出“实现碳达峰碳中和是一场广泛而深刻的经济社会系统性变革”的科学判断，提出“逐步转向碳排放总量和强度‘双控’制度”“完善碳排放统计核算制度，健全碳排放权市场交易制度”。更值得关注的是，全国人大常委会已经启动了研究编纂环境法典的工作,更高质量的环境法治轨道即将铺就,生态文明必将提升到一个新的水平。

(六)把改革开放纳入法治轨道

“改革开放是党和人民大踏步赶上时代的重要法宝,是坚持和发展中国特色社会主义的必由之路,是决定当代中国命运的关键一招,也是决定实现‘两个一百年’奋斗目标、实现中华民族伟大复兴的关键一招。”[114]改革和法治如鸟之两翼、车之两轮,有着内在的必然联系。“我国历史上的历次变法,都是改革和法治紧密结合,变旧法、立新法,从战国时期商鞅变法、宋代王安石变法到明代张居正变法,莫不如此。”[115]基于这一历史逻辑,习近平总书记深刻指出,“在法治下推进改革,在改革中完善法治”,[116]为我们在法治轨道上推进改革开放提供了正确认识论和方法论。在法治下推进改革,就是把改革纳入法治轨道,以法治凝聚改革共识、引领改革方向、规范改革进程、化解改革风险、巩固改革成果,全面发挥法治对改革的引领、推动和保障作用,确保重大改革“于法有据”,增强改革的正当性、程序性、穿透力。

在依法推进改革的同时,也要在法治轨道上推进高水平对外开放。新时代以来,党和政府围绕“完善法治化、国际化、便利化的营商环境”,提出了一系列改革举措。《中华人民共和国国民经济和社会发展第十三个五年规划纲要》《中华人民共和国国民经济和社会发展第十四个五年规划和2035年远景目标纲要》先后做出充分合理的制度安排。在这期间,我国制定或修改了《对外贸易法》《外商投资法》《反外国制裁法》《海南自由贸易港法》等,为顺利推进对外开放提供了坚实有力的法治保障。党的二十大进一步提出“更高水平开放型经济新体制基本形成”的目标任务,强调“稳步扩大规则、规制、管理、标准等制度型开放”“创新服务贸易发展机制”“合理缩减外资准入负面清单,依法保护外商投资权益,营造市场化、法治化、国际化一流营商环境”等，明确了推进更高水平对外开放的法治建设任务。

（七）把国防建设和军事治理纳入法治轨道

强国必须强军，军强才能国安。如期实现建军一百年奋斗目标，加快把人民军队建成世界一流军队，是全面建设社会主义现代化国家的战略安排。而建军治军法治化是实现强军目标的必由之路。党的十八大以来，习近平总书记指出要坚定不移坚持政治建军、改革强军、科技兴军、依法治军，把依法治军、从严治军作为强军之基、建军治军的基本方略，强调“依法治军是我们党建军治军的基本方式，是实现党在新时代的强军目标的必然要求”。[117]在习近平强军思想和习近平法治思想指引下，国防和军队建设的政策体系和法律法规体系基本建成，体现在：党对人民军队的绝对领导制度更加完善，坚持人民军队最高领导权和指挥权属于党中央和中央军委；中央军委实行主席负责制，全国武装力量由军委主席统一领导和指挥；人民军队党的建设制度体系进一步健全，党对人民军队的绝对领导通过制度贯彻到军队建设各领域全过程。同时，依法治军基本方略扎实推进，形成了较为完善的军事法治体系，军队法治文化建设得到加强，法治精神深入军心，以法治促进军队治理方式发生根本性转变，在全军形成了党委依法决策、机关依法指导、部队依法行动、官兵依法履职的良好局面，国防和军队建设法治化水平持续提升。

党的二十大着眼于“提高捍卫国家主权、安全、发展利益战略能力，有效履行新时代人民军队使命任务”，对在法治轨道上加强国防军队建设、全面加强军事治理提出了新的更全面的要求，包括：“坚持党对人民军队的绝对领导”；“坚持政治建军、改革强军、科技强军、人才强军、依法治军”；“健全贯彻军委主席负责制体制机制”；“全面加强军事治理，巩固拓展国防和军队改革成果，完善军事力量结构编成,体系优化军事政策制度";"加强依法治军机制建设和战略规划,完善中国特色军事法治体系";"改进战略管理,提高军事系统运行效能和国防资源使用效益"。

(八)把外交工作纳入法治轨道

当今世界正经历百年未有之大变局,"世界之变、时代之变、历史之变正以前所未有的方式展开"。习近平总书记以深邃的历史眼光、宽广的国际视野把握国内国际两个大局,高瞻远瞩、审时度势地提出协调推进国内治理和国际治理,统筹推进国内法治和涉外法治,运用法治思维和法治方式开展外交工作、推动全球治理体系变革,更好维护国家主权、安全、发展利益和民族尊严。

党的二十大坚持"促进世界和平与发展,推动构建人类命运共同体"的战略思维,提出"中国始终坚持维护世界和平、促进共同发展的外交政策宗旨",强调"中国积极参与全球治理体系改革和建设,践行共商共建共享的全球治理观,坚持真正的多边主义,推进国际关系民主化,推动全球治理朝着更加公正合理的方向发展";"坚定维护以联合国为核心的国际体系、以国际法为基础的国际秩序、以联合国宪章宗旨和原则为基础的国际关系基本准则";"积极参与全球安全规则制定","积极参与应对气候变化全球治理";"积极参与全球人权治理""完善参与全球安全治理机制";"维护我国公民、法人在海外合法权益,维护海洋权益,坚定捍卫国家主权、安全、发展利益";"深化反腐败国际合作,一体构建追逃防逃追赃机制"等。

(九)把党的建设纳入法治轨道

中国式现代化是中国共产党领导的社会主义现代化,因而党的领导制度和自身建设现代化必然是重中之重。党的十八大以来,以习近平同志为核心的党中央在全面依法治国、全面从严治党的伟大实践中，在党内法规制度建设实践的基础上创造性地提出“坚持依规治党”，走出了一条通过依规治党推进全面从严管党治党新路。党的十八届四中全会划时代地把党内法规列入中国特色社会主义法治体系之中并作为其重要组成部分，为在法治轨道上全面推进党和国家各项工作奠定了理论基础和制度根基。党的十九届四中全会进一步提出“坚持和完善党的领导制度体系”“完善党和国家监督体系”等，包括：建立不忘初心、牢记使命的制度；完善坚定维护党中央权威和集中统一领导的各项制度；健全党的全面领导制度，把党的领导制度化、法治化，确保党在各种组织中发挥领导作用；完善党领导各项事业的具体制度；健全为人民执政、靠人民执政各项制度；健全提高党的执政能力和领导水平制度；完善全面从严治党制度。

党的二十大对党的制度体系建设和依法执政提出了新的要求。包括：“坚持依法治国首先要坚持依宪治国，坚持依法执政首先要坚持依宪执政，坚持宪法确定的中国共产党领导地位不动摇，坚持宪法确定的人民民主专政的国体和人民代表大会制度的政体不动摇”；“健全总揽全局、协调各方的党的领导制度体系，完善党中央重大决策部署落实机制，确保全党在政治立场、政治方向、政治原则、政治道路上同党中央保持高度一致，确保党的团结统一……加强党的政治建设，严明政治纪律和政治规矩”；“完善党的自我革命制度规范体系。坚持制度治党、依规治党，以党章为根本，以民主集中制为核心，完善党内法规制度体系，增强党内法规权威性和执行力”；“健全党统一领导、全面覆盖、权威高效的监督体系，完善权力监督制约机制，以党内监督为主导，促进各类监督贯通协调，让权力在阳光下运行”；“健全培养选拔优秀年轻干部常态化工作机制”；“推进以党建引领基层治理”；“落实党内民主制度”；“坚持以严的基调强化正风肃纪……锲而不舍落实中央八项规定精神”；“推进反腐败国家立法”；“不断取得更多制度性成果和更大治理效能”等。

中国共产党是全面建设社会主义现代化国家的领导核心。推进党的领导规范化、制度化、法治化,既是加强党的领导、提高党的执政能力的应有之义,也是全面建设社会主义现代化国家的重要任务和重要保证。在全面建设社会主义现代化国家新征程上,我们要继续推进党的领导入法入规,不断完善党的领导制度、体制和工作机制,通过法治保障党的路线方针政策有效实施,把党的领导特别是党中央集中统一领导贯彻到全面建设社会主义现代化国家全过程和各方面。

四、余论

“法治轨道”是习近平新时代中国特色社会主义思想的重要概念,习近平总书记关于法治轨道的重要论述也构成了习近平法治思想的理论支柱之一。本文对中国传统文化的“轨道”概念的考察分析,对“法治轨道”“在法治轨道上”“纳入法治轨道”“沿着法治轨道”等概念和用语的语义分析和意义阐释,挖掘了“法治轨道”理论源远流长的思想文化基础,展示了这一理论的科学魅力和人文精神,论证了构筑法治轨道之于社会主义现代化国家建设的关键意义。当我们运用习近平新时代中国特色社会主义思想的世界观和方法论,全面回顾改革开放以来特别是新时代十年法治轨道建设的成功实践时,便会发现,“法治轨道”在中国式现代化道路上发挥着固根本、稳预期、利长远的强大功能。而当我们深入学习党的二十大报告后,又会明白,在全党全国各族人民迈向全面建设社会主义现代化国家新征程、向第二个百年奋斗目标进军的关键时刻,把全面建设社会主义现代化国家的各项事业和重要工作全方位深层次纳入中国特色社会主义法治轨道,既是一项伟大的系统工程,又是一项光荣的历史使命。然而,“在法治轨道上全面建设社会主义现代化国家"这一战略思想和科学命题的内涵不限于此。我们还需要认识到另一层深意,即建设法治中国是全面建设社会主义现代化国家的题中之义和重要方面。正如习近平总书记所指出的,"一个现代化国家必然是法治国家"。[118]法治轨道建设本身就贯穿于中国式现代化的始终。我们必须全面理解、全面把握、全面落实党的二十大关于"坚持全面依法治国,推进法治中国建设"的新思想新战略,把全面依法治国纳入"四个全面"战略布局,把法治现代化纳入中国式现代化的总体布局,把"法治建设"融入"全面建设"之中,在全面建设社会主义现代化国家新征程上实现到2035年基本建成法治国家、法治政府、法治社会的目标任务,在实现中华民族伟大复兴历史进程中全面建成良法善治的法治中国,实现法治强国的伟大梦想。

注 释

1 (汉)许慎撰:《说文解字》,陶生魁点校,中华书局2020年版,第475页。

2 (清)段玉裁撰:《说文解字注》第十四篇上,中华书局2013年版,第735页。

3 (清)钱大昭撰:《广雅疏义》卷第六,黄建中、李发舜点校,中华书局2016年版,第282页。

4 (清)钱大昭撰:《广雅疏义》卷第六,黄建中、李发舜点校,中华书局2016年版,第504页。

5 王文锦译解:《礼记译解》,中华书局2016年版,第820页。

6 何建章注释:《战国策注释》卷八,中华书局1990年版,第327页。

7 黎翔凤撰,梁运华整理:《管子校注》卷第二十二,中华书局2004年版,第1282页。

8 (清)洪亮吉撰:《春秋左传诂》卷五,李解民点校,中华书局1987年版,第196页。

9 (汉)班固撰,(唐)颜师古注:《汉书》卷一百下,中华书局编辑部点校,中华书局1962年版,第4263页。

10 (汉)贾谊撰:《贾谊集校注》,吴云、李春台校注,天津古籍出版社2010年版,第242页。

11 (汉)班固撰,(唐)颜师古注:《汉书》卷五十一,中华书局编辑部点校,中华书局

1962 年版,第 2336 页。

12 (汉)许慎撰:《说文解字》第二下,陶生魁点校,中华书局 2020 年版,第 60 页。段玉裁注:“道者人所行,故亦谓之行。道之引申为道理,亦为引道。”

13 程俊英、蒋见元:《诗经注析》,中华书局 1991 年版,第 630 页。

14 程树德撰:《论语集释》卷三十二,程俊英、蒋见元点校,中华书局 1990 年版,第 1126 页。

15 张景、张松辉译注:《道德经》上篇,中华书局 2021 年版,第 99 页。

16 (清)王先慎撰:《韩非子集解》卷一,钟哲点校,中华书局 1998 年版,第 26 页。

17 李山、轩新丽译注:《管子》卷第十,中华书局 2019 年版,第 510 页。

18 (清)郭庆藩撰:《庄子集释》卷六上,王孝鱼点校,中华书局 2012 年版,第 548 页。

19 (清)王先慎撰:《韩非子集解》卷六,钟哲点校,中华书局 1998 年版,第 146 - 147 页。

20 李山、轩新丽译注:《管子》卷第十五,中华书局 2019 年版,第 698 页。

21 (清)王先慎撰:《韩非子集解》卷六,钟哲点校,中华书局 1998 年版,第 133 页。

22 (汉)班固撰,(唐)颜师古注:《汉书》卷二十二,中华书局编辑部点校,中华书局 1962 年版,第 1030 页。

23 (汉)班固撰,(唐)颜师古注:《汉书》卷四十八,中华书局编辑部点校,中华书局 1962 年版,第 2231 页。

24 (汉)班固撰,(唐)颜师古注:《汉书》卷二十二,中华书局编辑部点校,中华书局 1962 年版,第 1031 页。

25 (汉)班固撰,(唐)颜师古注:《汉书》卷四十八,中华书局编辑部点校,中华书局 1962 年版,第 2232 页。

26 《马克思恩格斯选集》(第 3 卷),人民出版社 1995 年版,第 423 页。

27 中共中央文献研究室编:《毛泽东文集》(第 6 卷),人民出版社 1999 年版,第 328 页。

28 习近平:《论坚持全面依法治国》,中央文献出版社 2020 年版,第 15 页。

29 习近平:《在省部级主要领导干部学习贯彻党的十八届四中全会精神全面推进依法治国专题研讨班上的讲话》(2015 年 2 月 2 日),载中共中央文献研究室编:《习近平关于全面依法治国论述摘编》,中央文献出版社 2015 年版,第 37 - 38 页。

30 习近平:《坚定不移走中国特色社会主义法治道路 为全面建设社会主义现代化国家提供有力法治保障》,载《求是》2021 年第 5 期。

31 习近平:《论坚持全面依法治国》,中央文献出版社 2020 年版,第 97 页。

32 参见《习近平李克强栗战书汪洋王沪宁赵乐际韩正分别参加全国人大会议一些代表团审议》,载《人民日报》2018 年 3 月 8 日,第 1 版。

33 习近平:《在全国民族团结进步表彰大会上的讲话》(2019 年 9 月 27 日),载《人民日报》2019 年 9 月 28 日,第 2 版。

34 《把抓落实作为推进改革工作的重点　真抓实干蹄疾步稳务求实效》,载《人民日报》2014 年 3 月 1 日,第 1 版。

35 习近平:《论坚持全面依法治国》,中央文献出版社 2020 年版,第 269 页。

36 习近平:《论坚持全面依法治国》,中央文献出版社 2020 年版,第 275 页。

37 《中共中央关于全面推进依法治国若干重大问题的决定》,载《求是》2014 年第 21 期。

38 习近平:《在第二届世界互联网大会开幕式上的讲话》(2015 年 12 月 16 日),载《人民日报》2015 年 12 月 17 日,第 2 版。

39 习近平:《加快推动媒体融合发展　构建全媒体传播格局》,载《求是》2019 年第 6 期。

40 习近平:《论坚持全面依法治国》,中央文献出版社 2020 年版,第 201 页。

41 《中共中央关于制定国民经济和社会发展第十三个五年规划的建议》,人民出版社 2015 年版,第 6 页。

42 《中共中央关于制定国民经济和社会发展第十三个五年规划的建议》,人民出版社 2015 年版,第 6 页。

43 《中共中央关于全面深化改革若干重大问题的决定》(2013 年 11 月 12 日中国共产党第十八届中央委员会第三次全体会议通过),载《求是》2013 年第 22 期。

44 习近平:《论坚持全面依法治国》,中央文献出版社 2020 年版,第 217 页。

45 习近平:《在庆祝澳门回归祖国 15 周年大会暨澳门特别行政区第四届政府就职典礼上的讲话》(2014 年 12 月 20 日),载《人民日报》2014 年 12 月 21 日,第 2 版。

46 《把握改革大局自觉服从服务改革大局　共同把全面深化改革这篇大文章做好》,载《人民日报》2015 年 5 月 6 日,第 1 版。

47 习近平:《论坚持全面依法治国》,中央文献出版社 2020 年版,第 191 页。

48 习近平:《论坚持全面依法治国》,中央文献出版社 2020 年版,第 104 页。

49 《中共中央关于全面推进依法治国若干重大问题的决定》,载《求是》2014 年第21 期。

50 习近平:《论坚持全面依法治国》,中央文献出版社 2020 年版,第 2 页。

51 习近平:《论坚持全面依法治国》,中央文献出版社 2020 年版,第 91 页。

52 习近平:《论坚持全面依法治国》,中央文献出版社 2020 年版,第 131 页。

53 习近平:《论坚持全面依法治国》,中央文献出版社 2020 年版,第 201 页。

54 习近平:《论坚持全面依法治国》,中央文献出版社 2020 年版,第 240 页。

55 习近平:《论坚持全面依法治国》,中央文献出版社 2020 年版,第 240 - 241 页。

56 习近平:《论坚持全面依法治国》,中央文献出版社 2020 年版,第 274 页。

57 习近平:《论坚持全面依法治国》,中央文献出版社 2020 年版,第 271 页。

58 习近平:《论坚持全面依法治国》,中央文献出版社 2020 年版,第 139 页。

59 习近平:《论坚持全面依法治国》,中央文献出版社 2020 年版,第 139 页。

60 习近平:《在中共十八届四中全会第二次全体会议上的讲话》(2014 年 10 月 23 日),载中共中央文献研究室编:《习近平关于全面依法治国论述摘编》,中央文献出版社 2015 年版,第 12 页。

61 习近平:《坚定不移走中国特色社会主义法治道路 为全面建设社会主义现代化国家提供有力法治保障》,载《求是》2021 年第 5 期。

62 习近平:《在中共十八届四中全会第二次全体会议上的讲话》(2014 年 10 月 23 日),载中共中央文献研究室编:《习近平关于全面依法治国论述摘编》,中央文献出版社 2015 年版,第 12 - 13 页。

63 习近平:《决胜全面建成小康社会 夺取新时代中国特色社会主义伟大胜利——在中国共产党第十九次全国代表大会上的报告》(2017 年 10 月 18 日),人民出版社 2017 年版,第 20 页。

64 习近平:《坚定不移走中国特色社会主义法治道路 为全面建设社会主义现代化国家提供有力法治保障》,载《求是》2021 年第 5 期。

65 《中共中央办公厅印发〈关于培育和践行社会主义核心价值观的意见〉》,载《人民日报》2013 年 12 月 24 日,第 1 版。

66 习近平:《论坚持全面依法治国》,中央文献出版社 2020 年版,第 236 页。

67 《习近平谈治国理政》(第 1 卷),外文出版社 2018 年版,第 165 页。

68 习近平:《高举中国特色社会主义伟大旗帜 为全面建设社会主义现代化国家而团结奋斗——在中国共产党第二十次全国代表大会上的报告》(2022 年 10 月 16 日),人民出版社 2022 年版,第 44 页。

69 习近平:《在中央人大工作会议上的讲话》(2021 年 10 月 13 日),载《求是》2022 年第 5 期。

70 习近平:《论坚持全面依法治国》,中央文献出版社 2020 年版,第 93 页。
71 习近平:《论坚持全面依法治国》,中央文献出版社 2020 年版,第 93 页。
72 习近平:《论坚持全面依法治国》,中央文献出版社 2020 年版,第 112 页。
73 《中共中央关于全面推进依法治国若干重大问题的决定》,载《求是》2014 年第 21 期。
74 《法治社会建设实施纲要(2020—2025 年)》,人民出版社 2020 年版,第 7 页。
75 习近平:《论坚持全面依法治国》,中央文献出版社 2020 年版,第 15 页。
76 习近平:《论坚持全面依法治国》,中央文献出版社 2020 年版,第 22 页。
77 习近平:《论坚持全面依法治国》,中央文献出版社 2020 年版,第 30 页。
78 习近平:《论坚持全面依法治国》,中央文献出版社 2020 年版,第 163 - 164 页。
79 习近平:《论坚持全面依法治国》,中央文献出版社 2020 年版,第 193 页。
80 习近平:《论坚持全面依法治国》,中央文献出版社 2020 年版,第 234 页。
81 习近平:《论坚持全面依法治国》,中央文献出版社 2020 年版,第 253 页。
82 习近平:《论坚持全面依法治国》,中央文献出版社 2020 年版,第 268 页。
83 Aristotle, *The Politics of Aristotle*, Trans. B. Jowett, Clarendon Press, 1885, p. 214.
84 (宋)王安石:《王文公文集》卷第二十六,《周公》,上海人民出版社 1974 年版,第 302 页。
85 习近平:《论坚持全面依法治国》,中央文献出版社 2020 年版,第 233 页。
86 习近平:《论坚持全面依法治国》,中央文献出版社 2020 年版,第 20 页。
87 习近平:《论坚持全面依法治国》,中央文献出版社 2020 年版,第 186 页。
88 《习近平李克强栗战书汪洋王沪宁赵乐际韩正分别参加全国人大会议一些代表团审议》,载《人民日报》2018 年 3 月 8 日,第 1 版。
89 习近平:《在中央政协工作会议暨庆祝中国人民政治协商会议成立 70 周年大会上的讲话》(2019 年 9 月 20 日),载《求是》2022 年第 6 期。
90 习近平:《在中央人大工作会议上的讲话》(2021 年 10 月 13 日),载《求是》2022 年第 5 期。
91 中共中央宣传部编:《习近平总书记系列重要讲话读本》(2016 年版),人民出版社 2016 年版,第 203 - 204 页。
92 习近平:《扎实推动共同富裕》,载《求是》2021 年第 20 期。
93 习近平:《坚守初心　共促发展　开启亚太合作新篇章——在亚太经合组织工商领导人峰会上的书面演讲》(2022 年 11 月 17 日),载《人民日报》2022 年 11 月 18 日,第 2 版。

94 习近平:《在中央政协工作会议暨庆祝中国人民政治协商会议成立 70 周年大会上的讲话》(2019 年 9 月 20 日),载《求是》2022 年第 6 期。
95 习近平:《在哲学社会科学工作座谈会上的讲话》(2016 年 5 月 17 日),人民出版社 2016 年版,第 28 页。
96 习近平:《在中央政协工作会议暨庆祝中国人民政治协商会议成立 70 周年大会上的讲话》(2019 年 9 月 20 日),载《求是》2022 年第 6 期。
97 习近平:《决胜全面建成小康社会　夺取新时代中国特色社会主义伟大胜利——在中国共产党第十九次全国代表大会上的报告》(2017 年 10 月 18 日),人民出版社 2017 年版,第 58 – 59 页。
98 (清)王先慎撰:《韩非子集解》卷二十,钟哲点校,中华书局 1998 年版,第 466 页。
99 (汉)董仲舒著,(清)苏舆撰:《春秋繁露义证》卷第十,钟哲点校,中华书局 1992 年版,第 303 页。
100 习近平:《在经济社会领域专家座谈会上的讲话》(2020 年 8 月 24 日),载《人民日报》2020 年 8 月 25 日,第 2 版。
101 习近平:《论坚持全面依法治国》,中央文献出版社 2020 年版,第 235 页。
102 习近平:《论坚持全面依法治国》,中央文献出版社 2020 年版,第 117 页。
103 习近平:《论坚持全面依法治国》,中央文献出版社 2020 年版,第 18 页。
104 习近平:《论坚持全面依法治国》,中央文献出版社 2020 年版,第 193 页。
105 习近平:《高举中国特色社会主义伟大旗帜　为全面建设社会主义现代化国家而团结奋斗——在中国共产党第二十次全国代表大会上的报告》(2022 年 10 月 16 日),人民出版社 2022 年版,第 26 页。
106 习近平:《高举中国特色社会主义伟大旗帜　为全面建设社会主义现代化国家而团结奋斗——在中国共产党第二十次全国代表大会上的报告》(2022 年 10 月 16 日),人民出版社 2022 年版,第 71 页。
107 参见郭晔:《全面依法治国新时代的法治规范渊源》,载《法制与社会发展》2022 年第 2 期。
108 习近平:《论坚持全面依法治国》,中央文献出版社 2020 年版,第 29 页。
109 习近平:《论坚持全面依法治国》,中央文献出版社 2020 年版,第 254 页。
110 习近平:《坚定不移走中国特色社会主义法治道路　为全面建设社会主义现代化国家提供有力法治保障》,载《求是》2021 年第 5 期。
111 《中共中央关于制定国民经济和社会发展第十三个五年规划的建议》,人民出版社 2015 年版,第 6 页。

112 以上党的二十大报告内容皆参见习近平:《高举中国特色社会主义伟大旗帜为全面建设社会主义现代化国家而团结奋斗——在中国共产党第二十次全国代表大会上的报告》(2022 年 10 月 16 日),人民出版社 2022 年版。

113 《中央经济工作会议在北京举行》,载《人民日报》2022 年 12 月 17 日,第 1 版。

114 习近平:《庆祝改革开放 40 周年大会在京隆重举行》(2018 年 12 月 18 日),载《人民日报》2018 年 12 月 19 日,第 2 版。

115 习近平:《论坚持全面依法治国》,中央文献出版社 2020 年版,第 38 页。

116 习近平:《论坚持全面依法治国》,中央文献出版社 2020 年版,第 38 页。

117 《习近平谈治国理政》(第 4 卷),外文出版社 2022 年版,第 385 页。

118 中共中央文献研究室编:《习近平关于协调推进“四个全面”战略布局论述摘编》,中央文献出版社 2015 年版,第 109 页。